女性の文章と近代

書きことばから見たジェンダー

出雲朝子
IZUMO Asako

花鳥社

『女性の文章と近代
——書きことばから見たジェンダー』目次

第二部　明治初期における女性の文章表現――女性の投書文
――明治十年代前半まで――

第三部　明治前期における女性の論説的文章――『女学雑誌』を中心に
――明治十年代末から二十年代半ばまで――

概観

日本語の歴史をジェンダーの視点からみた場合、もっとも著しいのは文学作品以外の書きことばにおける男女差である。平安時代から江戸時代まで、女性は漢文による表現、漢語を多用した漢文訓読文体の表現から排除されてきた。

平安時代、日本語を表記する文字として平仮名と片仮名が生まれたが、この両者はその生まれた世界が全く異なる。平仮名が日常生活における書記の必要から生まれたのに対し、片仮名は主に寺院において経典等の漢文文献を学習する際、その訓読を書き記す必要から生まれた文字である。漢文訓読に携わるのは男性のみであり、女性はその漢文の世界とは直接関わることはなかった。

女性は平仮名と少数の漢字を用いた漢字平仮名交じり文によって、文学作品、日記、手紙などを書いた。これに対し、男性も同様に漢字平仮名交じり文によって文学作品を書いたが、手紙は漢字平仮名交じり文とともに漢文体（日本人が書く漢文はほとんど正規の漢文と必ずしも一致しない変体漢文体であるが、以下便宜上「漢文体」とする）で書き、日記は漢文体で書くのが普通であった。法律、行政文書等の公的文書、自らの考えを述べる広い意味での論説的文章は、すべて男性によって漢文体で書かれた。たとえば、菅原道真を初め当時の知識人の文章が集められている『本朝文粋』は、すべて男性の作品から成っている。

ただ、文学作品である漢詩については、やや事情が異なるようである。平安初期の勅撰漢詩集である『文華秀麗集』『経国集』には少数ながら女性の作品が載せられている。清少納言が仕えた定子皇后の母である高階貴子は漢詩文に優れ、清涼殿の詩宴で漢詩を奉ったとされるが（『大鏡』「道隆伝」）、これは例外的であり、しかも賞賛されることではなかった。『大鏡』では高階貴子の学才に対して、世継の翁が「『女のあまりに才《ざえ》かしこきはもの悪《あ》しき（＝女があまり漢学の才に優れているのは運が悪い）』と人の申すなるに、この内侍のちにはいといみじう堕落（＝没落）せられにしも、そのけ（＝そのため）とこそ覚え侍りしか……」と評している。

この時代、漢文による表現のみならず、女性の漢学すなわち漢文の文献の学習自体が望ましくないとされていたことも、広く知られている。たとえば、『紫式部日記』に、紫式部が実家に戻っていた際、漢文の文献を読んでいるところを侍女に見られ、「お前はかくおはすれば、御さいはひは少なきなり。なでふ女か真名書《まんなぶみ》は読む。昔は経読むをだに人は制しき。」（＝奥様はこんな風でいらっしゃるから、お幸せが薄いのです。どういう女の人が漢籍などを読むでしょう。昔は、〈漢字で書かれている〉お経を読むのをさえ止められたものです。）と言われたことが記されている。

しかし、実際には宮中の女性には相当の漢学の知識・教養が求められていたことはすでに論じられている通りである。たとえば小松登美「和泉式部の漢学」（『和泉式部研究』所収）参照。

平安時代中期以後、男性の漢文訓読の世界から漢字片仮名交じり文が生まれ、仏教・儒学等に関する学問的研究書・論説などは、男性によって漢文訓読体の漢字片仮名交じり文によって書かれた。漢字片仮名交じり文は、近代になっても格式の高い正式な文章とされ、たとえば太平洋戦争終了以前は、法律の文章はすべて漢字片仮名交じり文で書かれたのである。

漢文体の文章も男性によって引き続き用いられ、法律書、公式の記録等は、漢文体で書かれた。

一方、女性は、文学作品、手紙などをすべて和文体の漢字平仮名交じり文で書いたが、漢字片仮名交じり文や漢文体の文章を書くことはなく、結果として仏教や学問の研究書、法律書などの文章を書く機会は全くなかったことになる。ただ、土地に関する実用的な文書は、女性によっても漢文体で書かれることがあった。

この傾向は、基本的に鎌倉・室町時代を経て江戸時代末期に至るまで続いた。「日本古典文学大系」「新日本古典文学大系」（岩波書店）には、少なからぬ女性の作品が収録されているが、「日本思想大系」（岩波書店）には、女性の著作はほとんど収録されていない。文芸作品である「無名草子」の作者に擬せられている二人（式子内親王、俊成女）の他は、明確に女性のものである著作としては、一尊如来《いっそんにょらい》きの（一七五六—一八二六）の「お経様」、中山みき（一七九八—一八八七）の「おふでさき」（ともに『民衆宗教の思想』所収）のみである。「お経様」は教祖による説教の男性による筆録であり、「おふでさき」は口語和歌の形式で天理教の教えを説いたものであるが、成立は明治になってからである。いずれも「日本思想大系」収録作品としては特殊なものである。思想的な著作として女性の著作がほとんど認められていないのは、右に述べた理由によるものであろう。すなわち、女性は表現形式の面で公的な世界に参入することが基本的に不可能だったのである。もちろん、この基底には女性の社会的地位の問題があるのも明らかである。

ただし、江戸時代には、思想的な著作を残した二人の先覚者といえる人がいる。井上通女《つうじょ》と只野真葛《ただのまくず》である。井上通女は、讃岐丸亀藩の人で、儒学を中心とする教養を備え、それに基づく考えを男性と同様に漢文体の文章で表現出来た女性である。朱子学者の父に教えを受け、藩主の母に教師役として仕えた。儒教の教えをもとに女性の生き方を論じた漢文体の『処女賦《しょじょのふ》』と『深閨記《しんけいき》』の二作を残したが、これは現在のところ女性が自分の考えを論理的な文章で表現した最初と考えられる。

只野真葛は、井上通女とは異なり、全く漢文的教養はなく、独自の思想を漢字平仮名交じり文で、いわゆる俗語文体（実用的な日常文の文体）によって表現したユニークな女性である。その思想は、独創的で、当時の幕藩体制を批判するものであった。江戸時代、男性でこのような文体でこのような思想を表現した人はいない。これは、明治時代になっても同様であり、その思想の独自性は比較出来る人が見当たらない。

明治時代になると、女性の文章表現は全く自由になり、男性と同様な文体の論説文が盛んに書かれるようになった。

明治十年代半ばまで、女性の考えの新しい表現形式として、投書文が現れた。『読売新聞』は明治七年の創刊号において投書欄の設置を予告し投書を募集したが、これに応じてかなりの数の女性が投稿している。論理的文章とは必ずしも言い難いが、口語文体で、「男女同権」など維新直後の新しい概念や現象について、意見を述べ、投稿しているのは、明治の新時代を迎えての女性の意欲、また能力を示していると言える。

明治一八年『女学雑誌』が創刊され、多くの女性が論説文を執筆した。ほとんどの場合、漢字平仮名交じり文で書かれ、文体としては基本的に男性の論説文と同様な漢文訓読文的要素を多く含んでいる。本書では、『女学雑誌』の中から読者の寄稿文のほか、跡見花蹊《かけい》、荻野吟子《ぎんこ》、中島俊子、佐々木豊寿《とよじゅ》、清水紫琴《しきん》、若松賤子《しずこ》の六名を取り上げた。

跡見花蹊は、跡見学園の創設者として著名な教育者である。摂津西成郡（大阪府西成区）に私塾を営む郷士の家に生まれ、幼少から学芸に志し、東京に移住し、跡見学園を創設した。『女学雑誌』に発表した論説は二篇だが、他に女子教育についてのさまざまな論説を発表している。

荻野吟子は、熊谷に生まれ、日本最初の女医として余りにも有名である。『女学雑誌』には「本邦女医の由来及其前途」という先見性に満ちた説得力のある論説を始め、論文四篇を寄稿している。

中島俊子（旧姓岸田）は、京都に生まれ、民権運動に近づき、女性の権利についての論を展開し、『女学雑誌』に六七篇の論文を寄稿している。衆議院初代議長を務めた政治家中島信行と結婚し、共に活動した。

佐々木豊寿は、勉学のため仙台から男装して上京したことで有名であるが、婦人矯風会会員として活動し、『女学雑誌』には代表論文とされる「積年の習慣を破るべし」を初め一二篇の文章を発表している。

清水紫琴は京都に生まれ、若い頃民権運動に関わり、『東雲《しののめ》新聞』に「日本男子の品行を論ず」という四六〇〇字に及ぶ堂々たる論文を発表した。これは日本の女性が書いた最初の本格的な長い論文である。その後上京して女学雑誌社に入社、主筆もつとめ、多くの論説等を発表した。この時代のもっとも優れた女性の論客と言える。

若松賤子は会津の生まれ、女学雑誌社編集長巌本善治の妻として同誌を支えた。『小公子』をはじめ多くの文学作品の翻訳を『女学雑誌』に発表している。賤子はフェリス女学院の前身となる学校の寄宿舎で育ち、英語に極めて堪能であり、英文で「日本女性の地位」など優れた論文を発表している。

論説文ではないが、手紙の文章も男女差があるものとして以前から研究されている。今回樋口一葉ほか明治以降の文学者の手紙を紹介するとともに、公刊されている明治の女学生の手紙を取り上げて分析した。

第一部　近代以前の文学作品以外の書きことばにおける性差

第一章　女性による実用的文書

論説、法律などのような公的な文書ではない日常的、実用的な文書においては、女性も漢文体の文書を書いた。

築島裕は、『平安時代の漢文訓読語につきての研究』において、古文書の中に女性が漢文体の文書の発信者である例が見られることを指摘し、また、金石文においても同様の例がみられることを述べている。

『平安遺文』によって調査すると、女性による漢文体の文書が見出せる。

先ず、「譲状」について。「譲状」とは、「所領・諸職・資材などの財産を血縁関係者に譲渡するとき、譲渡者が被譲渡者に譲渡したことを証明するために作成した文書」（『国史大辞典』）である。『平安遺文』中には譲状文書（案も含む）が一四一通見えるが、そのうち女性によるものは一四通である。そのうち六通は漢文体、八通は仮名文書である。これに対し男性による譲状は一二七通のうち漢文体文書が一一九通、仮名文書が八通である。男女の差は明らかであるが、女性も漢文体の文書を書いたことは確かである。女性による漢文体の文書の一例を示す。

譲与
　合田壱段小者 学開補池尻
　四至 限東道 限北際目柿木　限西岸 限南際目
　　在平群郡坂戸郷八条十九加女里拾一池心也、

右件田者、尼浄妙之相伝領掌処也、而今於養子僧俊海
院、相副次第文書等、永所譲与也、不可有他妨、仍為後代
放新券文之状、如件、
承安二年十二月廿二日　　尼（略押）
（三六一四　尼浄妙田地譲状）

仮名文書の一例を示す。

ゆつりわたすしりやうの地ならひにまちのたなの事
合地二ヶ所　たな二ヶ所
いさいほんけんに見えたり、
右、件しき地ならひにたなとうハ、藤原の氏女さうてんのしりやうなり、しかるを、嫡子さゑ門太郎に、
手つきせうもんをあいそへて、ゆつりわたす所しちなり、更たのさまたけあるへからす候、よてゆつり状
如件、
治承元年九月廿七日　　藤原氏女判
（三八〇九　藤原氏女家地棚譲状案）

仮名文書の場合は、具体的な場所を示す「本券」や権利を明記した「手継証文」を添えて完全な書類になったものと見られる。数は少ないが、女性が漢文体の文書を書いたことは明らかである。

これは譲状だけでなく「寄進状」でも同様である。「寄進状」とは、「神仏に対し祈願・報謝の誠をあらわすため、土地・諸職・金銭・布帛その他諸種の財物を寄進する場合にその品目・趣旨などを記して作成される文

書」（『国史大辞典』）である。女性の寄進状五通のうち四通は漢文体である。実用的な事柄を明示する場合、仮名文書では困難があったと考えられる。

この傾向は、中世においても同様である。『鎌倉遺文』を調べると、女性による漢文体の文書が仮名文書と並んで見られる。

譲状についてみる。『CD-ROM版鎌倉遺文』によると、『鎌倉遺文』所収の譲状は一八六五通であるが、そのうち女性の譲状は、二五二通である。このうち、仮名文書が一七三通、漢文体文書が七九通であり、『平安遺文』の場合と比べると、総数が異なるが、仮名文書が多い点は共通している。しかし、漢文体文書も仮名文書の半分近くで、女性も相当数の漢文体の譲状を残している。なお、男性の場合、『CD-ROM版鎌倉遺文』の譲状リストについて、男性の譲状の最初の百通について調べると、仮名文書一四通、漢文体文書八六通で、当然のことながら漢文体文書が圧倒的に多い。なお、女性に続いて男性が署名している文書もあるが、女性単独の場合と違いは見られない。

このように、女性は実用文書の世界では漢文体による表現をしたことは明らかであるが、漢文体の文章で自己の考えを表現することは、中古・中世においては基本的になかったと考えられる。

第二章　近世における女性の論説文（一）——井上通女の文章

和文・漢学に優れた才女

管見の範囲では、自らの考えを漢文体の文章で論理的に表現したのは、江戸時代の井上通女が最初である。井上通女《いのうえつうじょ》（万治三年〈一六六〇〉～元文三年〈一七三八〉）は、讃岐丸亀の生まれで、和漢の古典に精通し、和歌・漢詩にも優れていた。その遺稿のほとんどは焼失し、残ったものだけが『井上通女全集』（修訂版、一九七三）に収められている。以下、引用は同書により、書名は『全集』と略記する。

同書には近石泰秋の「井上通女小伝並に年譜」がある。通女の一生は、元文三年九月の没後すぐに三男三田義勝が書いた「先妣井上孺人行状」が最も信頼すべきものとされ、伝記はすべてこれによっている。幼時から容姿と才能に恵まれ、朱子派の学者であった父本固の指導を受けて、和漢の学に励み、和歌や漢詩・漢文の作もあって、その名は藩内に知れ渡っていた。二二歳から三十歳まで、藩主京極高豊の母養性院に召されて江戸に下り、三田の藩邸に出仕した。養性院の信頼厚く、漢籍を教え、手習いの相手をするなど熱心に仕えた。この間の心情は『江戸日記』に籠められている。元禄二年（一六八九）二月の養性院の逝去後、その優れた学識により、諸家から招請された。『帰《き》家《か》日記』に次のようにある。

故里を帰りみんとおもひ出《なり》ぬるを、とゞめまほしとおぼしたる御かた〴〵の御心どもの浅からぬ御言葉の情も、かず〳〵にわすれがたきふしどもおほければ、草枕おもひ立ぬる御名残惜み参らせんと、かなたこなたに四日五日のほどとおもひて参るに、今ひとひ〱と切にとゞめさせ給ひて、卯月の廿日比より五月の晦日つかたまでさぶらひけれ。（『全集』五七ペ）

女性であっても、その漢籍や和歌の学識を認められた場合、このように諸家から出仕を求められたのである。丸亀へ帰国後、同藩の三田茂左衛門宗寿と結婚。通女三〇歳、宗寿は三八歳。三男二女を養育し、舅姑に仕え、堅実な家庭婦人として過ごす。宝永七年（一七一〇）夫宗寿が死去、通女は五一歳であった。父の跡を継いだ二男三田宗衍が結婚した後は、詩を作り、和歌を詠み、和漢の典籍を読む、という隠遁の生活に入った。三男義勝は学問の素質があり、通女は自分が父に教えられたように義勝を教えた。元文三年、七九歳で没。

以下、通女が自分の考えを述べた著作である「処女賦《しょじょのふ》」「深閨記《しんけいき》」について考察するが、この二作について、前掲の三田義勝「先妣井上孺人行状」には、次のようにある。

初先妣生而敏達、数歳書二揩字一善二草書与二国字一、為二処女一時、常在二閨中一従二家大人之教一、執二古経一日誦二読之一、又看二烈女伝、女誡之類一、感三発徳善之素在二於我一、興三起性理之初備二於己一、自為二処女賦、深閨銘一、述二其平日之志一焉、（『全集』三二六ペ）

これによれば、「先妣」すなわち通女は、幼時から聡明で漢字仮名の書に優れ、経書を読み、中国の女性の伝記や女性への教訓書を読み、徳義を修め、道理を深めて、自ら『処女賦』、『深閨銘（深閨記）』を作ったのである。

漢文体の女性の生き方論① 『処女賦』

「処女賦《しょじょのふ》」は通女一六歳の頃の作と伝えられる。詩経、書経などの儒教の教典などに見える多くの故事を引き、儒教道徳に基づく処女の心得を述べたものだが、六音五二句で三種の韻による韻文である。既述のように女性が漢詩を作った例はあり、その伝統に連なるものとも考えられる。ただ、文学作品である漢詩ではなく、長文の韻文で自らの考えを述べている点が重要である。以下、引用はすべて前掲『全集』により（送り仮名・音合符省略）便宜換韻の箇所により三段に分割して原文を掲げ、読み下し文（振り仮名は適宜省略）を付す。この本文は通女自筆とされる草稿によっているが、これには、通女自筆の訓点・振り仮名が付されており、この読み下し文はそれに従っている。

〈第一段〉

遵二厳君之明訓一　居二茲閨闥之幽一
師二詩書一学二四徳一　経二内則一習二和柔一
哀三牝雞晨二於殷一　喜三関雎匹二于周一
遍看二古昔之伝一　心与二列女一同遊
温レ故寧不レ能レ及　希レ修レ身寡二悔尤一
書中不レ遠二千里　眼前忽到二幾州一
見二彼敬姜于魯一　謁二此孟母於鄒一

厳君の明訓に遵《したが》って、茲《こ》の閨闥《けいたつ》の幽なるに居り、
詩書を師として四徳を学ぶ、内則《ないそく》に経《のつと》りて和柔を習ふ、
牝雞の殷に晨《あした》するを哀しみ、関雎《くわんしよ》に周に匹《たぐ》へることを喜ぶ、
遍く古昔の伝を看て、心列女と同じく遊ぶ、
故《ふる》きを温《たづ》ねて寧《むし》ろ及ぶ能《あた》はずとも、希《こひねが》はくは身を修めて悔尤《くわいいう》寡《すくな》からんこと（を）／書中千里を遠しとせず、眼前忽ち幾州にか到る、
彼の敬姜《けいぎやう》に魯に見《まみ》え、此の孟母に鄒に謁《まみ》ゆ、

〈第二段〉

求二女師一其未レ少　古人徳以迄レ今
履レ霜以思レ致レ氷　抱二是寒木之心一
服二節倹一不レ暇レ飾　何冶容而效レ淫
向二窓下一而紡績　焼二膏油一而執レ針
此小勤不レ足レ苦　耻惰身不レ如レ禽

女師を求むるに其れ未だ少からず、古人徳以て今に迄《いた》れり、
霜を履《ふ》みて以て氷を致さんことを思ふ、是の寒木の心《なかご》を抱けり、
節倹を服して飾るに暇あらず、何ぞ冶容《やよう》にして淫に效《なら》はん、
窓下に向ひて紡績し、膏油《かういう》を焼き針を執る、
此の小勤苦しむに足らず、耻づらくは惰身の禽《とり》に如《し》かざらんことを、

只徒飽食温衣　無レ成而送二光陰一
括レ嚢顧二緘口戒一　畏レ驕鑑二女史箴一
嗚呼余志之堅兮　不レ可下以二貧富一
雨露湿制二春服一兮　西風来催二秋砧一

只徒に飽食温衣して、成る無くして光陰を送る、
嚢《ふくろ》を括つて緘口《しんこう》の戒めを顧み、驕りを畏れて女史の箴《いまし》めを鑑みる、
嗚呼余《わ》が志の堅き、貧富を以て侵すべからず、
雨露湿ひて春服を制し、西風来りて秋砧《しうちん》を催す、

〈第三段〉

楽只有二二親在一　承レ教何為不レ力
家尊之厳且慈　母氏之慈而則
恵レ予以二義方愛一　教レ以二正法式一
令二レ余一得一レ窺二古賢　使二レ余無一レ生二姑息一
知二女子之多一レ慎　識三事之在二蠶織一
安二閨中一志レ内　不レ除而楽二草色一
身自不レ出二戸庭一　言則不レ出二於閾一
精神粛而以閑　四躰静而端直
恐日月荏苒　無三業之供二子職一
願守レ身無レ詒レ罹　永思而以抑々

楽しいかな只二親の在《いま》す有ること、教へを承《う》けてなんすれぞ力《つと》めざらん、
家尊の厳にして且つ慈なる、母氏の慈にして則《のり》ある、
予《われ》を恵むに義方の愛を以てし、予《われ》を教ふるに正法の式を以てす、
余《われ》をして古賢を窺ふことを得せしめ、余《われ》をして姑息を生ずること無からしむ、／女子の慎み多きことを知りぬ、事の蠶織《さんしょく》に在ることを識りぬ、
閨中を安んじて志内に在り、除《はら》はずして草色を楽しむ、
身は自ら戸庭を出でず、言は則ち閾《しきみ》より出ださず、
精神粛として以て閑に、四躰静かにして端直なり、
恐るらくは日月の荏苒《にんぜん》として、業《げふ》の子職《ししょく》に供する無からんことを、
願はくは身を守りて罹《うれへ》を詒《のこ》すこと無からんことを、永く思ひて以て抑々たり、

（『全集』二八ぺ）

各段の内容は次のようである。

〈第一段〉

両親の教えに従って静かな自室に居て、詩経と書経を師とし、女子に必要な四徳を学ぶ。礼記の内則の教えを実行し、また日本の礼儀も学ぶ。女が権勢を振うことを悲しみ、君子と淑女が睦まじいことが周の時代と並ぶことを喜ぶ。古く中国の伝記を読み、信念を貫く女性と志を同じくする。古きをたずねて及ぶことは出来なくても、自分の身を修めて後悔が少ないことを望む。書物の中では千里も遠しとせず、たちまち中国各地を見る思いである。魯の賢女敬姜に会い、鄒の賢母孟母に会うことが出来る。

〈第二段〉

女性の師は少なくなく、古人の徳は今に伝わる。霜を踏んで堅い氷を作りたいと思うが、寒々とした木のようである。倹約につとめて身を飾る暇はない。どうして艶めかしくして淫乱の風をすることがあろうか。窓の下で機を織り、灯火の油をたいて裁縫の鍼をとる。この僅かな勤めは辛いことは無く、この怠惰な身が怠けもの鳥に及ばないのではないかと恥じる。ただ無駄に衣食に満ち足りて、成すことなく毎日を送る。尖った針先が出ないように袋の口をくくり、驕りを恐れて女性への誡めを鑑みる。ああ、私の志の堅固なことは、貧富のような世の常識によって測ることは出来ない。雨が地を潤して春の景色をもたらし、西風が吹くと砧を打つ秋の季節になる。

〈第三段〉

両親が健在なことは本当に喜ばしい、その教えを受けてどうして努力しないでいられようか。父は厳格でしかも慈愛深く、母は優しくてしかも筋が通っている。家庭の徳義を重んずる心で私を愛し、正しい法式で私を教えてくれる。私に古代の賢人の教えを知らしめ、私にその場しのぎの行動をしないようにしてくれた。女子の慎むべきことが多いことを知り、女性にとって重要な事は養蚕と機織りのような仕事であると知った。自分の部屋に安らかに自分の志を内に秘め、草の青さを楽しむ。身は自分からは家の外へ出ず、部屋の外では言葉を発しない。精神は慎み深く穏やかで、身体は静かで正しくまっすぐである。永い年月をいたずらに過ごして、子として父母に尽くす勤めがおろそかになることを恐れる。身を守って後に悔いを残さないことを願うばかりである。このことを永く思ってひたすら謹んでいる。
これによって通女の生活を述べれば、以下の通りである。中国古代の聖賢の書を読み、女性の四徳（四徳とは、婦徳、婦言、婦容、婦功で、婦徳とは婦人として守るべき徳義、婦言とは婦人としての言葉遣いの心得、婦容とは婦人としての身だしなみの心得、婦功とは婦人としてなすべき仕事。）を学び、身を修めることを志している。節倹に努め、身を飾ることもなく、女性の誡めに従っている。父母を敬い、その教えに従い、自室にこもって静かな生活を送っている。

「閨閫」「治容」「荏苒」「子職」「霜を履《ふ》みて氷を致す」「姑息を生ずる」など、難解な漢語や漢語の表現を自由に使っていて、その学力の優れていることが察せられる。第三段の両親との関わりを述べるところでは、初めて自らのことを述べ、「予《われ》を恵むに義方の愛を以てし、予《われ》を教ふるに正法の式を以てす」「余《われ》をして古賢を窺ふことを得せしめ、余《われ》をして姑息を生ずること無からしむ」と自称詞として「余」「予」を同じように用いているのが注意される。読み下し文では「われ」と振り仮名しているが、全集の所収写真を見ると、「予」「余」には振り仮名はなく、この「われ」は編者によるものである。

漢文体の女性の生き方論② 『深閨記』

『深閨記《しんけいき》』は、前掲近石泰秋によれば、江戸に出仕する（二二歳）以前の作である。四徳の道による女性の理想像を漢文体の文章で論じたものである。著者が自ら訓点を付した資料は無く、本全集に採用されているものの原文は白文であるが、便宜『全集』の読み下し文に従い区切って示す。

夫女子之為道也及日乎閨門之内無非無儀
柔順以為徳而行必信矣
酒食衣服是議而無外事

若其反之者此違天道之常禍乱必至焉
故姙姒順徳而周室有内助之功
呂武専政而終亡其族
樊姫脩身而荘王改過
驪姫作姦而嗣子不安
趙姫事叔隗而子孫承祚
夏姫淫而殺子傾国
因此観之治乱豈関婦人哉
予終日在深閨歴見諸史鑑女図而善者師之非者戒之
尚改過此克其終
故写志述拙以書壁
　銘曰
閨室幽兮　独対詩書
師聖賢兮　心楽有余
　井上氏感通　印

『全集』により、読み下し文および振り仮名（適宜省略）を掲げる。この読み下し文は本全集編輯者によりなされたものであるが、解説によれば、『処女賦《しょじょのふ》及深閨《しんけい》銘通釈』（福家惣衛編、昭和一六年発行）によったところが多いということである。

夫《そ》れ女子《ぢょし》の道たるや、閨門《けいもん》の内に及日《きふじつ》して、非とすることなく儀とすることなし。

柔順《じうじゅん》を以て徳となして、行《おこなひ》は必ず信あり。

酒食衣服是れ議《はか》りて外事《ぐわいじ》なし。

若《も》し其れ、之《これ》に反すれば、此《こ》れ天道《てんだう》の常に違《たが》ひて、禍乱《くわらん》必ず至らん。

姙《にん》・姒《じ》徳に順《したが》ひて、周室《しうしつ》内助の功有り。

呂《ろ》・武《ぶ》　政《まつりごと》を専《もつぱら》にして、終《つひ》に其の族を亡ぼす。

樊姫《はんき》身を脩《をさ》めて、荘王《さうわう》過《あやまち》を改む。

驪姫《りき》姦《かん》を作《な》して嗣子《しし》安からず。

趙姫《てうき》叔隗《しゅくくわい》に事《つか》へて、子孫祚《さいはひ》を承《う》く。

夏姫《かき》淫《いん》にして、子を殺し国を傾く。

此れに因りて之れを観れば、治乱《ちらん》豈《あ》に婦人に関するかなや。

予《われ》終日《しゅうじつ》深閨《しんけい》に在りて、諸《もろもろ》の史鑑《しかん》・女図《ぢょと》を歴見して善き者は之れを師とし、非なる者は之れを戒めとす。

尚《ねがは》くは過《あやまち》を改め、此《ここ》に其の終を克《よ》くせんことを。

故に志《こころざし》を写し拙《つたな》きを述べ、以て壁に書《しょ》しぬ。

　銘《めい》に曰く
　閨室幽たり。独り詩書に対す。

　聖賢《せいけん》を師として、心の楽しみ余り有り。


「深閨」とは、〈家の奥の房室〉の意で、「深閨記」とは〈家庭にあるものの記〉の意味であろうとされる。内容は、次の通りと考えられる。

女性は家庭の中で日を送り、柔順を第一とし、信用される行いをし、日常生活を律すれば、外部に問題になることはない。これらに反すれば、天道に反することになり、必ず禍や乱れがおきるとして、古代中国の例を挙げる。姙姒（武王の母「太姒」の誤りと考えられる）は徳に順って周の王室に内助の功があり、宋の呂武は専横の結果一族を亡ぼした。楚の荘王の夫人樊姫は、身を脩めて夫の過ちを改めさせた。晋の献公の夫人驪姫は自分の息子を王位につけるため画策し夫の死後息子とともに殺された。趙姫は夫趙衰の正妻叔隗に仕えてその子が趙を安泰にするのに功があった。陳の大夫夏御叔の妻夏姫は他の大夫たちと密通を重ねたため、子の夏徴舒は反乱を起こし死ぬ。

これらの例によって考えて見ると、国の乱れは女性に関係するものが多い（「関婦人哉」は他本により「不関婦人哉」の誤りとみる）。私は一日中家の奥の部屋に居て、様々な人の鑑戒となる歴史書や女性に関する書を読んで、善いものは師とし、悪いものは戒めとしている。こうして自らの過ちを改め、善い一生を送りたいと願う。そのために志を明らかにし拙い思いを述べ、書く次第である。

銘にいう、

家の奥の部屋は静かで、独り詩書にむかう。
聖賢を師として心の楽しみは尽きない。

もっぱら中国の儒教の経典や史書を読んで女性の生き方を学び、それに基づく女性としての道徳を身につけ、それに従って生きようとする決意を述べている。題名は、女性は「深閨」に在るべきだという意味であろう。全文散文の漢文で書かれ、自称詞として「予」を用いている点が注意される。

韻文の「処女賦」に比べると、より論旨が整い、中国古典の引用も明快で、儒教に基づく女性の生き方が明確に述べられている。

通女の漢文著作で現在読み得るものは「処女賦」「深閨記」の二作のみであるが、女性として漢文体で論理的に所信を述べた最初のものと考えられ、歴史的意味は高い。

和文体の著作

通女は、ほかにさまざまな和文体の著作を残している。

『東海紀行』

天和元年十一月、藩主京極高豊の母堂養性院に召されて江戸へ下った際の日記で、冒頭は、次のような文章である（以下引用は『全集』による）。

あめのやはらぐ初の年、霜をふみてかたき氷にいたる頃ほひなれば、年経る丸亀を船よそほひして、あづまのかたに趣。先難波とて漕出す。親はらからより初、友とせし人など集りて、袖のうへたゞならぬことはり也。されど、かうかしこくかたじけなき君のめしにそふなれば、何か別のかなしからむ。（三八ぺ）

いわゆる和文体の文章である。

『江戸日記』

天和二年九月から同三年二月一日まで、江戸在勤中の五ヶ月間の日記である。天和二年十月の冒頭を示す。

天和弐十月

十九日、きのふの雨にいとしめりながら、おほぞらの日は、さりげなくさしあがりて、いとあきらか也、よべ又ゐもんに文きたりつやと、御まへにとはせ給ふもかたじけなしや、此たびはおこせ給はざるにや、いまだみえこず、おやたちはらからつゞがなきと、ことばにてのことづて、甚左衛門いひきかせ給ふ、いかにして文なきやらんと、なを心もとなし、夜丸がめよりのふみ御まへにて、はまをとゞけ給ふ、斎藤氏へきたれるを、いま見出てとゞけ給ふなりけり、いとうれしく心やすまりぬ、おえん、澤の進よりも文こ

まかに来る、御とのゐ也、よるしきりにおきて、何くれとつかふまつる、御さうしよむ、夢もしきりにみる、（一二八ぺ）

これも同様に和文体の文章である。

『帰家《きか》日記』

養性院逝去の後、諸侯からの招請を辞して、元禄二年六月十一日弟に伴われて江戸を立ってから、同月二十九日丸亀到着までの日記。冒頭を示す。

むさしあぶみさすがにかけはなるゝ東路の名残をしく、悲しさを書あつめて見むもよしなしや。一年、故君の仰をうけ給り、御言の葉の深き御恵みによりて、身のつたなきをもわきまへず、はるけき海山のさかしき凌て参れる志を、浅からず覚しわきて、御側にのみ朝夕おらさせ給て、万に御心をくはへ覚しいたらぬくまなくいたわり仰らるゝをば、いかでかはいとゞおろかにも思ひけん。（五六ぺ）

これも『東海紀行』『江戸日記』と同様、和文体の文章である。以上の三点は、いずれも日記であり、女性として当然ながら伝統的な和文で書かれていることになる。

『和歌往事集《おうじしゅう》』

和歌集で、天和元年三月の自序がある。全文を示す。

春の末つ方いと長閑なる夕に、東のつま戸明て手習などし、たゆみてかしら傾けたるに、庭の梢に残りたる日影の、こなたの硯の水に映りて、若緑の色いと清げに見えたるもおかしかりし、静けき窓のうちには、かくはかなき事のみ、をり節の人しらぬ興なるぞかし、唐のうたにも、閑几硯ノ中窺フ二水ノ浅ヲ一など有しを見侍りしにつけて、われひとりのみにもあらざりけるにやとぞ思知らる、まして賤山がつのきはまでも、をりからの月花にめで、哀なる事をかしき事悲しきもうれしきもとり〴〵に、心にうかびおもひ乱れて、しのび難きふしのをのづから言葉にあらはるゝ習ひは、古の人もゆるし給へるぞかし、心ある人のみ秋の月を見ばなんど、ふるき歌にも侍る、又詩はこゝろざしの行く所をのべ、歌は心をたねとしてなど、かく有がたきおほやけの道なれば、いやしき身とても、なにはのよしあしの言の葉を、なにか憚らんや、されど傍なる人の耳には、池の蛙の声のごとく、かしがましとのみ覚ゆらんと、ひとり物のそこにかくしをきて、閨の灯まどの月のもとにて、くり返し見れば、さすがにおのが心ひとつには、あはれのすてがたき、往事夢ならで、又みる心地するもあはれなれば、からのやまとのうたといふ文字のかずばかりを、かしこくまなびがほに、そのゝ柿の葉をかき集めて綴り、けふ口ずさみぬるも、はやあすの往事集になりけらし、

天和元年辛酉季春日　　井上氏通女誌　印

これによれば、天和元年十一月江戸出仕以前の和歌・漢詩を集めたものであったことは明らかであるが、享保三年九月通女の三男三田義勝の序文を付して刊行された現存する『和歌往事集』の内容は、ほとんどすべて江戸出仕時代のものである。先の三書と同様和文体であるが、自序という性格上、読み手を意識した文章で、「見侍りし」「侍る」と「侍り」を用いている点が注意される。自称詞に「われ」を用いている。

これらの和文体の文章と『処女賦』『深閨記』の漢文の文章とは、全く異なる語彙、語法を用いているが、これは書く内容によったものである。中国古典の聖賢のことばに従う論理的主張を述べる文章は、和文体では書けなかったのである。「深閨記」は通女による読み下し文が不明だが、「処女賦」は通女自身の訓点による読みであるので、和文体との比較が可能である。

文体による語彙の差

語彙の違いは一読して明らかである。それは漢語の使用状況である。漢文体の「処女賦」は当然ながら漢語が多用されている。

漢文体の文章に使用されている二字漢語（固有名詞を除く。現代仮名遣いによる五十音順、適宜現代仮名遣いで振り仮名を付す。）

『処女賦《しょじょのふ》』

雨露《うろ》　温衣《おんい》　悔尤《かいゆう》　家尊《かそん》　眼前《がんぜん》　寒木《かんぼく》　義方《ぎほう》　閨闥《けいたつ》　閨中《けいちゅう》　厳君《げんくん》　光陰《こういん》　膏油《こうゆ》　古賢《こけん》　古人　古昔《こせき》　姑息《こそく》
戸庭《こてい》　蠶織《さんしょく》　詩書　子職《ししょく》　四躰《したい》　日月　四徳　秋砧《しゅうちん》　春服《しゅんぷく》　小勤《しょうきん》　女子《じょし》　女史《じょし》　女師《じょし》　書中　鍼口《しんこう》　荏苒《じんぜん》
精神　正法　西風　節倹《せっけん》　千里　窓下《そうか》　草色　惰身《だしん》　端直《たんちょく》　内則　二親　飽食《ほうしょく》　紡績《ぼうせき》　牝雞《ひんけい》　貧富《ひんぷ》　母氏《ぼし》
明訓《めいくん》　冶容《やよう》　抑々《よくよく》　列女《れつじょ》　和柔《わじゅう》

『深閨《しんけい》記』

衣服　外事　及日《きゅうじつ》　禍乱《からん》　閨室《けいしつ》　閨門《けいもん》　史鑑《しかん》　嗣子《しし》　詩書　子孫　終日　柔順　酒食《しゅしょく》　深閨《しんけい》　女子　女図《じょと》
聖賢《せいけん》　治乱《ちらん》　天道《てんどう》　内助　婦人　歴見《れきけん》

和文体の作品に見られる二字漢語（漢詩・固有名詞を除く、現代仮名遣いによる五十音順、ただし、仮名表記は原文のまま。本文内に漢字表記が見られない場合は（　）内に漢字表記を示す。）

『東海紀行』

五節　御覧　さうじ（障子）　ずさ（従者）　本意　万物

『帰家《きか》日記』

あなひ・案内　駅亭　夏畦　景気　逆旅　膏薬　けしき（景色）　湖水　御覧　商家　水車　ずさ（従者）
逍遥　さうじ（掃除）　そうぞく（装束）　素餐　大事　たいめ（対面）　てうど（調度）　とうろ（灯籠）　女房

ひざう（非常）　夫婦　反古

『江戸日記』

医師　いしや（医者）　えはう（恵方）　絵馬　縁ろう（縁廊）　和尚　家人　家中　家老　元三　管領《かんりよう》　感涙　きうじ（給仕）　規しき（規式）　ぎしき・儀式　帰城　きそく（気色）　きやうさく（警策）　くご（供御）　公方　火事　下向　けさう（化粧）　けそく（下足）　下女　玄関　けんぶつ（見物）　こうやく　こたつ（炬燵）　御幣　御らん（御覧）　さうし・雙紙　掃除・さうじ　さほう（作法）　ざうり（草履）　作事　参詣　詩歌　紙えん（紙鳶）　式日　手巾　手跡　しやうぎ（将棋）　相ばん（相伴）　焼亡　諸侯　人道　人馬　誦経　ずきん　せきはん（赤飯）　せんさい（前栽）　せんじ（宣旨）　ざうぐ（雑具）　そくさい（息災）　束帯　そはん（粗飯）　大事　だいす（台子）　代々　たいめん・たいめ（対面）　ちうしん（注進）　ぢきろう（食籠）　持仏　中門　天気・てんき・ていき・てうど・調度　天地　道具　とうりう（逗留）　女ばう（女房）　はいでん（拝殿）　飛脚・飛きやく・ひきやく　屏風　風雨　返事・へんじ　法衣　法事　用意　両親　れうし（料紙）　礼法　老人　らうそく（蝋燭）　れうり（料理）　老人　和韻

当然のことながら、和文体の作品の漢語は日常語と考えられる。唯一の例外は『帰家日記』の「夏畦《かけい》」で、次のように用いられている。

又やまぎはにはたうつもの丶、身の色はすみのごとくにて、あせをしのごひたるあつさたへがたげなる、夏畦よりもやめりとくるしきたとへに曽参の宣ひし、実もと覚ゆ。（六三ペ）

「夏畦」は、『日本国語大辞典』に「炎天のもとで、田を耕すこと。労苦の大きいことのたとえ。」とあり、『新撰字解』（一八七三）の「夏畦　カケイ　アセ水ノクルシミ」とこの語の出典である『孟子』「滕文公章句下《とうぶんこうしようく》」の次の句を引く。『漢文大系』の訓読により示す。

曽子曰脅シレ肩ヲ諂ヒ笑フハ病《ツカル》二于夏畦一

これは、〈曽子（曽参）が曰く、肩をすくめてへつらい笑うことは、夏の農作業よりつかれる〉ということで、夏の農作業の苦しさをこの句によって述べている。

漢文体の作品の漢語は、日常語とはかけはなれたものである。これらのうち、「温衣」「悔尤」「子職」「秋砧」「小勤」「鍼口」「惰身」「和柔」「及日」「史鑑」「女図《じょと》」は、『日本国語大辞典』に項目がなく（「悔尤」は「悔」字の熟語として、「秋砧」は「砧」字の熟語としては載せられている）、漢語の中でも日本人による文章で使われた例が見出し難いものである。通女が自らの漢学の研修の中で、自分のものとし、使っていると考えられ、彼女の漢学の知識が非常に高いものであったことが窺われる。

文体による文法的な差

漢文体と和文体の文法的な差については、平安時代の文献以来指摘されていることであり、通女の文章についても同じような現象が指摘できる。たとえば、疑問・反語表現についてみると、「処女賦」では「何ぞ冶容《やよう》にして淫に效《なら》はん」「なんすれぞ力《つと》めざらん」という漢文訓読の標準的語法を用いているのに対し、和文体では、「何か別のかなしからむ」（『東海紀行』）、「いかにして文なきやらん」（『江戸日記』）、「いかでかはいとゞおろかにも思ひけん」（『帰家日記』）、「なにか憚らんや」（『和歌往事集』自序）のように中古・中世以後の和文体に普通に見られる形式が用いられている。

文体による自称詞の違い

自称詞についても、漢文体の文章と和文体の文章とでは違いがある。

漢文体の文章の場合、「処女賦」では、「余《われ》が志」「余《われ》をして古賢を窺ふことを得せしめ」「余《われ》をして姑息を生ずること無からしむ」「予《われ》を恵むに」「予《われ》を教ふるに」と、「余」「予」が用いられ、「われ」「わが」と訓まれている。「深閨記」では、「予」が用いられ、「われ」と訓まれている。

和文体の文章の場合は、次のようである。（　）内に『全集』のページ数を示す。

『東海紀行』

我は何事もいさしらず、只人のかうしいふを聞ふせりて（四五）

我《わが》こしかたをおもふに（四七）

「我」字が使われ、「われ」「わが」と訓まれる。

『帰家日記』

そゞろにわらわが別れをもかなしび給ひて（六〇）

わらはをゐてのほかは、弟の益本なれば（六一）

わらわもかしこに侍ふと聞せ給ひて（八四）

わらはも唯ひとつ急ぎかきてやる。（九一）

わが行かたにあくがれつゝ（六八）

我もむさし野の露とや消んと（七五）

我もぐせる女も髪見せて（七九）

我何となく硯にむかひもの書すさむを（八〇）

我もいつか故郷の地にかく着なましとぞ思はるゝ。（九六）

丸がめへの文したゝめ、わたくしのをもやる。（一二九）

「わらは」「我」「わが」「わたくし」が用いられている。「我」は「われ」である。

『江戸日記』

けふ御上やしきへうつらせ給はんとて、御さきへ老人たち、わらはも皆皆まいる。（一四〇）

わらはは西国のかたいなかより参りたれば（一五五）

我つぼねのとなりなるつぼねあるじ（一六二）

丸がめへの文したゝめ、わたくしのをもやる（一二九）

養柳院殿へ御ふみ、御もて遊びどもまいらせ給ふ、御まへの御ふみ箱、わたくしのも、岡勘左衛門までつかはす（一三二）

御まへより私に御うしろわた給はせ給ふ（一三四）

丸がめへの御まへよりの文ども、後家老衆へのへんじかき、わたくしのも皆々つね右衛門へもたせやる。（一四七）

「わらは」「我（わが）」「わたくし」「私」が用いられている。日記なので、自称詞の使用は少ない。『帰家日記』『江戸日記』にみられる「わたくし」は、用例にみられる通り、一例を除いて「文」すなわち手紙に関して用いられている。残る一例は、くわしく引用すると次の通りである。

六姫御氏神まつりとて、こわいひもちひなどまいりて、帰らせ給ふ、御まへより私に御うしろわた給はせ給ふ、（一三四）

「御まへ」とは、通女が仕えていた丸亀藩主京極高豊の母堂養性院を指す。その養性院から「私」に「うしろわた」（未詳）を賜ったということで、通女自身を指していると考えられるが、〈特に私的に〉に意に解されないこともない。つぎの例は、明らかに〈私的に〉の意味である。

我つぼねのとなりなるつぼねあるじ、宮ぎのゝつゆわけて、うつしうゑ給ひし秋萩やう〳〵さかりに成て、いさゝか私のえん《宴》して人人にみせ給ひける時（一六二）

通女は、漢文体、和文体という語彙、語法が全く異なる二つの文体を、見事に使い分けていたのである。

第三章　近世における女性の論説文（二）——只野真葛の文章

独創的な思想と文体

ここで取り上げる只野真葛《ただのまくず》（宝暦一〇年〈一七六三〉—文政八年〈一八二五〉）は、近年女性解放思想の先駆者として評価されている人物であるが、初めて俗文体（後述）で自らの思想を表現した点で、女性の表現の歴史の上で非常に重要な役割を果たした。前章で述べた井上通女より約百年後の人物である。前章で論じた井上通女は、儒教道徳、及びそれに基づいた女性の在り方を論じたが、その文章は全文漢文で書かれており、思想も表現法も男性社会のそれをそのまま取り入れているものであった。これに対して、本章で取り上げる只野真葛は、その思想が全く独創的で、文章も男性の論説文とは全く異なるものである。

只野真葛について、『日本古典文学大辞典』は、「江戸時代の随筆作者」とし、著作については、「和文に巧みで、『磯づたひ』『奥州ばなし』『真葛がはら』『松島の道の記』『みちのく日記』『むかしばなし』等の著作がある。」とするのみである。

只野真葛についての最初の基礎的な研究は、中山栄子『只野真葛』（一九三六）である。中山は、日本大学の国語漢文科で学び、東北帝国大学の図書館に勤務、そこで先に赴任していた日大時代の恩師山田孝雄《よしお》のもとで、仙台に縁の深い只野真葛の研究に打ち込み、この書をまとめたのである。真葛についての基本的な事項はこの書でほぼ完璧に研究されており、その後の真葛研究の基礎となった。単に随筆作者としてではなく、「論客真葛」の項で、その思想についても論じている。後でとりあげる『独考《ひとりかんがえ》』を引いて、「女性圧迫の根源を成す儒教を打破し、之を救ひ出さんとて日本全女性の代表者たる意気込み以て婦人解放の第一声を挙たのであった。」（二八七ぺ）とする。

思想史の上で太平洋戦争後只野真葛を最初に評価したのは、柴桂子『江戸時代の女たち』（一九六九、評論新社）である。次いで、関民子「幕藩制社会の総体的批判者の登場―只野真葛とその思想」（「歴史学研究」四二三号、一九七五、後『江戸後期の女性たち』所収）がある。また、杉浦明平・別所興一『江戸期の開明思想』（一九九〇、社会評論社）は、後に述べる真葛の代表作『独考』の中・下巻の本文を初めて公開し、「女子小人の立場からの幕藩体制批判と最初の女子の闘争宣言」として論じている。

教養のある両親のもとで育つ・漢学の学習を禁止される

只野真葛は、一七六三年江戸に生まれた。父は仙台侯の御藩医で江戸詰の工藤周庵、還俗して平助、母は同じく御番医師であった桑原隆朝の娘である。父平助は、医学を深く学び、漢学も服部南郭等に師事した。また、青木昆陽について蘭学を学び、早くから西洋の事情に通じた進歩的な人物であった。母も、実家で厳格な教育を受けた人であって、「古今集」「新古今集」「伊勢物語」などは暗記していた教養の持ち主であった。真葛はこのような両親のもとに、二男五女の長女として生まれた。名は「あや子」で、「真葛」というのは、後年この兄弟を七草になぞらえて付けた名である。

真葛は教養ある両親のもとで幼時から荷田蒼生子《かだのたみこ》について古典を学び、読書に努め、読み書きの他に漢学を習得したいと願ったが、父から女の博士ぶったのは悪いと止められ、国文学のみを学んだ。十六歳のとき綴った和文を父が村田春海に見せ、才女だと誉められたという。十六歳の時母の勧めで藩主の夫人に仕え、二十歳の時彦根藩の家臣に嫁した藩主の姫君について彦根へ行き、二十六歳の時江戸へ戻った。二十七歳の時、父に命じられて酒井家家中の老年の男性と結婚するが、不幸な結果になり、短期間で離別した。

この間父平助は、医業の他にも政治経済論者としても能力を発揮し、華やかな生活をしていた。平助のもとには、珍しいオランダの輸入品が数多く送られた。また、門人の松前藩の牢人からロシア人との密貿易の話を聞いて『赤蝦夷風説考』を著した。その後田沼時代の終わりとともに平助は没落し、真葛三十歳の時母が病死したため弟妹の世話でさらに婚期を逸する結果となった。

嫁いで仙台へ下る

三十六歳の時、父の強い勧めに従い、家族のために仙台藩の只野伊賀行義の後妻となって仙台へ下った。先妻の男の子三人が居り、夫は江戸詰めが多く、旧家の家法を守って窮屈な日々を送った。やがて父平助、夫行義が死去し、実子がなかった真葛は、著作に専念し、文政八年（一八二五）六十三歳で没した。

真葛の主な著作は、次の通りである。

随筆　「昔ばなし」「七種のたとへ」「絶えぬかづら」「三夜のことば」
紀行文　「磯つたひ」「松島の道の記」「塩釜まうで」「ながぬまの道の記」
日記　「みちのく日記」
事実及伝説物語　「奥州ばなし」「幾よがつたへ」「あやしの筆の跡」「変化の猫」「むくつけ物語」「一弦琴の詞」
評論　「独考」「キリシタン考」

独創的論説『独考』

まず、最も評価が高い『独考《ひとりかんがえ》』の文章を検討する。『独考』は、文化十二年（一八一七）真葛五十五才の時起草したもので、さまざまな問題について極めて個性的な意見を述べた画期的な評論である。『独考』を完成させた真葛は、その出版を決意した。文政二年（一八一九）五十七歳の時、江戸に住む妹萩尼に託して『独考』を当時最大の作家だった曲亭馬琴のもとに届けさせ、論評と出版の便宜を請うた。馬琴は当初好意的だったが、突然『独考』のすべてに猛烈な反論を加えた『独考論』を発表し、『独考』の原稿とともに真葛のもとに送り返し、絶交した。この時返却されたはずの真葛の原稿はその後見つからず、現在流布している『独考』は、静嘉堂文庫に所蔵され、鈴木よね子『只野真葛集』（国書刊行会、一九九四）に翻刻されている「独考抄録」である。これは、真葛が馬琴に送った『独考』の馬琴による写本を写したものとされている。本書の真葛の文章の引用はすべて同書によるものであり、同書のページ数を付す。

儒教への疑問

彼女は、望みを託した弟の死を契機に、弟のように儒教の教えを正しく実践しながら不遇のうちに終わる人がいる反面、儒教の教えに背いているような人々が世に重用されている現実について考え、儒教に対して疑問を持ち、反発した。

聖の道は、昔より公ごとに専用《もはら》らるれば、誠は道らしくおもはるれど、全く人の作りたる一法を、唐土より借て用たるものにて、表むきの飾道具、たとへば海道を引車にひとし。表立てむつかしきことの有ときは、是にのせておさねばうごかず。されば、まさかの用為、其あらましを一渡り明らめて、門外にそなへ置、家事には用ゆべからず。道具がぶきやうにて、けがすることあり。（上、二六八ぺ）

「聖の道」すなわち儒学は、という主題を明示し、それば「全く人の作りたる一法を、唐土より借て用たるものにて、表むきの飾道具」であるとし、さらに具体的に街道を引く車にたとえて、何か厄介なものを運ぶときはこの車の乗せなければならず、まさかの時のためその車の構造や扱い方について知り、門外に備えておくが、日常の役には立たない。かえって、その道具のせいで怪我をすることもある、と述べる。難しい漢語を用いることなく、和語を主とする日常語によって述べているが、論理的であり、明快で、例えも判りよく、主張がはっきりしている。

当時の政治・経済に対する批判

また、注目される論の一つは、当時の政治・経済に対する批判である。次は、その例である。

町人は日々月々に物の値段を揚て、品をいやしうせんことをおもひ、百姓は年増に年貢をけづらんことをはかる、大乱世心の世にはさまれて、武家はその意をさとらで数年をおくりし内、いつか渠《かれ》等がおもひのまゝに金銀をせめとられ、今は何方の国主も町家を金主とたのみ給ひ、出物なりを任せて、其ちからにかゝりて、一日一月を送らせらるゝは、金軍の為には、すでに町人の虜《とりこ》とならせられしならずや。（上、二七一ぺ）

ここには、商品経済の進展に伴い、武士階級が町人のみならず百姓階級にも押されて窮乏化し、大名までも町人の金に頼らざるを得ない実情が、明快に論じられている。和語を中心とする極めてわかりやすい文章である。また、男性の伝統的な論説文に多い漢文訓読語や漢文訓読語特有の語法も用いられていない。

右の二つの引用文について言えば、用いられている漢語は、「一法」「唐土」「道具」「海道」「門外」「家事」「道具」「ぶきやう」（「無興」で、うまく働かない意と思われる）「法」「天地」「拍子」「けが」「町人」「百姓」「年貢」「大乱世」「武家」「金銀」「国主」「金主」「金軍」で、日常的な語ばかりである。

現実を解くキーワード「天地の拍子」

真葛は、このような儒学の思想に合わない現実を探究して考えを深めるうちに、それは「天地の拍子」による、という解答を得た。それを端的に次のように述べる。

さて三十五にて、此国にはくだりて有し。さて暇あるに任せて、心を正し、くせをさり、身をせむることをわざとしてありし程に、ふと心の浮て、地をはなれしとおぼゆること有し。さて後は、独ゑましくたのしく、心の進退自在に成て、世の常の人を見れば、おもきこと石のごとくなりき。何の故と云こともしらねば、江戸なる弟人のもとに、か丶ることの有しと、文のはしに書やりしかば、それは仏学に曰《いふ》さとりのたぐひならんといはれて、あなうれしや、十三四より願わたりしさとりの、かたはしにてもまねばずして得られつるよと、心中のいさみ云ばかりなかりき。

しかありてより、天地の間に生たる拍子有ること、一昼夜の数と、おのづからしられたりき。聖の法にはたがへりとおもはる丶人の、世に用ひらる丶はおほく、正しきをつとむる人の、世に出がたき事なども、いかなる故ぞとうらめしく思て有しに、正しきと見ゆる人は、天地の拍子に必おくれ、宜しからぬふるまひの交るとみゆる人は、拍子をはづさぬ故なりけりと、おもひとられたりき。いかに引たつるやうにしても、世に出がたき人は、天地の拍子をはづす故なり。さらに異しむことならず。我が生立しさまをかへりみれば、殊の外早過て、他人とつらなりがたかりしなりけり。（上、二六五—二六六ぺ）

「ふと心の浮て、地をはなれしとおぼゆること」があり、その後は「独ゑましくたのしく、心の進退自在に成て」「さとり」を得たことによって心に活力・気力が生まれたと言う。その後、天地の間に生きた「拍子」のあることが「一昼夜の数」（が決まっていることと同じ道理）と自然に納得出来てきた。儒教の教えに忠実な人が世に用いられないのは、「天地の拍子」にはずれているためであり、儒教の教えに反していると思われる人が多く世に用いられているのは、「天地の拍子」をはずさないためであるとする。

「天地」も「拍子」も平易な漢語であるが、「天地の拍子」が何を意味するかは必ずしも分かりやすくはない。「拍子」は元来音楽用語であり、平安時代から現在に至るまで広く用いられてきた語である。ここではもちろん音楽用語ではなく、「物事の進む勢い。進みぐあい。調子」(『日本国語大辞典』)、「その物事全体としての、調和・バランスのぐあい。」(『時代別国語大辞典室町時代編』)に分類される意味である。この文章に即して言えば、『江戸期の開明思想』が「儒教道徳に基づく社会的規範とは無関係に運行する自然の持つ規則性やリズムのこと」と注しているのは、その通りと考えられる。ベティーナ・グラムリヒ=オカの『只野真葛論』(二〇一三)は、「天地の拍子」について思想的にくわしく論じているが、ここでは思想的な論議に細かくは触れない。ただ、同書の「拍子」という語は中国古典には見えないという指摘(二八〇ぺ注(14))には注目したい。『大漢和辞典』は、「拍子」という漢語は採録しているが、文献からの用例を挙げていない。ただし、現代中国語においては「拍子」(pāizi)は「物をたたく用具」「拍子、リズム、テンポ」の意味で用いられており(『中日辞典』)、古くから存在する語であったと考えられる。「拍子」は音楽に伴って取り入れられた語で、書物によってもたらされた漢語ではなかったのである。平安時代以来、日常語として用いられてきたと考えられる。

時代は下るが、ヘボンの『和英語林集成』三版(『ヘボン　和英語林集成　初版・再版・三版対照総索引』による)は、「拍子がよい」を挙げ、「to be fortunate, lucky」の意とし、「拍子が悪い」は「unlucky」の意とする。この場合の拍子は、「めぐりあわせ」のような意である。真葛の「天地の拍子」もより分かりやすく言えば、「天地自然のめぐりあわせ」ということであろう。この意味の「拍子」は現代共通語では使われていない。しかし、方言では「拍子わりー」「拍子えー」など、「運、めぐりあわせ」の意味で使われているようである(『日本国語大辞典』)。

真葛の文章・俗文体

真葛の文章は、伝統的な男性の漢文訓読体とは異なり、和語を主としたいわゆる俗文体と言われるものであるが、きわめて論理的であり、わかりやすい。

真葛のこうした文体について、門《かど》玲子は『わが真葛物語』(二〇〇六)の中で次のように述べている。

真葛は儒学的、蘭学的さらに国際的環境に育ち、実証的合理的な感性と思考方法を身につけた。……しかし彼女は儒学を正式に学ばず、日本の古典を学び、和文を表現の手段とした。この不一致が、『独考』の世界のわかりにくさの大きな原因をなしていると思われる。……真葛の和文はさまざまなイメージを豊かに表現し、定着させた。しかし議論の書を書くときに、その弱みを露呈した。

同時代の男性の論説文の文章

確かに、本書の最初に述べたように、日本においては論理的文章は漢文、漢文訓読文体で書かれる伝統があり、それは明治初期まで続いたと言える。真葛と同時代の開明的な経世論者本多利明（一七四三―一八二〇）の『経世《けいせい》秘策上』の冒頭の文章を次に掲げてみる。

我モ固ヨリ臣ナレバ、人モ亦臣ナレバ、同物又同体ノ論ナレバ論ナシ、論ナケレバ止ミガタク、日本ニ生ヲ禀タル者、誰カ国家ノ為ヲ思ヒ計ラザラン、国家ノ為ニ悪キヲ悦ビ善キヲ憎ンヤ、然レバ善事ハ倶ニ扶ケ悦ビ、悪事ハ倶ニ避ケ憎ムベキハ、固ヨリ日本ニ生ヲ禀タル身ノ持前也、然ルヲ当時ノ風俗左ハナキノミニ非ズ、国ノ為家ノ為宜シキ萌アレバ、妬奸讒佞ノ徒出テ是ヲ破ルニ至ル、善事ハ常ニ弱ク、悪事ハ常ニ強キハ世ノ習ハセニテ、終ニ其善ヲ遂ルコト能ハズ、富貴ハ得難ク、貧賤ハ得安キガ如シ、是誰ガ過失ヨリ出タルカト、真実ニ誠モテ探索アレバ、黙然トシテ諦悟アルベキハ勿論ナリ、難レ有モ当時ノ如ク天下静謐ナルハ、日本開闢以来始テナレバ、万民其所ヲ得テ其楽ヲ楽ムナリ、鼓腹ト云モ此時ヲ云ハン、因テ万民追日追月増殖ノ勢ヒヲ為スハ、至極其筈ノコト也、是ニ従ヒ国産モ亦追日追月増殖セザレバ、天下ノ国用不足スル故、日本国中ノ曠野及空山迄モ、土地ノ限リハ皆開発シ、田畑トナリテ、農業耕作シテ百穀

百菓出産セザレバナラズ、……（国会図書館蔵刊本による）

日本では公的な文章は漢文訓読文の流れを引く漢字片仮名交じり文であり、その伝統は長く、太平洋戦争が終わるまで法律はすべて漢字片仮名交じり文であった。右の文章もその伝統に従っている。使われている用語も漢語が多く、右の引用部分についてだけでも、「臣」(2)「同物」「同体」「論」(3)「生」(2)「国家」(2)「善事」(2)「悪事」(2)「当時」「風俗」「妬奸讒佞《とかんざんねい》」「徒《と》」「善」「富貴」「貧賤」「過失」「真実」「探索」「黙然」「諦《てい》悟《ご》」「勿論」「当時」「天下」(3)「静謐《せいひつ》」「日本」「開闢《かいびゃく》」「以来」「万民」(2)「楽」「鼓腹」「追日」(2)「追月」(2)「増殖」(2)「至極」「国産」「曠野《こうや》」「空山」「土地」「開発」「農業」「耕作」の三九語四九例に達し、専門的用語も少なくない。日常語の漢語に限られていた真葛の文章との違いは明かである。漢文訓読文特有の語法として、「然《しか》ルヲ」「コト能ハズ」「因《より》テ」「セザレバ」(二例)が挙げられる。また、漢文に多い対句的表現が、「我モ—人モ」「善事ハ—悪事ハ」「国—家」「富貴—貧賤」のように頻出するのも、表現が形式的であることを示しており、真葛の自己の思考をそのまま述べる方法とは大きく異なる。

漢学の素養に欠けた真葛の文章の問題点

確かに、漢学の素養に欠けた真葛には特に学術的な漢語の使用に関してハンデがあったと考えられる。真葛の思想のキーワードである「天地の拍子」についても、「拍子」という日常語を使ったために、意味の範囲が広く、また意味の変化も早く、わかりにくくなっていると言えよう。しかし、『独考』の文章は、それにもかかわらず現代の我々に迫ってくるものがあるのは、すでに諸家の論じられている通りである。

和文を基底とした真葛の『独考』の文章は、先に述べたように一般に「俗文体」と呼ばれる。「俗文」は、江戸中期に雅文意識が起こったころから用いられ、雅文や擬古文が伝統的文学の文章であったのに対し、実用的な日常文が俗文であるとされる。用語は日常用いる俗語で、文法も比較的自由であった。用途目的によってさまざまな様相を示す。文学の分野では、啓蒙的仮名草子、浮世草子、小説、俳文など、また学問の講義や僧の説法の聞書が俗文を用いるものとして挙げられ、明治になって『古事類苑』が『古今和歌集遠鏡』『道二《どうに》翁道《おうどう》話《わ》』が「俗文」の例としてあげていることが指摘されている。（以上『国語学大辞典』「俗文」の項による）。

また、時代は下るが、明治において福沢諭吉が主張した「世俗通用の俗文」は、いわゆる文語文を基調としながらも、平易を旨として俗語や日常普通の漢語を自由に駆使したものであり、新時代の文体として普通文の先駆をなすものであったと言えるとされる（同辞典「普通文」の項による）。真葛は、はるか以前の真の先駆者と言える。

真葛は、『独考』では俗語文体によったが、紀行文「磯づたひ」は聞き書きの部分を除いては伝統的な和文のスタイルで書かれている。

和文体の文章

こゝをたちて、菖蒲田浜をへて、松が浜にいたる。爰は浜々の中に、分てめでたき所なりき。松が浦島などいふは、こゝの分名なりけり。海中まで、ほどよくさし出たる岩山有、四方のよく見やらるゝ故、代々御国しろしめす君の、いでます所にさだめられしかば、御殿崎とはいふなり。いば《ママ》し休て見渡せば、水際やゝ遠く、そびへたる岩に松ほどよく生たり。むかひは空もひとつに、きはなき海なり。左の方に、金花山の宝珠の形して浮たり。右のかたに遠く見ゆるは、相馬の崎、其前に黒う、木立の引つゞきたるは、蒲生の松原なりけり。（『只野真葛集』二四七ぺ）

また、真葛は和歌にも優れ、多くの作品を残しており、それは中山栄子『只野真葛』で知ることが出来る。真葛が日本の古典に関する教養に優れていたのは言うまでもない。

真葛は、『独考』で独自の思想を述べるにあたり、和文体を用いることは出来ず、必然的に俗語文体を選択したと考えられる。この場合、真葛が漢学の素養に欠けていたことが、かえって独自の思想を表現することを可能にしたと言えるのではなかろうか。少なくとも現代の我々が読む場合、指摘されているような欠点はあるにしても、直接的に訴える力を持つ文章になっていると考える。

自称詞としての「真葛」「あや子」の使用

ここで、真葛の文章の自称詞について述べたい。

『独考』において、真葛は、自称詞として自らのペンネームである「真葛」を用いている。

此書すべて、けんたいのこゝろなく過言がちなり。其故は、身をくだり、過たることをいとふは、世に有人の上なりけり。真葛が如き、三十五才を一期ぞといさぎよく思切、この地へくだるは、死出の道、めいどの旅ぞと、かくごせしからに、今ははや無世も一つ、むかしをへたるなき身とおもへば、いかばかり人のそしり、にくみを得るとも、身にいたからず。(冒頭、二六〇ぺ)

真葛、唐文よむことをとゞめられて不自由なる事、いくばくといふ事なければ、父の心むけにさへ、うらめしく思ひし事も有き。(上、二六九ぺ)

真葛生付て、右の眼の下に根ふかくいとおほきなるほくろの有しを、みる人ごとに、それは歎ぼくろとてよからぬことなり、といはれつれど、(下、二八九ぺ)

さとりといふは、人の心がろくろ首のごとくふと抜出て、かたまるなり。さて後は、常人は横より物を見るを、上よりのぞみてをる故、物の行末のさだかにしらるゝなり。真葛が見とりて申ことは、たがはぬことなり。(下、三〇〇ぺ)

真葛かく一身世をふる程は、身に用なき歎のみつむは、生れ付し涙ぼくろのいはれならまし。(下、三〇四ぺ)

自分の（苗字ではない）名前を自称詞として用いることは、現代では子ども、未成年の女性に見られることが知られているが、論文体の文章では絶対に無いことである。歴史的にみても、このような文章の自称に自分の名前が用いられることはない。極めて特異な例と言える。真葛は他の作品ではこのように「真葛」を自称詞として用いることはない。

『奥州ばなし』は、奥羽地方の奇談、怪談、説話などを集めたものであるが、その中に自称詞として実名の「あや子」を用いた例がある。

熊とり猿にとられしこと　これは、あや子がこゝに下りし又の年ばかりのことなりき。（二〇七ぺ）

あや子父は薬師にて有しほどに、（二〇〇ぺ）

自称詞を用いて当然の箇所であるが、自分の名前を用いている。『奥州ばなし』の中ではこの二例だけである。『むかしばなし』の緒言の部分にも、「あや子宝暦癸未に生て、この文化九年にいたりて、五十のよわひをたもてり。」とある。自らの個人的事情を示す時に用いているが、他に余り例を知らない。

『むかしばなし』（一八一二）は、真葛が江戸で奥奉公をしていた末の妹照子に対して、母の思い出を知らせるために書き始めたものであるが、次第にそれだけではなく、一般社会の状況、幕府や諸藩の大名のこと、オランダの文物の輸入品、芝居の話、逸話や珍聞・奇聞に至るまで、当時の江戸のさまざまな事柄を平易な俗文体で書いたものである。両親、目上の親戚などが登場するため敬語が多く交えられているが、その点を除けば、基本的に『独考』と通ずる文体である。

自称詞「私」の省略形「ワ」の使用

『むかしばなし』の文章でもっとも特異なのは、自称詞の「ワ」の使用である。『むかしばなし』の最初の部分に次のようにある。

桑原家のことより書出しは、もはら故母様のことをいはんためなり。○御・様などの字わづらはしければ、おほくは略す。私にはワを印とす。（六ペ）

母の実家の桑原家のことから書き始めたのは、もっぱら亡き母のことを語るためである。敬語の「様」「御」などはわずらわしいため略す。「私」はワと表記するということである。自称詞「私」をワという記号で表現する理由について真葛は明言していないが、「様」「御」を「わづらはしければ」多く略すと言っていることから類推すれば、やはり頻出するためわずらわしいので、ということと考えられる。「ワ」が使用されている文を例示する。

○母様御産は八度なり。はじめの出生はよわく、七夜前になくなり、其後はワはじめ皆人となりしなり。兄弟の内身体丈夫なるはワが一ばん、はつめいなる事は長庵におよぶ人無。（一四ペ）

これは普通に表記すれば「其後は私はじめ皆」「身体丈夫なるは私が一ばん」となるところである。

夫婦ともしごくりちぎものにて菜園《さえん》をして野菜をうり、亦樽抜の柿なども手前にてしてうりなどして有しが、ワどもあそび所にて日ごとに行しを、（七〇ペ）

「私たちが遊び場として毎日行っていたが」ということである。

ワ十五六になりても、ばゞ様子共のやうに思召、御両親分て何の御心もなし。（八三ペ）

それはワ十八九年ばかりの事なりし。ワに被〻仰しは、「其方も縁付べき年には成たれども、我身分いかゞなるや知れ難し。今縁付れば余り高きかたへは遣はしがたし。我身一きわぬけ出なば、妹共をば宜しき方へもらはれんに、姉のをとりてあらんはあしかるべし。少し年は更るとも、今しばし世のさまの定まる迄御奉公いたすべし」と被〻仰たりし。（一二七ペ）

なお、中山栄子校注『むかしばなし』（東洋文庫　一九八四）では、この「ワ」をすべて「私」と置き換えている。本来日本語における自称詞は、記号的なものではなく、表現主体の態度を示すことばである。日常会話、あるいはそれに基づく会話文においては、たとえば現代の女性について言えば、「わたし」「わたくし」「あたし」「あたくし」「あたい」「うち」などがあり、未成年の女性や幼児は自分の名前や愛称（例、「さちこ」「さっちゃん」）を用いることがある。いずれもどのような人がどのような場面でどのような人に対して用いるかによって選択される。

真葛は、既述のように、「真葛」「あや子」という自らのペンネーム、実名を俗文体の文章中で自称詞として用いていている。また、真葛が『むかしばなし』において、自分自身を「ワ」という記号で表現するのは、一応妹に対して書くという気安さからと考えられるが、真葛がこのような俗文体の文章を書く場合、自称詞に位相性を意識していない、むしろ通常の自称詞にまとわる位相性を排除していたということが言える。これは特筆すべきことである。重要なのは、表現された文章の内容、その思想だけだったのである。

真葛の文体と思想

真葛が『独考』において、女性として史上初めて自己の主張を俗文体で論説文として表現し得たのは、その思想の独自性と無関係ではない。その意味で、明らかに文体と思想とは関連しているのである。

真葛を初めて本格的に世に紹介した中山栄子は、『独考』の文章について『むかしばなし』の解説において、次のように述べている。

この書は世の人のいまだ論ぜぬ先人未発の事柄などについて意見を述べたもので、畢生の心血をこめて書かれた議論文で、今日の言葉でいえば評論であり、天下を憂え政治経済を論じ、女性解放論を述べる等、到底女の筆に成るものとは思われぬものであった。

これは『独考』の真葛の文章を最も的確に評したものである。井上通女は、女性で初めて女性の生き方を論じた論説的文章を書いたのであるが、それは漢文で表現されたものであり、内容も自分自身の考えというよりは、儒学の教えを述べたものであった。真葛は右にあるように様々な問題について自分自身の考えを平易な俗文体で述べたものであり、読者を予想していたことは、この原稿を馬琴に送ったことでも明らかである。その先見性、意欲は到底江戸時代の女性とは思われないものであり、馬琴の非協力によって出版するに至らず、自筆原稿も失われてしまったことは、ほんとうに残念である。

第二部

明治初期における女性の文章表現——女性の投書文

——明治十年代前半まで——

第一章　『読売新聞』の投書文

『読売新聞』の投書募集

明治維新以降、近代化により、女性の立場は著しく変わった。それに伴って、文章表現の分野でも歴史的な変化が起こり、現代に続いている。ここでは、まず明治十年代半ばまでの女性の文章について考えてみたい。ここで資料とするのは、『読売新聞』の投書文である。明治七年に発刊された小新聞『読売新聞』では、その創刊号において次のように「投書《なげぶみ》」も募集を告げている。以下、『明治の読売新聞　CD−ROM』によって調査・引用するが、原則として、振り仮名は必要なもののみに限り、漢字・平仮名の字体は現行のものに従う。便宜、文の区切りは一字空ける。投書文中の会話文には便宜「　」を付す。

稟告《しらせ》

此新ぶん紙は女童《おんなこども》のおしへにとて為になる事柄を誰にでも分るやうに書《かい》てだす旨趣《つもり》でござりますから耳近き有益《ためになる》ことは文を談話《はなし》のやうに認《したゝめ》て御名まへ所がきをしるし投書《よせぶみ》を偏《ひとへ》に願ひます

『読売新聞』は、天下国家を論じる漢字片仮名交じり文（ルビ無し）・文語体の『東京日々新聞』などの「大新聞《おおしんぶん》」に対して、社会の事件を中心に平易な漢字平仮名交じり文（総ルビ）・口語体の文章を基調としている「小新聞《こしんぶん》」

である。右の「稟告」の文章は、そのことを言ったものである。従って、投書の文章についても、右のように「文を談話《はなし》のやうに認《したゝめ》て」、すなわち話しことばの文体で書いて投稿するように要請しているわけである。

右の募集に応じて、女性も男性に交じって相当数の投書をしている。このような新聞すなわち公のメディアに女性が文章を送り、新聞がそれを掲載するというのは、もちろん歴史上初めてのことである（男性も同様であるが）。

明治初期の女性の投書については、平田由美の労作『女性表現の明治史』（一九九九、岩波書店）が詳しく論じている。平田は、特に『読売新聞』及び『絵入新聞』の女性の投書について精査し、明治十年頃までの投書に娼妓によるものが相当見られることを指摘し、次のように述べている。

> 娼妓の投書はこのような話しことばの文体や、替え歌、あるいは「ひとふでまいらせ候……めでたくかしく」といった書簡体で書かれているのが通例である。近世以来、娼妓のリテラシーは、客への無心や手管として使われる手紙あるいは起請文に見られるように、その生活の重要な部分としてあった。

今回調査した投書の数としては、娼妓の数は少なく、一般家庭の主婦や一般女性の投書の方が多い。投書の文体は、男女とも「です」「ます」を用いる口語体がほとんどである。特に初期の投書文は、担当編集者である鈴木田正雄宛てに書かれたとみられるものも多く、手紙を書くような意識で書かれた場合もあったであろう。

以下、女性の投書文を内容によって分類し、検討する。

第二章　論説的な文章（一）——「男女同権」についての論

投書の内容はさまざまであるが、論説的な文章に注目して考察したい。まず時代を反映している「男女同権」についての議論を取り上げてみる。

「男女同権」という用語

『国史大辞典』の「男女同権」（だんじょどうけん）の項には、「日本においては、自由民権運動のなかで西欧の女性解放思想が数多く訳出され、特にハーバート＝スペンサーの『社会平権論』（一八五〇）やミルの前述書などがそのなかで初訳された。岸田俊子・福田英子など、男女同権を主張する女性の民権運動家が生み出されていった。しかし本格的に女性みずから男女同権思想を基底にその主義を主張した運動としては、雑誌『青鞜』（明治四四年（一九一一）創刊）による運動がある。（以下略）」とある。

「男女同権」という用語について、『日本国語大辞典』の「だんじょどうけん」の項では初出例として「明六雑誌」二一号（明治七年十二月）所収「女飾の疑」（阪谷素）の「欧洲男女同権は可也」を挙げ、「なんにょどうけん」の項には初出例として『団団珍聞《まるまる》』一号（明治一〇年）の「貴君《あなた》は平生《ふだん》男女同権《なんにょどうけん》と説《とい》て主張被仰《やかましくおつしやり》」を挙げる。

「明六雑誌」は漢字片仮名交じり文で振り仮名が無いので、その読みは不明である。原文は次の通りである（立体社復刻版による）。

和漢人治容ノ妾ヲ愛シ勤苦ノ妻ヲ虐シ欧州男女同権ハ可也而其妻ノ頤使ニ従ヒ奔走扶持奴僕ノ醜態ヲ為ニ

至ル

欧州の男女同権はよいがそのために夫は妻の奴僕の醜態に陥っているとする。

ジャパンナレッジによって調べると、岡部啓五郎編『開化評林』の明治七年の項にも「男女同権」が見える（『日本国語大辞典』の「梗塞」「真成」などの項の引用文中）。『開化評林』は、『明治文化全集二四　文明開化篇』の解題によると「明治三年より七年に亘る、新聞、雑誌、建白、布告、手簡等より、開化に関する時事評論を編年体に輯録して、其の一文毎に編者の評を加へたもの」であるが、その情報の出所や引用書は不明である。右書によって次に示す。明治七年の最後の項である。

男女同権ヲ非トスルノ説

孔子曰、好ンテ其悪ヲ知リ、悪ンテ其善ヲ知ル者ハ天下ニ鮮シト。近来西洋ノ説ニ雷同シテ、男女同権ノコトヲ喋々スル者アリ、是開化ノ弊ニシテ大ニ天理ニ悖リ、人道ニ害アリ

漢字片仮名交じり文で振り仮名はなく、読みは不明である。

要するに、現在確認されている文献上の「男女同権」という語の初出は明治七年ということになる。いずれも男性によるルビ無しの漢字片仮名交じり文という格式の高い文章中に用いられている。論旨はいずれも男女同権を否定するものである。

『読売新聞』の創刊から明治一五年までの記事で「男女同権」は三一例あるが、後で引用する投書中の一例を除いてすべて「なんによどうけん」である。明治一七年以後、社説はすべて「だんぢよどうけん」と振り仮名されている。しかし、一般記事では「なんによどうけん」と振り仮名されているものも相当数見える。一般社会では、「男女同権」は最初は呉音形の「なんによどうけん」という形で普及し、次第に漢音形の「だんぢよど

うけん」という形になっていったと見られる。

「男女同権」という語の初出例

『読売新聞』での「男女同権」初出は、男性による次の投書である。

> 私は遠国より両三日前東京《とうけい》へ罷越《まかりこし》馬喰《ばくろ》町とか申ところに逗留いたして居りますがいやはや始めて大都会へ参りました故殆んど東西を失ふばかり又馬車等にて往来も烈しくあぶないやうで御座《ござり》ますが其中に女が馬に乗つて来ましたが私《わたくし》も田舎にて兼て男女同権《なんによどうけん》の誤《あやまり》とかをうけたまはつて居りましたゆゑ怪みは致しませんが男のやうに袴を着《つけ》て鞍《くら》に跨《またが》り又手掛《てぬぐひ》などを冠《かむ》り乗《のつ》ておひでなさるから見馴《みなれ》ぬゆゑ可笑《おかし》ひと思《おもつ》て居りますと傍《そば》の人々もやはり可笑《おか》しく思ふと見えて其話を聞《きゝ》ますに当時は開化の世とは申ながら婦人《をんな》が其様《あのやう》な乗り方をいたして居りますが余り誉《ほめ》た事ではないと笑《わらつ》ておりましたが成程外国とやらでも婦人《をんな》が其様な乗り方はよもやしますまいが尤も乗馬の儀も近年の事ゆゑ其風とても定りませんが何分解りかねますゆゑそこらを伺ひ申して田舎への土産にいたしたう御座りますから諸方の御方様に御尋申度《おたづねまをしたく》とそんじます　暗中愚
>
> （明治七年一二月一六日）

どこかは不明であるが「遠国」から東京へ出て来た男性の文章である。「田舎にて兼て男女同権の誤とかをうけたまはつて居りましたゆゑ怪《あやし》みは致しませんが」とあり、「遠国」の「田舎」で男女同権が誤っているということを以前から聞いていたという。「男女同権」という語は、文献に初めて見える（現在までのところ）明治七年より以前から一般社会に広まっていた語であると考えられる。

女性による男女同権論

以下、女性がその「男女同権」について論じた投書の文章について考えていく。

創刊（明治七年一一月二日）から一五年一二月三一日までの投書で男女同権について論じた文章は二五篇（明治一六年以後は投書で男女同権を論じたものは皆無である）、そのうち女性によるものは五篇である。いずれも明治九年のものであるが、日付順に示していく。

「隠居婆々」の意見

文明開化は男に在ッて女には不用なもの丶様に思ッて居る女中衆《ぢよちうしゆ》が世の中に九分九厘にて当時の女の子供には却ッて心の開けて居るのも有ますが是とても女の子は学校より昔のお師匠さんで女今川か女消息往来までも覚えれば夫《それ》で済むものだ抔《など》と自分勝手な理屈をつけて女は小遣帳さへ附《つけ》られ丶ば嫁に行《いツ》ても差支へは無いの算術《そろばん》ができると亭主をはぢき出して悪いの三味線《さみせん》の糸道があかぬと嫁にやツても耻《はぢ》だのと其様な所へ目をつけて居る親だから自分は勿論なにも知らず其子も親のいふ事を常に腹へ入れて居るから此分ではいつまでも女の心に開化といふ訳を悟る時が有ますまい（当時女の開化といふと少しばかり横文字を読んで袴でもはき太い帯へ手拭ひでも挟んで蝙蝠《こうもり》がさを杖に突くぐらゐを開化としまた眉毛を立《たて》て歯でも白くすると夫《それ》で此女の開化は沢山だぐらゐに思ッて居る女中衆《ぢよちうしゆ》が多い） 此《この》女の開化へ目を附《つけ》るにはまづ男女《なんによ》同権《どうけん》に成るにはどうしたら宜しいかと思ッてごらんなさい 第一に男に負《まけ》ずに芸を覚え亭主が百円とれば女房も百円とる工夫をし主が証文を書けば女房も証文が書けるそこで自然と男女《なんによ》の権が同じ様に成ると夫《それ》が同権でありましやう（今では亭主に小言をいはれると亭主に向ツてまた小言でもいふのを同権と心得て銭《ぜに》といツたら湯銭《ゆせん》だけも稼げ無いで同権めかす愚《ばか》な女房も有れど）当節の心持で居ると益《ます》々男に権をとら

れ女はいつ真《まこと》の文明開化に成りますか思へば〳〵残念で堪《たま》りませんから女中衆《ぢよちうしゆ》も一《ひ》ト憤発《ふんばつ》して男衆《をとこしゆ》に負《まけ》ぬ御工風《ごくふう》を成さりまし

八丁堀北島町　鈴木の隠居婆々

（明治九年五月一一日）

「隠居婆々」とあり、筆者は年配の女性である。文中の「女中衆」は女性たちの意、「女今川」は女の子が寺子屋で用いた往来物の教科書で、教訓だけではなく女性の習字の手本としても用いられたものである。「当時」は現在の意である。

筆者は年配であり、年下の女性たちに向かって、従来の女性の在り方に満足している女性が九分九厘だが、それでは「女の心に開化といふ訳を悟る時」がない。「男女同権」になるためには、男性と同等の「芸」すなわち能力を身につけ、男性と同等の収入を得るように工夫をすることが必要であると述べている。文意は明らかで、筋の通った主張である。

ですます体の平易な口語文で、「男女同権」以外は難しい漢語は用いていない。文章としては特徴として、切れ目のない長い文の存在が指摘できる。最初の「文明開化」から「悟る時が有ますまい」までが一つの文である。〈……が……にて……が……て……と……だから……から……まい〉のように接続助詞を連ねた形で文が形成されている。これは、文章を先に引いた「稟告《しらせ》」の要望のように、「談話のやうに」書いた結果である。「女は小遣帳さへ附られゝば嫁に行ても差支へは無いの算術ができると亭主をはぢき出して悪いの三味線の糸道があかぬと嫁にやッても耻だのと」のように口語的な並列助詞「の」を使用しているのも話し言葉らしい文章である。

「辻の婆々」の意見

次はこの投書に呼応したものである。

八丁堀北島町鈴木の御隠居が三百八十六号のお投書《とうしよ》に男女同権《なんによどうけん》になるには如何《いかゞ》したら宜《よか》らうとお目をつけ亭主が百円稼げば女房も百円かせぐやうにしろと仰しやッたのを御尤《ごもつとも》の訳だと思ひましたから隣長家《となりながや》のかみさんに其噺《そのはなし》をしましたら〔オヤそんな事は屁《へ》でもないよ　私《わたし》は女髪結《をんなかみい》をしてゐますから唯《たゞ》でさへ宿六《やどろく》よりは余計かせぎますは　是で夜る〳〵真白に塗立《ぬりたて》でもして巡査《おまはり》さんが厳しくさへなければモシ旦那いらッしやいナと隠密《こツそり》かせいでごらんなさい　立派に宿六に飯も焚《たか》せ駒下駄《こまげた》まで直させて見せますは〕と平気な顔でいひましたがこんな了簡《れうけん》違ひで男女同権過《なんによどうけんすぎ》るには困るでは有《あり》ませんかと申ものは

築地新栄町の　辻の婆々

（明治九年五月二〇日）

前の投書で、女性が男性と同等の収入があるように努めるべきだと述べたことに対して、長屋のおかみさんの例を出して、妻が夫以上に稼ぐ家庭はあるが、それだけでは「了簡違ひ」の男女同権になることもあると述べている。それなりに論理は通っている。庶民ではこのような事情は珍しくなかったのかもしれない。やはり平易な口語文であり、文章としては、引用文は含むが最初から「辻の婆々」までが長い一文である。〈……から……たら……が……〉と、接続助詞で文を構成していくのは、最初の投書と同じである。なお、最後の「……と申ものは　名前」という投書の終止法は、かなり一般的である。

「隠居の尼」の意見

次は、やはり「隠居」の尼さんの投書である。

孔子さまといふゑらいお方でさへ女子《によし》と小人《せうじん》とは養ひ難しと匕《さぢ》を投《なげ》られましたが開化の御代の有難さは近

頃西洋から男女同権《なんにょどうけん》といふ貴《たツと》い宝物をお取寄《とりよせ》に成ツて男も女も同様に成るやうにお仕立《したて》下さる学校といふものが所々方々へお設けに成るのはなんと女中衆《ぢよちうしゆ》実にありがたいでは有《あり》ませんか　併《しか》し未《ま》だ夫《それ》だけの功も積まずやたらに同権を振廻《ふりまは》されてはたまりません　所謂《いはゆる》女さかしくて牛を売《うり》そこなふやうな事が有《あり》ますから矢はり万事夫《をツと》の意《こゝろ》に随《したが》ひ無闇《むやみ》に口を出しては成《なり》ません　中《ちう》から下《しも》はどうして〳〵女房の見識の高い事〳〵亭主を大きなお尻の下にしき何事にもしやばり出て「イヱ〳〵宿《やど》は何と申しましやうが」抔《など》とやらかす女房を折々見ますが実に見悪《みにく》い事で有ます　尤も亭主も亭主だけの権が無く（俗にいふお心よし）女房を山の神と崇《あが》めなんでも女房の指揮《いひ》次第はなツたらしといはれるのも厭《いと》はず年中嬶嬶《かゝあ》の御機嫌を取る事ばかりに気を揉《もん》で居るのは男に生れた甲斐も無いやうなもので有ます　夫婦は陰陽《いんやう》にして陽が陰を押《おさ》へるは順序《あたりまへ》陰が陽を押へるやうに成ると天地の理に背くから万事思はしく無《ない》事ばかり出来るは受合《うけあひ》ます　サア陰が陽を押へ付けるやうな女房が年を取ツて姑《しうと》と成ツた時は実に厄介もので嫁をいじめること地獄の鬼が亡者《まうじや》を責《せめ》る如く少しも慈愛の道を知らず自分の気に入らぬ事が有《ある》と夫《をツと》は何といはふが倅《せがれ》が不承知だらうが少しも頓着なく無理に嫁を離縁し（嫁が悪いなら仕方が無いが）夫《それ》が為め年中和合せず一家《いツけ》親類も鼻つまみと構ひ付《つけ》ず持て余し者といはれますから前に申す男女同権《なんにょどうけん》も文明開化がよく〳〵腹へ染《しみ》わたるまでは棚へ揚て置き夫に随《した》がふが女の道と老婆心を江湖《せけん》のお女中衆に忠告顔をするものは　根岸の隠居　沢辺妙浄尼

（明治九年五月三一日）

これは「隠居」ではあるが「尼」と名乗る女性の投書である。主旨は、学校が出来、男女同権ということが西洋から取り入れられたのはありがたいことだが、特に中流以下の家庭では女が威張り、それが嫁いじめなどの問題を起こしている。「文明開化がよくよく腹へ染みわたる」までは、男女同権は棚上げにして夫に従うべきだとする。前の二通に比べれば論旨が保守的守旧的と言える。

「女子と小人とは養ひ難し」という論語の文を引いたり、「地獄の鬼が亡者を責る如く」の「如く」や、「江湖」という難しい漢語（「せけん」と振り仮名されているので読者には意味は分かるが）を用いていることなど、この投書の主「妙浄尼」は、恐らく主婦と考えられる前の二通の筆者より学識において優れているように感じられる。漢学の素養もあるのかも知れない。文章は平易で適切に区切られており、前の二通の場合のような切れ目のない長い文はない。

主婦の意見

次は隠居ではなく、主婦の投書である。

> 女子《をなご》は三界に家なしとか申してはじめは親や夫に従がひ年が寄《よツ》て子に懸《かゝ》り生涯男の助力《たすけ》を受《うけ》て果《はて》るゆゑ是を三従の罪とやら昔は申したと聞《きゝ》ましたが今開化の世に成ツて男女同権《なんによどうけん》とやらで婦女《をんな》も男子《をとこ》と同じ様に致さねばならないと世間の妻君《おかみさん》のお話しなれど何も弁《わき》まへぬ愚《おろか》な身には何家《どこ》へ嫁入《よめいツ》ても其主夫《おつと》に負《まけ》ぬ勤めは出来ますまい　万一出来るにした処が主人《をツと》の職を撹除《かきのけ》て我独りといふ振舞が有《あツ》ては済《すま》ぬ女の道是を能囃子《のうはやし》に譬へてみれば夫はシテ方その妻は囃子地謡《はやしぢうたひ》のやうなもの節《ふし》も呂律《りよりつ》十分心耳《しんに》を澄《すま》す妙音でも肝心のシテ方が舞悪《まひにく》く見物が面白くない様では囃子の上手と言《いは》れますまい　節《ふし》は悪くも笛鼓《ふえつゞみ》が二の次でも間程《まほど》を合せて拍子をよく見物の人もおもしろいとシテワキを誉《ほめ》させるが地《ぢ》の上手かとぞんじます　丁度妻女《をんな》も其とほり家事の都合の間程《まほど》を合せ得意の註文出這入《ではいり》の差支へのない様に交際事《つきあひごと》のよしあしを蔭で他《ひと》に言れぬ様に納めるが女子《をんな》の権御新造様《ごしんぞさま》とか奥様とか崇《あが》められるお方でもまた我々の様な下賤《いやしい》ものでも夫《をツと》に付《つく》身は同じ事たとへて申も勿躰《もツたい》ないが子を育《そだて》るには千人のお子が有るとて鬼子母神《きしもじん》様を御信心なさいますがまさか神さまが父《てゝ》なし子をお産《うみ》なされもしまいのに肝心の御亭主の円満《えんまん》具足天《ぐそくてん》様は宗旨の方《かた》でさへあまり御信心なさらぬは女の権が強いゆゑ　妻《つま》は愚《おろか》なるこそよけれ賢《かしこ》ければ夫の名を下《くだ》すとやら（愚《くだら》ぬ我田へ水ではないが）女の差出《さしで》て利口ぶるは宜くないものゆゑ何事も控え目にして主夫《をツと》に随ひ蔭で程よく調子を取《とれ》ば舞の上手に

家業の栄え末繁昌の基《もとひ》と成《なる》と愚父《おや》の諭《さと》しを其儘にお笑ひ艸《ぐさ》にお目にかけます

為永喜蝶女
（明治九年七月五日）

筆者為永喜蝶女は、「御新造様、奥様」と言われる身分ではないが「夫に付身」であると言っていることから、普通の主婦と考えられる。「開化」の世になって世間の「妻君」たちは「婦女も男子と同じ様に致さねばならない」と話しているが、筆者はそれに反論している。その理由は、「女の道」は、能にたとえれば夫がシテ方であるのに対し妻は地謡・囃子であって、シテ方を立てるのが役目であるからで、家では家事交際全般を無難にこなすのが「女の権」であるという。さらに、「女の差出て利口ぶるは」のはよくないことで夫に従い蔭で「程よく調子を取れば」家業が栄えると述べ、これらは皆父の教えであるとする。

要するに父の教えを守り、伝統的な女性のあり方を肯定して、その点から男女同権に疑問を呈している。ただ、興味深いのは、実情は夫が軽んじられていることを示して、子のために鬼子母神を信心するがその夫の円満具足天は信心されていない、と言っていることである。先の庶民では女性の方が強いという主張と通ずるものである。

文章は平易なですます体の口語文で、文意はわかりやすい。最初の二通と同様、切れ目なく続く長い文が注意される。「丁度妻女《をんな》も」から最後の「お目にかけます」までが一文である。使われている漢語は、いずれも平易な日常語である。

娼妓の意見

「男女同権」を論じた五番目の女性の投書は娼妓による次のものである。

一筆しめし参らせ候　暑さの御障《おんさは》りもなふ御《おん》めでたくぞんじあげ候　さては日々お骨折のお蔭にて不束《ふつゝか》の

> わたくしどもまでへ開化《かいくわ》の御代有りがたさを御《おん》示し下され山々ありがたく存上参らせ候まゝ御《おん》礼ながら一ツ御尋《おんたづね》申したき訳は誠に申しあげにくき事に候えども毎度女の身にてお金を取り候を地獄とか亡者《まうじや》とか畜生同様に仰せられ候えども男にも役者はなし家義太夫《かぎだいふ》かたり其ほか諸芸人のうちには前を売るお人が沢山あると噂にも承はり候　彼《か》やうな人を何ともお書立てなく女ばかりおいぢめなされ候ては何如《いかゞ》とぞんじ併《しか》し是までの日本《にッほん》の教へは女は一生男に従がはねばならぬと承り居り候えども今は開化の御時節にて男女同権《けん》とかに候えば男の地獄を女の身にて自由にいたし候ても宜しき事にござ候や伺ひたくまた男地獄にも御規則が御座候や是また伺がひ度《たく》ぞんじ参らせ候　あら〳〵めで度《たく》かしく　新吉原仲の町　岡屋きの
> 返す〴〵も私《わたくし》どもは男の恥《はぢ》と存じ居り候えどもわかり兼候まゝ委しく御《おん》返事ねがひ参らせ候　かしく
>
> （明治九年八月五日）

同じ女性の投書でも、先のものとは著しく異なる。完全な候文書簡体で、敬語の使用が多い。内容は、男女同権というからには、自分たち娼妓の売春と同様男性芸人たちの売春も非難されるべきだと訴えたもので、非建設的な主張ではあるが、ある意味で男女同権に基づいた議論である。

先に平田の論を紹介したように、娼妓は手紙を書くことが生活の重要部分であり、このような書簡は書き慣れたものだったのであろう。ただし『読売新聞』の投書で娼妓によるものは相当数見受けられるが、候文書簡体の投書は他に見出せていない。候文であるが平易な文章で、「さては……承はり候」「彼やうな人を……ぞんじ参らせ候」のように、切れ目のない長い文が続くのも先の女性のものと同様である。

男性による男女同権論

次に、男女同権を論じた男性の投書例を掲げる。

近頃男女同権《なんによどうけん》といふ事をいひ出してその道を知らぬ車力《しやりき》も人力車曳《じんりきしやひき》も八百屋も魚屋も寄るとさわると男女同権といふが此《この》思ひ違ひをして近来《ちかごろ》夫婦喧嘩や密夫《まをとこ》が多く成ツたと聞《き》ゝましたが奥様《おくさま》細君《さいくん》女房《かみさん》嬶嬶《かゝあ》後家《ごけ》孀婦《やもめ》娘《むすめ》下女《げぢよ》芸妓《げいしや》娼妓《ぢようろ》囲女《かこひもの》に至るまで此同権といふ事をよく考がへて御覧なさい　同権だから亭主をふみつけにしても宜しいの同権だから亭主をも呼《よび》すてに致そうの同権だから亭主が一度女郎買《ぢようろかひ》をすると女房《かみさん》も一度芝居を見物いたさねば相場に引あはぬの同権だから亭主と女房と隔日に飯をたいてよい訳だの同権だから亭主に負《まけ》ては引あはぬのと自分勝手の利屈《りくつ》をつけて亭主を尻にひく了簡が増長するから必竟夫婦喧嘩もふゑ密夫《まをとこ》も出来て出すの引《ひく》のといふ事が多く起ツて夫三件半《それみくだりはん》ヤレ三件半と子供が清書をかくやうに三件半をやらかし又嫁にやるにもマア様子を見て宜《よ》く無ければ離縁するのさ抔《など》と無法な事をいひ又男も女房は何百人持ツても男の恥ではないなど〻勝手次第の利屈をつけて居るからどうも男女《なんによ》の道が粗末に成ります　そこで女の方が同権を守りたくば亭主にばかり稼がせて（飯を炊《たい》たり働く女房《かみさん》はいまだ義務《つとめ》が有るが下女下男を遣ふ御新造《ごしんぞ》は何にも用がない　湯の長いのと俳優《やくしや》の評判でもして其日を送るぐらゐの事だ）自分はのそ〳〵して居ては同権とはいはれますまい　亭主もまた我女房《わがにようばう》を犬猫のやうに思ツて居るのも同権といふものではない（女房の一枚看板を曲げて初鰹を食ひ女房が知ツて大喧嘩をする類《たぐゐ》）　亭主も人間一人《にん》女房も人間一人夫《にんそれ》ゆゑ亭主も稼げば女房も共に稼ぎ亭主が女房を大切《だいじ》にすれば女房も亭主を大切《だいじ》にして其上道に違ツた事が有ツたら互ひに其道の立やうにするが男女同権といふもので有りましやう　唯女が男に負まいと思ふばかりでは同権では有りません（芸事は親に勝《かツ》ても亭主に勝てもよろしい）　此道をふみ違はぬやうに皆さん気をつけて下さいましといふものは

愛宕町　小山正吉

（明治八年七月五日）

と述べ（このような見方が世間に多かったのであろう）、「男女同権」ということが上から下まで女性一般に広まり、そこから離婚や夫婦のトラブルも増えてきている。亭主も女房もお互いを大切にし誤りはお互いに正すようにするのが真の男女同権であると主張する。

「男女同権」が広まったため夫婦間の問題が悪化したというのは疑問があるが、その主張は当時としては穏当なものと考えられる。

文章としては、「同権だから」から「粗末になります」までが長い一文で、先に指摘した女性の文章と同じ特徴を示している。「……の……の……の……の……て……やらかし……いひ……から……成ります」というように、明らかに話しことばによった文章である。ただ、「やらかし」「いひ」という連用形中止法を用いているのは文章語的である。

もう一通男性の投書を挙げる。

近頃男女同権《なんにょどうけん》といふ事を頻りに称へますが此男女同権《なんにょどうけん》といふのは女とても何事も男に従ッて計《ばか》り居る訳のものでなく又男も女を卑《いやし》めて取《とる》にたらぬものとする訳のものではなく男も女も素《もと》より同等のものだといふ事にて是は定めし西洋の耶蘇《やそ》の教《をしへ》から出たもので善い事かはしれませんが是が日本《にッぽん》へ行はれるのは中々六《むつ》ケ敷《かしい》事であります　何故と申と日本《にッぽん》には数千年《すせんねん》も前から女は男に従《したがは》ねばならぬといふ教《をしへ》が人々の頭脳《あたま》に染《しみ》込んで居ります　先づ伊邪那岐《いざなぎ》伊邪那美《いざなみ》の二神《ふたばしら》が天《あめ》の御柱《みはしら》を廻《めぐ》り給ひし時天神《あまつかみ》がこの二神《ふたばしら》に教へて女《をみな》を言《こと》先立《さきだち》しに因《より》て良《ふさは》ずと詔《のり》給ひし事があります　または牝鶏《めんどり》勧めて牡鶏晨《をんどりとき》を告《つく》るといふ諭《たと》へもあッて男が女の勧めに従へば其家は乱れるとしてあります　又女子《にょし》には三従の道ありと云て幼き時には両親《ふたおや》に従ひ嫁《よめいり》しては夫に従ひ老《おい》ては子に従ふ抔《など》といッて何でも女は柔かに男の教に従ひ男に助けられてよく内を治め男は家業に骨を折ッて女を養ひよく外《ほか》を治めるものとなッて是で久しい間馴れ来ッた事ゆゑ今も男女同権《なんにょどうけん》と云からには女も男に養はれる訳はありますまい　して見ると自分の活計丈《くらしだけ》は自分で立《たて》なければなりませんサア此自分の活計丈《くらしだけ》を自分で立《たて》ると云のが今日本の女には実に六ケ敷《むつかしい》事で此は子供のうちからよく物を学ばなければ決して出来ない事であります　それゆゑ女が自分で我身を養ふ事が出来ず男に養はれる間はど

こまでも男に従ッて参らなくてはなりませんから此同権が日本《にッぽん》に行はれるといふのは中々今の事ではなく遠い説《はなし》だらうと思ひますが皆様如何《いかゞ》

美濃大垣　江間活堂

（明治九年二月二日）

これは男女同権について、日本で行われるのはなかなか難しいと論じる。その理由として、古来女は男に従うものであったことを『古事記』の神話や中国の故事を引用して述べ、「男女同権」というからには女性も自分の生活を自分で立てなければならない（つまり自分で自分を養う収入を得なければならない）が、それは今の日本では難しく、教育が必要なので時間がかかるとする。穏当な論であり、先の女性の主張ともある点で重なる。

男女による文体の差

男性による投書は平易なですます体の口語体であるが、女性の場合のような切れ目のない長い文はなく、適切に区切られており、より明快な文章だと言える。使われている漢語も平易なものである。

男女の投書文を比較すると、どちらも平易な口語文であり、分かりやすく論じられていて、大きな違いはない。ただ、女性の文章の特徴として、話しことば的な接続助詞による長い文が多いということが言えよう。

維新以来十年もたたないうちに、一般の女性も新聞（小新聞《こ》ではあるが）を読み、「男女同権」という新しい概念について、自分の考えをまとめて文章にし、投書するようになった。その社会への関心の高さや、表現能力、積極性は大いに評価されるべきであろう。

第三章　論説的な文章（二）——教育論

新しい時代を迎えて、子どもの教育についても女性の投書で論じられている。広い意味で教育・躾に関する論を取り上げてみる。

旧来の躾の批判

世けんの親たちが子供をおしつけなさるを見るになんぞといふとぶち打擲《ちやうちやく》をするが親の癖にていふ事を聴《きか》ぬといつては頭《あたま》を打ち転んで来たといつては頭を打ちする人がおほく殊に九尺二間の城郭《じやうくわく》を裏屋小路《こうぢ》に構へどふかすると水道の水で産湯をつかつた兄公《あにさん》だとおゐばりなさるゝ東京子《とうけいつこ》（以前《まへ》の江戸ッ子）の細君《おかみさん》たち（カ、ア、山の神、おたふくなどいふ変な仇名《あだな》をばもつた人）のうちに多く見請《みうけ》ますが彼事《あれ》はよくないことで頭には悩髄《のうずい》といつて極《ごく》大事なものがありまして智慧も思案も皆頭のうちから出るものなれば頭は大切にせねばならぬものゆゑ自然と髪の毛が生《はへ》て防禦《ふせい》である位ゐのもので小児《こども》のうちは頭の蓋《はち》がかたまらず顖門《ひよめき》のピク〱動くのが見《みえ》て居《お》る位《くら》ゐなれば頭を強く打つとかんじんの脳が損ずれば智慧も出ず智慧が出なければ愚昧《ばか》になつてぽんつくあほうなどゝ異名《あざな》がつく人になりますゆゑ親たちが可愛い子を打擲《うちたゝい》てもどふか人に後ろ指をさゝれぬやうにしたいとの親の慈愛《いつくしみ》より起ることなれどもどふかすると立腹《はらたち》まぎれに頭を強くぶつ人がありますから世間の親たちへ一寸《ちよつと》おはなしいたしますものは

老婆　心齋

（明治八年三月五日）

すぐ子どもの頭を殴るといぅ旧来の躾の仕方をよくないこととして、その理由を論じている。頭を強く打つと脳髄を損じ、そうすると頭が悪くなって智慧がでなくなり、愚昧になるということで、「脳髄」といぅ難しい漢語を使って説明しているところが開化の明治らしさである。論旨は通っており分かりやすいが、最初から最後まで切れ目のない一文であるところが、先に指摘したとおり女性の文章の特徴を示している。〈……に……にて……おほく……が……で……て……なれば……ものゆゑ……なれば……ゆゑ……なれども……から〉と接続助詞、接続表現によって文がどこまでも続いている。まさに話しことばの反映と言える文章である。

小学校についての論

次は、小学校についての論である。

私《わたし》は去る午年《うまどし》より一昨年《おとゝし》まで西京《さいきやう》に住《すん》で居ましたが東京《とうけい》と較べると西京にも東京《とうきやう》よりよい事がありますが其内で一番よい事は小学校の規則でござります　先上下京《まづかみしもぎやう》六十四区に分けて一区に一校ヅ、東京《とうけい》の扱所《あつかひじよ》の様な者と一所に立派に建《たて》て有ますが一軒の家《うち》に子供が幾人《いくたり》有ても又なくとも一年に五十銭ヅ、出せば本も算盤《そろばん》も手習《てならひ》も教へてくだされますが東京《とうけい》の手習師匠で何学校とかいッて建《たつ》て有りますのは誠にくだらない物ばかり教へ夫《そ》れに一月に五十銭とか廿五銭とか少なくも十二銭五厘ぐらゐは取りますし又何も彼《か》も習へば夫丈《それだけ》に遣《つか》ひ物をいたさねばよく教へてくれませんし金ばかり出しても其だけの功は有りません　西京にては僅か一年に五十銭出せば六人でも七人でも教へて貰へます　又知事さんや参事さんが時々御検査《おしらべ》なされて夫夫《それぞれ》に等級をきめて御褒美を下される故皆〱が励みますが東京《とうけい》ではなぜ此お世話ができませんか東京《とうけい》には人数《ひとかず》が百万人も有るといふゆゑ四人《よつたり》にて一軒とするときは廿五万軒になります　して見ると一軒にて一円ヅ、出しますと（子のない家では出すのはいやだといふ人が有るかも知れぬが我子がなくば人の子を貰ツても自分の子にせねば成りますまい　して見ると子を持《もつ》たも持たぬ先へよると同じことにて自分の子にした上で愚《ばか》で有たら困りましやう）二十五万円ほど出来ますゆゑ此金にて何とかして下さる事は出来ますまいか　私《わたし》は一年に二円や三円は出しますがなんと知事さん学校は肝心の者でございますからよく〳〵御勘考下さいまし　皆さんいかゞでございます

多古苦浦山　伊乱せわ女

（明治八年五月二九日）

西京すなわち京都の小学校の在り方の方が東京のそれよりも優れていると論じている。すなわち、西京では一軒で一年に五十銭ずつ出せば何人子どもがいても立派に教育してくれるが、東京では何学校といっても一ヵ月に少なくとも五十銭というところもあり、しかも教える内容もくだらない。西京では時々試験があって等級を決めて御褒美が出るので、励みになる。東京は人口が多いから一軒で一円ずつ出せば、御褒美を出して子どもに意欲を持たせることが出来ると提案している。なかなか具体的で建設的な提案である。

文章としては、「先上京下京」から「有りません」までが長い一文で、これまで述べてきた女性の文章の特徴が見られる。〈……が……ば……が……し……し……〉という接続助詞によって続いていく話しことば的な文である。

京都の女紅場

京都の方が一般的に教育制度が進んでいたのは事実のようである。次の投書は教育の具体的事情まで話が及んでいる。

このほど西京《さいきやう》の人より同地土手町の女紅場《ぢよこうば》の景況《けいきやう》を書《かい》てよこしましたが、槇村《まきむら》知事のお骨折りほどあツて何処の女紅場《ぢよこうば》も盛んでありますが其中にもこの土手町のは一ばん盛りにてまづ裁縫場《さいほうば》にては衣類《きもの》の仕立かたを教へ十三年より十五年までの生徒が二百人ほど居り英語学校には生徒がおよそ五十人教師は英国の婦人にて学科はリードル、文典、万国史、作文抔《など》にて課業の外に料理の仕方や修身学の講義があり油絵の教場もあり縫箔物《ぬひはくもの》の生徒もあり此所《こゝ》では半襟などの模様を縫ひ器械でする裁縫場もあり織機場《しよくきば》は機《はた》の織り様《やう》を教へまた綴《つゞれ》の錦の織場もありこの頃は毛織の綴れをこしらへ押絵《おしゑ》の教場では裂《き》れ細工をこしらへ袋物の仕立場もあり普通教場にては国書漢籍を教へまた校中に寄宿舎もあり生徒も一心に勉強し実に盛《さかん》なことで有ると申して来ましたがどうか東京《とうけい》でも負けない様に女紅場を盛りにしたいものでありますが今まで女紅場の無いのは何故《なにゆゑ》か解《げ》せません　皆さん憤発して早々《さう〳〵》お取設けに成ツて芸妓《げいしや》や娼妓《ぢよらう》にも女の道を学ばせては如何《どう》で有りましやう

東京　半井　環

（明治一〇年三月三〇日）

西京すなわち京都の女紅場が盛んなことを述べ、東京でも女紅場を作るべきだと堂々の論陣を張っている。『国史大辞典』の「女紅場」の項には、「京都をはじめ関西地方一円に多数設置された。幕末民間に広く普及していた裁縫塾を、維新後の公教育に組み入れたものともいわれている。」とある。右の投書はその教育の具体的な内容を細かく示していて貴重である。なお、『国史大辞典』は「にょこうば」として項立しているが、右の投書では「ぢょこうば」とある。

最初の「このほど」から最後から二行目の「解せません」までが〈……が……て……が……にて……教へ……居り……にて……あり……教へ……あり……こしらへ……あり……が……〉というように長い一文であるところはこれまで指摘してきた女性の文章と同じだが、右の投書では「教へ」「居り」「あり」のような連用形中止法が用いられている点は、文章語の特徴を示している。

東京の女学校

東京ではこの投書の当時女紅場が無かったのは事実であるが、「女学校」は早くから開かれていた。最初は宣

教師によるもので、明治三年築地A六番女学校（女子学院の前身）が開校、次いで、明治五年官立の東京女学校（現在のお茶の水女子大学附属高等学校の前身）、開拓使仮学校女学校が開校した。明治七年には女子小学校（青山学院の前身）、明治七年には跡見学校（現在の跡見学園）などが開校した。それ以後もいくつもの学校が開校されている。『読売新聞』によれば、次のように女学校に芸妓などが通ったという記事があり、ある程度女紅場のような役割を果たすこともあったものであろう。

築地一丁目の芸妓《げいしや》で小品と小玉は此節築地小学校へ通ひ、毎日〳〵裁縫そのほか読書を非常に勉強するといふが定めし堅気になる下心で有りましやう

（明治一〇年九月二九日）

烏森町の芸妓《げいしや》中村屋の小鶴と宝来屋玉八の二人は毎朝烏森学校へ通って一心に勉強するのは感心〳〵

（明治一一年二月一七日）

東京の女学生の投書

次はこのような学校に通う女学生による投書である。

私《わたくし》は近ごろ学校に通ひます子供でございますから学校の御規則も何にも存じませんが大《おほ》きい学校へは試験のとき官員さまが御出張《おでばり》に成ツてよい悪いを見分けて下さると聞《きゝ》ましたが私《わたくし》どもの参る学校は私立《しりつ》とかいふので先生はよく教へて下さいますが試験の時も先生ばかりが御らんなさるので実に気に張合《はりあひ》が有ません　近所の友達の話しにも「私のゆく学校では試験に官員さまがお出《いで》なさるから精出す張合が有るよ」といひました　夫《それ》に私《わたくし》どもの学校へは来て見て下さらないのは何の訣《わけ》だか知れませんから大人のかたに伺ひます　学校には大きいのと小さいのが有ツても習ひに参る子供はみんな此国の兄弟《きやうだい》かと思ひます　同じ兄弟ならお上《かみ》でも同じやうに世話をして下さるやうに願ひたくおもひます　私はどうか官員さまと先生とに試験を

していたゞきたく存じます　私ばかりでは有ません　私のゆく学校で精出す友達もみんな其気《そのき》でおります
浅草東三筋町十一年　橋本敏子
（明治八年一二月五日）

これは明治八年十二月の投書であるので、先に述べたようにその時に東京に存在した私立の女学校は限られる。築地A六番女学校、麻布の女子小学校、神田の跡見学校のいずれかであろうと思われるが、「小さい」学校と言っている点から、知られていない極めて小規模な私立の学校かも知れない。

投書者は「十一年」とあるが、これが年齢を示したものとすれば、年の割に書く能力にすぐれた生徒である。試験の時自校の先生だけでなく「官員」（今で言えば文部省の役人）の立ち会いを望むというのは自分たちの能力をより権威ある人に評価してほしいということであろう。投書者だけでなく友人も同様の希望を持っているということから、この時代の女学生の強い向上心が認められる。文章は整っており、切れ目のない長い文もなく、明快な論である。

男性の躾論・教育論

次に男性の投書例を紹介しておく。最初のは躾についての論、次は教育についての論である。

子供を教へるのは誠に大切なことにて　御上《おかみ》でも厚くお世話がある処だから親々《おやおや》もよく心に掛《かけ》て教へねばなりません　中には親が子供の機嫌をとるために銭を遣る事がありますがあれは甚だよくない風《ふう》でござります　これがつのると客が手土産に菓子などを呉《くれ》ても喜ばず却《かへッ》て銭をねだるやうになツて実に乞食同様な訣《わけ》ではありませんか　子供の為を思ふ親々《おやおや》は第一に此風から止《やめ》させなければなりますまいといふものは
赤坂住　上村直国

（明治八年九月二〇日）

分かり易い文章で、当然の躾を述べている。長い文はなく、適切な長さの文を重ねて論を展開しているのは、女性の文章と異なる点である。

次は、教育の必要性を説いたものである。

かくばかり偽り多き世の中に子を思ふこそ信《まこと》なりけり」といふ歌の通り貴《たツと》いも賎《いやし》いも親として子を思はぬものはありますまい　兎角世間には子を教ふる事に心付《づか》ず愛《かわい》い我子を禽獣《とりけもの》も同じやうにしてしまふ人がありますが実に歎かはしい事ではありませんか　中には私《わたし》は貧乏人ゆゑ子供を学校へ抔《など》遣るどころではないと云《いツ》て居る人もありますがこれは大きな心得違ひでありましやう　仮令一時《たとひいちじ》は何様《どんな》に難渋《なんじふ》しても子供にはよく読書《よみかき》や算術《そろばん》を習はせてお置《おき》なさい　行末はきッとそれが用に立《たツ》て大そうな幸ひが向《むか》てまゐり此子供に楽々と養はれるやうになります　夫《それ》を只々独楽《こま》廻しや凧揚《たこあげ》にばかり遊ばせて置《おく》と月日の過《たつ》のは此独楽の廻るより早く物に怠るのは此凧の下《さが》ると同じ事で我儘にして捨《すて》置《おく》と漸《やゝ》物心の付《つく》頃になると酒を飲む事や女狂ひばかり覚えて果《はて》は情死《しんじう》だの欠落《かけおち》だのと親の嘆きや　御上《おかみ》の御苦労新聞やにまで筆の毛を摩《す》り切らせ世間の人に笑はれては誠に子を持《もツ》た甲斐もない訣《わけ》ではありませんか　此節は有難い御時節で平民だの士族だのと別《わ》け隔《へだて》なく器量があツて学問さへ出来れば何《どん》な貴《たツと》い官員にでもなさる御趣意だからどうぞ我子が愛《かわい》いと思ふ人は早く子供に学問をさせて御国の役にたつ人にするのが親達の大切な勤《つとめ》でありますぞと何方様《どなた》も御存じの事を繰返し〳〵言立《いひたて》るも矢はり一ツの世の為でありましやう

栗岡淳吉

（明治八年十二月四日）

例を挙げながら、生活が苦しくても子供に教育を受けさせることの必要性を説いている。やはり女性のような切れ目のない長い文はなく、適切な長さの文から成る分かり易い文章である。

第四章　論説的な文章（三）――経済・戸籍についての論

社会における実際的な問題について具体的に論じたものもあり、興味深い。二例ほど挙げる。

商売のあり方についての論

当年は昨年と違ひ横浜の蚕卵紙《たねがみ》の景況《けいき》は定めし善かろうと思ッて居りましたら又々否《いや》な風が吹《ふき》そうでござります　先頃東京《とうけい》で荷主が寄ッて確《たしか》な取極《とりきめ》をしたそうでありましたがこれも破《こわ》れてしまひ今以て商ひがないそうであります　一体商売といふものは蚕卵紙に限らず総て相場といふものがあッて此相場は多く買方《かひて》より極《きま》るものでこれを無理に圧《おさ》へ付《つけ》る様な相談をしたとてそれは無益《むだ》な事でありましやうからそれよりは五十枚でも百枚でも自由に商館へ持出《もちだし》て広く直《ね》を打《うた》せ十人が十人同価ならば夫《それ》が相場でござりましやうから早く売買《うりかひ》のつくやうになされてはいかゞ　余り長逗留をして雑費を費《つひや》すのは横浜の土地に取ッてはよいやうだが決してそうではありません　荷主が損をするのはそれこそ国の損にてつまり横浜も不景況《ふけいき》の本であります　しかし損するも儲けるも商法の常だから何も一年や二年で退屈してはなりませんと荷主の御方にお頼み申ものは

在横浜西　高松英子

（明治八年一一月七日）

蚕卵紙の売買について、商売は買い手が自由に値をつけることによって大体相場が決まっていくもので、思うような値がつかないと言って横浜に長く逗留してもよいことはなく、不景気のもとになる。儲けるのも損をするのも商売の常だから、一年二年で諦めてはならないと説く。新しい時代の商売の在り方に対する女性のまっとうな意見である。切れ目のない長い文はなく、理路整然としている。

戸籍についての論

次は戸籍についての論である。

貴社新聞四百三号に備前岡山の花田君の投書に婚姻の御論が有ツて至極御尤《ごもツと》もなれども離縁状は何も別段遣り取りするには及ぶまいと思ひます（以前はそうもいかぬが）何故《なぜ》といふに当時は先《まづ》女房を貰ふ時は躰《からだ》と共に戸籍を請取《うけとり》また離縁する時は区務所へ申し出《だ》して送籍を貰ひ躰《からだ》と共に里方へ引渡せば送籍中に「右は此度《このたび》離縁《りえん》の上里方の誰へ引渡し云々《しかじか》」と書《かい》てそれ〳〵の印が捺《おし》てあるから是程確乎《たしか》な証拠は有りますまい　必竟《ひツきやう》あとで紛紜《ごた〳〵》が起《おこ》るのは戸籍を確かにせぬからでござります　戸籍さへ確乎《たしか》にしておけば決して不都合はないと思ふが皆さんいかゞ

赤坂裏三丁目　島屋秀子

（明治九年七月二七日）

これは、男性の次の投書に対する意見である。

婚姻は人間の大礼で日本も西洋も支那も世間おしなべて此礼を重《おもく》し無いといふ所は有《あり》ませんが兎角《とかく》日本は此礼を軽くして（当日に大そうな御馳走や金をかけるのが重いといふ訳では無い）第一媒妁《なかうど》なしの夫婦も有れば婚礼なしの夫婦もあり女房の戸籍《にんべつ》送りの無いのもあり亭主の戸籍を知らない女房あり（中には亭主の苗字《めうじ》や年を知らないのも有り）空々寂々の夫婦が多く有ます　夫《それ》ゆゑ離縁とでも成ると帰す先に困るの

もあり粗漏千万な訳さ　是らは亭主も女房も心得ねば成らぬ事それからまだ一ッ離縁状のこと是は何《いづ》れでも女が亭主より三条半《みくだりはん》をもらひますが亭主は女から離縁状をとらないのはどういふ訳か（といふとベラボウメイ女から離縁状を貰ふ腰抜が有るものかといふいなせの兄《あに》さんは威張《ゐばる》で有らうが）　毎度男が女の所へいツて「此女は私《わたし》の女房だ　何で人の女房を勝手にするか」と悶着を始めると「お気の毒だが是は何だお前が書《かい》た離縁状では無いか」と女につき出されると野郎は一言《いちごん》なしの泣き寐《ね》入りサ　夫《それ》を離縁をした女房が「ハイごめん成《な》さい　此方《こちら》の旦那は私の亭主だが何で人の亭主をお取成すツた」といはれると亭主が其所《そこ》へ出て「手前はたしかに離縁がして有る」「夫《それ》ならその証拠をお見せ成さい」といはれたらナント男は閉口いたしましやう　そこで取極《とりきめ》の時の事は勿論だが離縁のときにも雙方から書面をとりかはす様にいたしたいものだと余けいな世話に

備前岡山　花田寛斎述

（明治九年五月三一日）

女性の投書の方が戸籍の制度をよく知っている合理的な論である。戸籍法は明治四年に制定されている。文章も切れ目のない長い文は無く、明快である。

第五章　女性の投書文の特徴——男性の投書文との比較

これまで女性の論理的な内容の投書文を取り上げて考察してきたが、表現力に関しては男女の差は認められ難い。女性も説得力のある文章を展開している。ただ、比較すれば女性の文に切れ目のない、接続助詞などによる表現が続き、先に指摘したように投書全体が一文から成っているものもある。これは、論理的な文章を書くという点からは問題点ではある。

語のレベルの男女の違いといえば、自称詞が挙げられる。

女性の自称詞

女性の投書について、創刊から明治一二年末までの自称詞の状態を考察する。漢字表記の点からみると、「私」表記が大多数で、ついで「我々」「愚女」「愚妾」「婢妾」「妾」がある。仮名表記では、「わたくし」「わたし」「わちき」「わたい」がある。「私」は、「わたくし」と振り仮名される場合もあり、「わたし」とされる場合もある。振り仮名の問題については、後で論じる。以下、例を挙げる。

全体として、「私」表記がほとんどで、仮名表記の例は、極めて少ない。仮名表記の例を挙げる。

わたくしは近頃よりあなたの新聞を読《よみ》居りますが、第三十三号の新聞を何《いつ》もの通り当年《ことし》四歳あまりの女の子に読《よん》で聞かせますと………何共答兼《なんともこたへかね》ましてわたしも知らぬゆゑ四ッ谷の御《お》伯父様《じさん》に尋ねてやらふといつて………

東橋のちか

（明治八年一月一六日）

この場合、「わたくし」「わたし」の両方を用いている。

去年十二月三十日の新聞を見ましたら本所の稲之介さんの寄書《よせぶみ》に冬至の風呂屋の事で柚湯《ゆずゆ》また柚《ゆず》や桃《もゝ》といふ仮名が付《つけ》てありましたがチト御無理では有ませんか　新聞は人のをしへに成ます物で有ますからやッぱりゆと仮名を付《つけ》たはうがよからうとぞんじます　わたくしは読売が贔屓《ひゐき》でございますから他から尻の出ぬうち御心付《おこゝろづけ》を申ます　腹を立《たッ》てはいけませんよ

高島屋雇女しま女

（明治九年一月九日）

これは、「わたくし」である。次は、「私」に「わたくし」または「わたし」とルビが振られた例である。

貴社《あなた》の新ぶんを四ッ谷御門外《そと》にて馬司《うまかた》が読んで歩行《あるく》を去年十二月に見かけましたが其のち近所の芸妓《げいしや》の内でも読《よん》で居りました　又此《この》せつ彦太楼《ひこたらう》の若紫が読みたいとて御頼み申たと聞《きゝ》ましたが実に楽しいよの中で是まで新ぶんを知らぬ人たちも追々いろ〳〵の事を覚えますのは開けたおかげだと夫《やど》が申しましてその時に（世の中は娼妓《じよろ》も実《まこと》をつくしけり晦日《みそか》の月に読める新聞）といひましたから私《わたくし》もおはづかしながら（よの中のひらけるよりも新ぶんを子供がひらく親の嬉しさ）と夫婦《ふうふ》してよみ合せましたから宜しくば御《お》だし被下《くだされ》まし

馬道の横町小間ものや

（明治八年一月四日）

先日貴社《あなた》の新聞に大伝馬町辺の或るお爺さんが牡丹餅《ぼたもち》が咽喉《のど》へ痞《つか》へて死なれたと有《あり》ましたが私《わたし》が小児《こども》の時蜀黍餅《もろこしもち》を食《たべ》て居ますとフト友達にくすぐられた拍子に咽喉へ痞《つか》へてどうしても通りませんで大きに苦しみ

モウ死ぬ事と思ツて居ましたら母が私《わたし》を仰向《あほむけ》にして口へ醤油をつぎ込《こみ》ますと咽《むせ》る拍子に漸《やうや》く通りまづ〳〵命は捨《すて》ませんが追付《おつつけ》一月になると皆さんが餅を召上るから一寸お知らせ申ます　浅草三間町　ふさ
（明治八年一二月一九日）

ほとんどの投書における自称詞は「私」表記で、それに新聞社側がルビを振っていることになる。調べてみると、明治七年、八年では「私」表記に「わたくし」とルビを付しているものが一二例、「わたし」とルビを付しているものが五例であるのに対し、明治九年になると「わたくし」とルビを付した例はなく（かな表記は前に引いた高島屋雇女の投書例の一例がある）、「わたし」とルビを付した例は一一例ある。ルビが「わたくし」から「わたし」へと変化している。書き手は「私」表記で投書しているのであり、これは新聞社側、また一般社会の意識の反映であろう。

『読売新聞』のような小《こ》新聞の振り仮名について、今野真二は『振仮名の歴史』は次のように述べる。

「総ルビ」はその新聞の「方針」であって、新聞に掲載された原稿の書き手すべてが自分の原稿を「総ルビ」にしているわけではないはずだ。となると、原稿の書き手ではない人物が振仮名を付けることがあることになる。

実際、ここで扱っている投書の自称詞に、投書者が自らルビを付けたとは考え難い。恐らく先に述べたように新聞社側がルビを付けたものであろう。そこには新聞社側の意向が働いていると考えるのが自然である。今野が言うように「その時代にまったく許容されない振仮名をつけるとも考えられない」のであり、「わたくし」から「わたし」への変化も、ある程度一般社会の傾向を反映していると見てさしつかえないと考える。なお、振り仮名の問題については、後で『女学雑誌』のところでも触れる。

娼妓の自称詞

次に、娼妓の自称詞について述べる。

芸者の投書の例

鳥渡《ちよツと》さ正《まさ》ちやん此ごろは不景気で食ひつゞきが出来ませんよ　ナゼナラバ聞《きい》ておくんなさい　私《わち》きたちも御客商売ですが仲間の芸者衆《げいしやしゆ》が焔魔《ゑんま》の前へ連れられてゆくとか又地獄から権妻極楽世界へうつるとかで真地眼《まじめ》で居る芸者は誰もかまひ人《て》が有りませんよ　私《わち》きの仲間にも転びてが多いけれど夫《それ》をいふと悪いから遠廻しにして置《おき》ますが好かないじやア有りませんか　本とに芸妓《げいしや》に限らず苦しい処《とこ》を立て通すのが東京《えど》ツ子の習ひですねへ………

川瀬石町の　小わか　小さだ（明治八年五月二二日）

右の例は、自称が明らかに「わちき」である。

前掲平田の著書に引かれている「娼妓」新吉原紫の投書（明8・8・12）には「わちき」とあり、「ありんす」ことばを使っているが、『読売新聞』の芸妓の投書には「ありんす」言葉は見られない。

書き手が芸妓であることがわかる投書の場合、原則として「私」には「わちき」とルビが付されている。

鈴木田さん私《わちき》たち朝寝《あさね》だからいいが毎度お客の噂におまへさんの社《うち》の新聞は面白いのは誰でも知ツて居ますが配りが遅いからいけないといはれますからチット気をおつけ成《な》さいよ　私《わちき》たちはいつでも悪くいはれるけれども意趣返しでは有ませんよ　此替唄《このかへうた》をよく〳〵お読《よみ》なさい　お序《ついで》に皆さんへ宜しく　左様《さやう》ならおやかましう

柳ばし　はる外二人

（明治九年三月五日）

もし〳〵ちよいとサ鈴木田さんマアお聞《きゝ》なさいよ　お前さんも元書生さんでおいで成《な》すツたのでしやうが書生さんといふものは本を読《よん》で末に立派なお方にお成りなさるから行状《ぎやうじやう》とかゞ悪いと余《よ》けい人にも悪くいはれると聞《きい》てゐましたが昨日芝神明前の長門《ながと》すしへ来た書生さんは私《わちき》たちを呼んで大そう御盛《ごさかん》でしたがお払が一銭も無いので長門鮨でも困りましたが私《わちき》たちも賤《いや》しいやうですが三円の税を出して玉《ぎよく》も纏頭《はな》も無しにゆかれては立《たち》ゆきませんから乱暴の書生さんに説諭《いけん》をして下さいな　この食《くひ》にげ同様にやツた書生さんは大坂の島の内の高田とかいふ人ですが私《わちき》たちにまで迷惑をかける書生さんではどうせ出世もしやアしまいが後生《ごしやう》ですから叱ツてやツておくんなはいよ　急度《きツと》ですよ

芝神明前　〆吉　小春

（明治九年四月二四日）

次は娼妓の投書であるが、自称詞に「わちき」ではなく「わたし」を用いている。

鈴木田正雄さま　　深川　しづはた

見渡せば、柳さくらを、こき交《まぜ》て、都のそらも、春げしき　辰巳《たつみ》の園と、名につたふ、流れの末も、深川に、沈めど浅き、娼妓《たはれめ》と　濁りし水に、譬《たとへ》られ、若木の花の、さし枝も、柳となびく、憂き思ひ、「ホンニ私《わたし》とした事が遂《つひ》こんな愚痴をいふのも元はといへば母《はゝ》さんが貧苦のうちの長やみで薬買ふにも養ひも先へ立《たつ》のはお金ゆゑ稼ぐ心は山々なれどこれと覚えた芸はなし其まゝ居れば親子の渇命《かつめい》よぎなく沈んだ此苦界《くがい》地獄《ぢごく》のせめよりまだつらい勤めは見世《みせ》を針のやま写真の額は常張《じやうはり》の鏡も曇る世渡《よわたり》をするも皆《みんな》わたしが横着より起《おこツ》たこと………

かやば丁　中沢小さん

（明治九年四月一二日）

「私」に「わたい」とルビが振られた例が見える。

鈴木田さんこんな都々一《どゝいつ》を私《わたい》の姉さんが教へて呉ましたが今まで聞《きい》たことが無いから私《わたい》は新文句だと思ツて箱屋さんに頼んでお届け申ます

浅草　小きん

（明治九年二月一九日）

これは、芸妓を「姉さん」と呼んでいることから、恐らく半玉による投書と思われる。原投書に「わたい」とあったものに新聞社側で「私」をあてたものか、あるいは原投書に「私」とあるのに「わたい」のルビを振ったものか、決めることは出来ないが、いずれにしろ半玉は芸妓と異なり「わちき」は用いないのが普通であったものと思われる。

自称詞の漢字表記は、先に述べたように「私」の他に「我々」「愚女」「愚妾」「婢妾」「妾」がある。「愚女」（明8・3・17）「愚妾」（明8・4・8）「婢妾」（明8・8・4）はいずれも「わたくし」とルビを振られている。卑下を意味するこれらの語が「わたくし」と訓まれていることは、「わたくし」が謙遜・丁寧な語感を持っていたことを示すと考えられる。「我々」（明7・11・30）は「わたくしども」というルビである。「妾」（明9・1・24）は「わたし」と訓まれている。

男性の自称詞

同じ時期、男性の投書の自称詞を簡単に見てみよう。

明治七年一一月一〇日から明治八年二月末日までの男性の投書についてみると、多いのは女性の場合と同様「わたくし」「わたし」で、「私《わたくし》」「わたくし」表記が四二例、「私《わたし》」「わたし」表記が二〇例である。他に「私《わし》」が二例ある。明治九年一月についてみると、「私《わたくし》」表記が四例に対し「私《わたし》」表記が二三例で、女性投書の場合と同様創刊当初から暫くは「わたくし」が優勢であったのが明治九年代になると「わたし」が断然優勢になる。自称詞「わたし」「わたくし」の使用については男女差は見られない。

表記についてみると、「拙生《わたくし》」（明7・12・12、明7・12・16）「愚老《わたくし》」（明8・1・6）「余輩《わたくし》」（明8・2・11）「余輩《われわれ》」（同上）「僕《わたくし》」（明9・1・24）「僕《わたし》」（明7・12・20、明8・2・1）「僕《わし》」（明8・1・8）があり、これは女性の場合と全く異なる。他に漢語の「予」（明8・1・4）「拙者《せっしゃ》」（明8・1・10）があり、これも女性と全く異なる。

『読売新聞』における女性の投書は、明治七年（一一月二日―一二月三一日）は四通、明治八年は四七通、明治九年は六〇通、明治一〇年二七通、明治一一年二五通、明治一二年四通、明治一三年一通である。男性を含めた全体の投書に占める割合は、明治七年4％、明治八年3・9％、明治九年4・4％、明治一〇年4・4％、明治一一年5・1％、明治一二年1・1％である。明治一三年以降、女性の投書は調べた範囲では見られなかった。男性の投書も限られた人によるものが多くなり、文体もやや文語化していく。男女とも明治一二年頃までの生き生きした投書は見られなくなっていくように思われる。

女学生の「僕」「君」

なお、女性の論説的文章を扱う本書のテーマとはずれるが、女学生の自称詞の「僕」、対称詞の「君」について論じた投書を掲げておく。

最初は、家の前を通る女生徒の使う「僕」「君」についての男性の投書である。

モシ〳〵皆さんどうも私《わたし》には解らぬ事があるからマア聞《きい》て下さい　此頃学校へでも行《ゆく》女子《をなご》と見えて毎日　私《わたく》しの門前を通りますが其話《そのはな》しを聞《きゝ》ますに君《きみ》だの僕《ぼく》だのとか申ますが一体君といふはいゝが僕といふは男が身を卑下していふ言葉で有りましやうと思ひますが女は妾《せふ》とか婢《ひ》とか申たらどうでござりましやう　それとも学校の規則でゞも有る事かしらん

小石川竹早　清水了

（明治八年七月二三日）

「学校へでも行女子」とあるが、これだけではどのような学校へ行っている女生徒かは分からない。女学校とすれば、投書の明治八年当時東京に存在した女学校は、築地A六番女学校（女子学院の前身）、東京女学校（お茶の水女子大学の前身）、開拓使仮学校女学校、跡見学校（跡見学園の前身）であり、このいずれかの生徒であろう。しかし、後で引く投書によれば、小学生の可能性もある。明治五年の学制発布により発足した小学校の制度は、明治八年には全国的に普及していたとされるが、就学率でみると、明治八年では男子五〇・八%、女子一八・七%であり、小学校に通える女子は限られた人たちであった。

次は、女学生の会話を描写したものである。便宜原文に示されていない会話の切れ目に』を付す。

開化百馬鹿の四

「山田のおちやさん君《きみ》は此度《こんど》の試験で急度《きツと》一等になり給ふとおもひますは』「オヤマア中村さんこそ急度《きツと》賞が有《あり》ますよ』「君《きみ》のお袴の紫はいゝ色ですねヱ』「是は僕《ぼく》の伯父《をぢ》が商法を始《はじめ》まして先日一反僕《たんぼく》に袴にいたせといツて投与《とうよ》されましたよ』「夫《それ》は僥倖《げうかう》でございましたねヱ』「おちやさん僕《ぼく》の北堂《ほくだう》がね先日お前はモウ他《た》へ嫁《か》さないと時が後れるから人に依頼して置《おい》たと申ましたが否《いや》なことけちな官員や何処の馬の骨だか知れない書生なんぞに配偶《はいぐう》するよりも早く女教師《をんなけうし》に成ツて気楽になればねヱ　芝居も勝手にいかれナイスの俳《やく》優《しや》も上げられモニイが沢山《たんと》有れば男妾《をとこめかけ》でも何でも置けますから今のうち勉強して何でも女教師に成る積《つも》りで居ますハ』「本とうにそうですよ　曖昧とした亭主なんぞを持《もつ》のは不見識ですよ　君《きみ》きツと北堂へ断りたまへ』「ヱ、スヱ、ス〳〵』　何と厄介な学校娘《がくかうむすめ》では有ませんか　男妾や芝居へいく目的で女教師になられてたまりますものか　綻《ほころ》びそうな曙ぞめの袴サねヱ

浅草奥山　曽我辰之

（明治八年一〇月三日）

投書者曽我辰之は、明治八年七月一七日から世相を諷刺した文章を「開化百馬鹿」と題して投稿していて、これは最後の四番目である。これは明らかに女学生の会話であり、先に挙げたいずれかの女学校の生徒である。友人同士、「僕」「君」と呼び合っている。ただし、曽我がどのようにしてこの会話を聞いたかは明らかでない。「北堂」は、母の意である。内容は、結婚するよりも女教師になって気楽に過ごすのがいいという主張で、「芝居に行く」とか「男妾を置く」とか、勝手なことが述べられている。

「曙染めの袴」は、女学生の服装を指している。この投書の五日後の女性の投書に次のようなものがある。

> 近頃は学校の追々《おひ〳〵》盛りになりまして女の子までも学問に精を出しますのは実《まこと》に喜ばしい結構な事だがこゝに一ツ分らぬ事があります　一体女子《をなご》といふものは髪形《かみかたち》から着物までも艶《うつ》くしく総てやさしいのが宜《よろし》いとおもひますに此節《このせつ》学校へかよふ女生徒《をんなでし》を見ますに袴をはいて誠に醜くあら〳〵しい姿をいたすのはどういふものでありますか　日本には昔から御所の女房などは緋《ひ》の袴を用ひます　上《うへ》つがたでは軍《いくさ》などの時も婦人《をんな》が袴を着《はい》たり鎧《よろひ》も着《き》る事がありましたが常に用ひたのは聞《きゝ》ません　そのうへ婦人《をんな》の服にも常の服、式の服とに品《しな》があツて昔から用ひ来ツたものゆゑ今更男の袴《はか》を着なければ失礼といふ訣《わけ》もありますまい　御上《おかみ》より別に婦人《をんな》の服をお改めになるまでは西洋の服を用《もち》ふるのはしらぬ事日本の男袴《をとこばかま》は廃《やめ》にしてはどうでござります
>
> 麻布永坂新妻某
>
> （明治八年十月八日）

若い主婦からの投書であるが、ここに述べられている袴についての記述は大体正しいと考えられる（『日本大百科全書』を参照した）。女学生の袴に対する当時一般の感想であろう。

七歳の姪の使う「僕」

次は、満七歳の姪のことばについてである。先の引用例と同様に、原文に表示されていない会話の切れ目に『

を付す。

「ヤンラ目出度や目出度やナ　君が齢《よはひ》は長生殿の不老門の御前《おまへ》を見れば黄金《こがね》の花が咲や乱るゝ咲《さき》や乱るゝ」『伯父さんおめでとう新年の御慶を申し上ます』「ヲ、お竹か大きく成ツたノ　今年は何歳《いくつ》に成ツた』「僕《ぼく》は七年十ヶ月に成ります』「コレ〳〵女の子が其様《そん》な生意気な言葉を遣ふものでは無い　七才《なゝつ》なら七才《なゝつ》八才《やッつ》なら八才《やッつ》と云ふものだ　此節《このせつ》の子供は学校言葉ばかり遣ふからさッぱり分りやアしねヱ　女は女らしく内のお松の様に長唄の稽古でもするが宜《い》い　手前《てまへ》の親父《おやぢ》は学校の事といふと夢中に成ツて居るから手前迄が宜《い》い事にして其様《そん》な事を云ふのだ　一体僕といふのは何の事だ』「僕といふのは私《わたく》しといふ事でございます』「夫《それ》では矢張私《やツぱりわたく》しといふが宜《い》い　其様《そん》な符諜で云ツては分らねヱ　何でも唐《から》の唐人《たうじん》の真似さへさせれば宜《よい》と思ツて居るから親馬鹿チヤンリン抔《など》と云《いは》れるのだ』「ヱテに烏帽子を着せ参らせて〳〵』「伯父さん今お松さんの謡ッたヱテに烏帽子を着せ参らせてとは何の事でございます』「ヱテとはヤエン坊の事よ』「ヤエン坊とは』「ヱ、分らねヱ奴だナア　猿の事よ』「夫《それ》では矢張猿と云ふがいゝでは有ませんか　其様な符諜《ふてふ》で云つては分りませんネ　夫《それ》だから親馬鹿チヤンリン抔と云れるんですよ　グーバイ』「アレ彼《あ》れだもの今の子供は不行儀だ　左様ならとも云《いは》ずに帰りおツた』と云ふ声が垣《かき》越しにチラ〳〵

幸堂得知

（明治一二年一月一七日）

満七歳の女の子が伯父さんに向かって「僕」という自称詞を用いている。本来学校言葉であったと考えられている「僕」だが、学校以外でも用いられており、この投書によれば伯父さんはどうもその意味を理解し難かったようである。満七歳といえば小学校に通う子どもだが、親が教育熱心とされていることからみて、恐らく私立の女学校の小学部といった所へ通っていたのではなかろうか。

次は、「女の漢学」の流行を批判したもので、「島田髷《しまだわげ》や蝶々髷《てふ〱まげ》でいかめしく袴を着したる形」というのは、女学生を指したものであろう。その「君」「僕」使用を、漢学の流行のためと考えている。

男子《だんし》と生れるも女子《ぢよし》と生れるも造物主《ざうぶつしゆ》の御意《ぎよい》次第しかれども男は姿も詞もおのづから堅く女はまた柔らかなる是陰陽《いんやう》自然の道理といふべし　されば女はどこまでも柔和なるが愛敬《あいきやう》も有りおとなしやかにて宜《よ》いやうに思はれますが近年は熾《さか》んに女の漢学が流行にて島田髷《しまだわげ》や蝶々髷でいかめしく袴を着《ちやく》したる形は誠にはや見悪《みにく》く従がツて言ふ詞が生意気の漢語にて君僕《きみぼく》などは聞ても胸が悪くなります………

竹窓閑人

（明治一三年五月一三日）

これらの投書は、明治八年から一三年頃までの女学生が「君」「僕」を使用していたこと、また「君」「僕」が学校以外でも用いられていたことを示している。

第三部　明治前期における女性の論説的文章――『女学雑誌』を中心に

――明治十年代末から二十年代半ばまで――

第一章　『女学雑誌』の論説文（一）——読者の文章

第一号所載の三人の読者の文章

明治一八年七月二〇日、『女学雑誌』第一号が刊行された。明治三七年二月の第五二六号まで発行が確認されている。女性の啓蒙・向上を目指し、婦人矯風会設立や廃娼運動など、キリスト教を基盤とする婦人解放運動に重要な役割を果たした。執筆者は男性が多数を占めるが、女性にも論説を発表する機会が与えられた。

第一号には、その発行を祝い、その意義を論じる三人の読者の文章が載せられている。以下、その全文を掲げる。

引用にあたっては、必要な場合濁点を補い、漢字・仮名は原則として現行字体に改めた。原文のルビは、必要と思われるもののみを残した。句点のない場合文末は一字あけた。調査・引用は、すべて復刻版（臨川書店）によっている。以下、『女学雑誌』の引用文については、すべて同様である。

なお、第三部においても、基本的に和暦を使用する。

○女学雑誌《じよがくざつし》の発兌《はつだ》を聞きて世の婦女子に告ぐ

北越刈羽藤井　　竹田南枝

野山の草は○青々と○日影を隠し○池川の○水は澄みつ○底を見る○実《げ》に浮世こそ○儘ならぬ○都の空に○すめる身も○時節来《きた》れば○零落《おちぶれ》て○あちこち翔《かけ》る○はま千鳥○所定めぬ○たび鳥○遂に果敢《はか》なく○煙《けふり》とぞ○なりぬる

末ぞ○哀れなる○此のことはりを○心にぞ○留《とゞ》めて思ひ○わすれねば○女の道に○協《かな》ふべく○誰人《たれびと》にても○これを愛《め》で○鴛鴦《をし》の契《ちぎり》を○願ふべし○道理《ことはり》知るは○易《やす》からず○これを行ふ○最《い》と難し○されば夜《よる》ひる○思ふより○之《これ》をならへて○己《おの》が身の○栄誉と徳を○輝かせ○之《これ》を学ぶに○善き規範《てほん》○近藤の君と○申す人○蒐《あつ》め玉へし○女学《じよがく》てふ○雑誌とり〴〵○能《よ》く学び○見聞すること○行へて○女の道を○学べかし○穴賢《あなかしこ》

○女学雑誌発行祝詞《しゆくし》　　磐城　芦野明日香

女学ノ美花開カザレバ文明ノ好実《かうじつ》何ニ依《より》テカ結バン　窈窕《えうてう》の淑女多カラザレバ有徳《いうとく》ノ賢士何ニ因《より》テカ生《しやう》ゼン　畢竟《ひつきやう》スルニ国家開明ノ度ノ高低ハ女子ノ知識進歩ノ浅深《せんしん》ニ徴シテ之《これ》ヲ知ルベシ　嗚乎《あゝ》女学ノ振興セザル可《べか》ラザル此《かく》ノ如ク夫《ソ》レ急ナリ　女子ノ教育セザル可ラザル此ノ如ク夫レ要ナリ　苟《いやしく》モ具眼《ぐがん》ノ士誰カ率先シテ斯《こゝ》ニ従事セザランヤ　我文部省《わがもんぶしやう》夙《つと》ニ女子師範学校ヲ江都《こうと》ニ設ケ以テ天下ノ穎才《えいさい》ヲ陶冶《とうや》シ府県《ふけん》亦《ま》タ往々《わう〱》此校《このかう》ヲ置テ以テ熔成《ようせい》ノ道ヲ立ツ　猗嗟《あゝ》亦昌《またさか》ンナリ矣　今又タ同好近藤君賢三女学雑誌ヲ発行シ将《まさ》ニ大《おほい》ニ女学を裨益《ひえき》セントス　猶春風《しゆんぷう》ノ花ヲ催スガゴトシ　是《こゝ》ニ於テ女学ノ美花《びくわ》将ニ爛漫タラントシ窈窕ノ淑女将《まさ》ニ彬々《ひん〱》輩出セントス　豈悦《あによろこ》ハシカラズヤ　余似タルナシト雖《いへ》トモ常ニ女子教育ヲ以テ自《みづか》ラ任ス　苟《いやしく》モ女学ニ裨益アル知テ言ハザルナシ　縦令《たとひ》君ノ請《こい》ナキモ豈黙止セン　況ンヤ遠ク書ヲ寄セラル、ニ於テヲヤ　聊《いさゝ》カ茲《こゝ》ニ微衷《びちう》ヲ述テ以テ其発行ヲ祝スト云フ

○祝二女学雑誌発刊一　　下総　大須賀さだ子

我邦《わがくに》女子の風俗卑屈に流れ幽鬱《ゆうゝつ》を以てオトナシイとなし活溌を目《もく》してオテンバといひ一事業を起さんとするもナニ女の仕事かと一言《いちげん》の下《もと》に擯斥《ひんせき》せらるゝに至るは豈慨歎《あにがいたん》の至りならずや　女なりとて事の成らざることのあるべき　彼《か》のリマービル夫人ハーステル令娘《れいぢやう》ブルンリン嬢ステール夫人ローランド夫人マーチノウ令嬢の如き小野小町衣通姫《そとをりひめ》紫式部清少納言赤染衛門《あかぞめゑもん》の如き其芳名《そのはうめい》千載の後も朽ちざるなり　等しくこれ人にして彼は尊敬せられ我は擯斥《ひんせき》せらる　これ何の故ぞや　他《た》なし　中古政権武門に帰《き》して男尊女卑天地懸隔《けんかく》せるを以て女学《じよし》は男子《だんし》に奴隷視せられ自《みづか》らも又甘んじてこれを受くの風習骨肉に銘記し一朝一夕これ

を改むべからざる勢《いきほひ》に立至りしによりてなり　今や王政維新文物隆盛海外諸邦と比肩するの時に方《あた》り勉《つと》めてこの弊風を打破せずんばあるべからず　淡水《たんすゐ》近藤先生こゝに見る所ありて今回修正社を辞して新《あらた》に女学雑誌を発刊せらる　此人《このひと》にして此挙《このきよ》あれば我邦女流の面目《めんぼく》を一新する期して待つべきなり　豈《あに》祝せざるを得んや　賀せざるを得んや　妾《せふ》浅学を顧《かへり》みず聊《いさゝか》菲言《ひげん》を吐《はい》て淡水《たんすゐ》先生の机下《きか》に呈す

この三編の文章は、自発的な投稿ではなく（第一号であるから当然ではあるが）、編輯者の依頼によるものであった。このことは、二番目の芦野明日香の「遠ク書ヲ寄セラル、」という記述で明らかである。この三人の女性がどのような人物であったかは分からないが、編輯者の近藤賢三の知己で教育のある女性であろう。二番目の筆者芦野明日香は、『女学雑誌』に他に計一〇回投稿しており、最初の稿の筆者竹田南枝も他に一回投稿している。

最初の竹田南枝の文章は、漢字平仮名交じり文の伝統的和文体で、しかも全文七五調である。言いたいことは、どのような人も遂には死ぬという浮世の道理を身につけて、『女学雑誌』によって女の道を学べということであるが、修飾的な表現が多く、主旨の理解に障害になっている。ほとんど和語であるが、「時節」「栄誉」「徳」「女学」「雑誌」「見聞」という少数の漢語が用いられている。竹田は他に第五号に「女の戒」二一箇条（例「己れの容色に誇り淫乱なる事」）を寄稿している。

二番目の芦野明日香の文章は、漢字片仮名交じり文である。片仮名は周知の通り漢文訓読の場で創り出された文字であり、漢字に附属し、漢文の訓点や漢文的文章に用いられた。漢字漢文は伝統的に男性社会に属しているものであったから、片仮名はいわば男性社会の文字であった。日本での公式の文章、正式の文章は漢文体を基本としたものであり、漢字片仮名交じり文は日本社会においてもっとも格式の高い文章であった。筆者の芦野は、『女学雑誌』創刊号を飾る文章を意識し、この文体を選んだと考えられる。論旨は、女子教育の必要性を強く説いたものである。

使用している用語としては、まず漢語の多用が挙げられる。和語の名詞は「何」「之《これ》」「誰」「斯《こゝ》」「道」「今」「是《こゝ》」「自《みづか》ラ」「君」「請《こい》」「茲《こゝ》」の一一語一二例だけであるのに対し、漢語の名詞は「女学」「美花」「文明」「好実」「窈窕」「淑女」「有徳」「賢士」「国家」「開明」「度」「高低」「女子」「知識」「進歩」「浅深」「具眼」「士」「江都」「天下」「穎才」「度（府の誤り）県」「校」「熔成」「同好」「春風《しゅんぷう》」「余」「女子教育」「裨益」「書」「微衷」「発行」の三二語四〇例に達する。

全体に漢文訓読による文章である。副詞・副詞的表現では、漢文訓読に多用されるものが多く見られる。「何ニ依テカ……ン」「何ニ因テカ……ン」「此《カク》ノ如ク」「苟《いやしく》モ」「将ニ……ントス」「豈……ズヤ」「況ンヤ……ヲヤ」などである。「女学ノ振興セザル可《べか》ラザル」「言ハザルナシ」という二重否定も漢文訓読で用いられる語法である。

自称詞に「余」を用いる。この語は、平安時代以来男子の用いる自称詞であり、明治時代においても多く然るべき身分の男子に用いられた。この語については後で論じる。

芦野は右の論の他に『女学雑誌』に一〇編の文章を載せているので、次の項で改めて考察する。

三番目の大須賀さだ子の文章は、漢字平仮名交じり文であるが、蘆野の文章に類似した漢文訓読文的特徴を持っている。自称詞に「妾《せふ》」を用いているが、この語は漢文において女性の自称詞として用いられるものである。この語についても後で論じる。内容は、西欧と違って日本では同じことをしても女性が評価されないのは、武家政権以来の男尊女卑の思想によって女性が「奴隷視」されている故だとし、「この弊風を打破せずんばあるべからず」と強く主張している。この三篇の中ではもっとも近代的な考え方であり、女性としての立場を鮮明にしている。

右の創刊号に祝詞を書いた三人の中の一人、芦野明日香は、他に『女学雑誌』に十篇の文章を寄稿している。地方に住む知識人の女性として、どのような文章を書いただろうか。

『女学雑誌』所載の芦野の文章を順次掲げる。

芦野明日香の文章① 七五調の和文体

「女子に諗《つ》ぐる文」 磐城 芦野明日香小史

我《わが》日の本の花ぞかし。我《わが》日の本の光ぞと。我《わが》日の本の人々の。世界に誇る作楽花《さくらはな》。外国人《とつくにびと》も仰ぎ見て。愛《め》でぬはなしと聞くぞかし。実《げ》に此花の咲くときは。花てふ花は多けれど。其《その》色其香其姿。並べて見るべき花ぞなき。五大州中第一の。花とよみけん唐うたも。理《ことわり》なきや宜《むべ》なりけり。あゝたのもしや日の本は。数にはあらぬ草木にも。世界に誇る花は咲く。しかはあれどもつくぐ〵と。思ひまわせば日の本の。花てふ花も光てふ。光も佐久良にあらずして。さくらに勝る花にあり さくらにまさる其花は。物言《ものいふ》花と人は云ふ。世の少女子《をとめご》や。是ならん。去れどむかしは此花を。知らざる人の多きより。其養《そのやしなひ》を怠りて。培《つちか》ひもせず芸《くさぎ》らず。おのづからなる生立《おひたち》に。任せし故に大方は、見るべき花も咲かずして。散りにしことの哀《かなし》さよ。開けし三代《みよ》はかしこくも。物言花を移し植ゐ。教ふる園を設けられ。東《あづま》の東西《ひがしにし》のにし。恵み至らぬ隈《くま》もなし。物言花よ物言はん。時に後れず先だちて。教《をしへ》の園に身をゆだね。朝な夕なに置き増さる。恵みのつゆに沾《うるほ》はゞ。などかは花の咲かざらん。さて此花の咲く時は。其《その》色其《その》か其《その》すがた。左久良に増して国俗《くにぶり》を。良きに改め人がらを。高きに進め比《たぐひ》なき。善き世を作り。類ひなき好き人造り出さんは。皆此花に由《よ》るぞかし。かゝる時社《こそ》争ふて外国人《とつくにびと》もあふぐべく。我邦人《わがくにびと》もしたふべし。是れ日の本の花にして。又日の本の光りなり。草木の春は桜花皇国《みくに》の花は物言花《ものいふはな》。盛りにかをる時に在り。左久良の花は年毎に。時をたがへず咲きぬれど。二ッの花の花くらべ。姿くらべて咲乱れ。世界に誇る其春は。何れの時にあるならむ。早《はや》々見まくのほしき哉。物言花よ少女子よ。此ことはりを能く悟り。三代のめぐみを能く思ひ。皇国の春や入らん日を。心にかけていのるべし。拙《つたな》き文を忘れつゝ○嗚乎《をこ》がましくも諗《つ》ぐるになん（第三号、明治一八・八・二五）

全文七五調の和文体で、漢語は「世界」「五大州中」「第一」だけで、残る語はすべて和語である。第一号の漢文訓読体の文章とは対照的である。文意は、日本の女性を花にたとえ、本来は素晴らしい「物言ふ花」であるのに、昔はそれを養い育てることを怠ってきた。今こそ女性は「時に後れず」「教への園に身をゆだね」てその能力を発揮し、日本の光になるべきであるとする。表現が伝統的美文調で、文の趣旨と合致していない。

「女学雑誌をよめる」　磐城　芦野明日香

女郎花　いかに嬉しく　思ふらん　めぐみの露の　袖に余れば（第五号、明治一八・九・二五）

これは、和歌であるが、芦野は他に後掲の三首もあり、和歌もたしなんだ女性であった。第五号の裏表紙に自ら編集した『明治女和歌集第壱編』の広告を出している。後の投稿文にも和歌が含まれている。

芦野明日香の文章②　漢文訓読体の文章

「扶風曹氏《ふゝうそうし》の事を紀《き》す」　磐城　芦野明日香

扶風《ふゝう》の曹氏は班彪《はんぺう》の娘にして班固《はんこ》の妹なり　名は昭《せう》字《あざな》は恵班《けいはん》一名は　姫《き》長じて曹世叔に嫁す　博学高才にして婦徳備はらざるなく婦道閑《な》らはざるなし　兄班固漢書を脩め中道にして　す　曹氏兄氏《そうしけいし》の遺志を継ぎて遂に作る　其第四を婦行篇《ふかうへん》と云ふ　摘出して以て世の娘嬢《らうぢやう》諸子に示す

女に四行あり　一に曰く婦徳二に曰く婦言三に曰く婦容四に曰く婦功　夫れ婦徳と云ふは必しも才明絶異を謂ふに非《あ》らざるなり　清閑貞静《せいくわんていせい》節を守ること齊整《せいさう》己《おのれ》を行ふに恥あり　動静法あり　是を婦徳と謂ふ　辞《ことば》を撰《えらん》で而説き悪語を道《い》はず時ありて然る後言ひ人に厭はれず　是を婦言と云ふ　塵穢《ちんくわい》を盥浣《くわんくわん》し服飾を鮮潔

にし沐浴《もくよく》時《とき》を以てして身を垢辱《こうぢよく》にせず是を婦容と謂ふ　専心に紡績し戯笑《きしやう》を好まず酒食を潔齊して以て賓客《ひんかく》に奉ず　是を婦功と云ふ　此の四ツの者は女人《によにん》の大徳にして欠く可《べ》からざるの者なり　然《しか》れども是を行ふ甚だ易し　唯《たゞ》心を存ずるに在るのみ　古人言へること有り　仁《じん》遠からんや　われ仁を欲して仁斯《こゝ》に至ると此謂《このいゝ》なり

明日香曰く此文訳して俗文となさゞるは行文《かうぶん》平淡女子《によし》と雖共解し易く且つ俗文となすときは徒《いたづら》に冗長に渉るを恐《おそれ》てなり　看者《くわんしゃ》之《こ》れを諒せよ（第六号、明治一八・一〇・一〇）

これは、班固の妹「曹氏」が儒教の伝統的な女性に対する教えを説いた書である「女誡」の第四篇を読み下し文の形で紹介しているものである。訳して分かり易い文にしないのは、原文の訓読だけで理解しやすいこと、訳文にすると冗長になるためだとしている。ここで取り上げられている「婦徳」「婦言」「婦容」「婦功」は、江戸時代以来の女性教訓書で常に取り上げられている徳目である。この文章の趣旨は、完全に伝統的な女性訓と一致する。

芦野明日香の文章③　漢語を交えた七五調の文章

「女学雑誌第八号題詞《だいじ》」磐城　明日香小史
百貨備はる波斯《はす》の市。璵璠《よはん》集まる崑崙《こんろん》の。山ならなくに近藤の。君のものせる此雑誌《ふみ》は。洋の東西更にも云はず。時に古今の差別《けぢめ》なく。片句隻章《へんくせきしやう》一事一業。女子《をなご》に益あり利あるもの。千百載《のせ》て漏らすなく。億万集めて皆舎《す》てず。専ら婦女子の改良に。心つくしの西の果。根室千島の東まで。到り到らぬ里もなし。時務《じむ》知る人と謂《いつ》つべし　婦女子は論なし日本《ひのもと》の。女子《によし》改良に心ある。四方の君子よ此雑誌に。資《と》りなば益や多からん。篇を累《かさ》ねて今茲《こゝ》に。第八篇の発行を。喜ぶまゝに筆とりて。思ふ一《ひ》トツを記《し》るすのみ（第八号、全文七五調であるが、前に引いた「女子に諭《つ》ぐる文」（第三号）が和語のみの七五調であるのに対し、「波斯」（ペルシャ）、「璵璠」（美しい宝石）、「崑崙」（中国古代の伝説上の山）などの難しい語を含む漢語を多く使っている。論旨は、この『女学雑誌』は、古今東西、時代の新古を問わず、女性に益のあることを載せて、婦女子の改良に力をつくしているということである。

芦野明日香によるさまざまな文体の使用

「人の上いふまじき事」
今世《きんせい》女流の癖として五人三人《いつたりみたり》つどふときは必ず東家《とうか》の妹君《まいくん》を品《ひん》し又西隣《せいりん》の処女を評するなど兎角に人の上いひてこよなき楽しみとするもの多かり　いと悪《あし》かるわざなり　きびしう誡《いまし》めんとおもふ折しも十訓抄てふ書《ふみ》を繙《ひもと》きしにいとねんごろなるいましめありたれば茲《こゝ》にぬき出《いだ》して我姉妹にしめすといふ　【以下十訓抄を引く】
磐城　芦野明日香識（第九号、明治一八・一一・二五）

和文体である。

○寄㆓閨秀諸子㆒求㆓高和㆒　磐城　芦野明日香
育児任重在㆓其身㆒○勤学須㆑期為㆓好人㆒○休㆑道前途猶万里○人間不㆑保㆓百年春㆒○（第十号、明治一八・一二・八）

これは、漢詩の形をとって、女性の生き方を述べ、読者の共感を求めたものである。育児の責任は重く、勤め学んで立派な人になることを期すべきであるが、なお前途は遠く、百年も努力は出来ないという意である。

「女学雑誌改良祝辞」　磐城　芦野明日香

明日香謂ハク此雑誌ノ改良ハ即チ日本女子ノ改良ナリ　日本女子ノ改良ハ即チ日本国風ノ改良ナリ　日本国風ノ改良ハ即チ日本ノ中等開化ヲ変ジテ上等文明ニ化スル所以ナリ　上等文明ニ化スルハ即チ日本ヲシテ欧米諸国ト対立シテ秋毫モ愧ヅル所ナカラシムル所以ナリ　此雑誌ノ改良其係ル所豈ソレ浅少ナランヤ

（第一二号、明治一九・一・一五）

これは、明治一八年二〇日発行の第一一号から、発行所が萬春堂から新たに設立された女学雑誌社になったことを祝したものである。『女学雑誌』が評判がよく、成功していたためである。内容は概念的で、特に新しさはない。

○人生如夢　磐城　芦野明日香

長らへて　在るも此世のうつゝかは　たゞちに夢と　いふべかりけり（第十四号、明治一九・二・五）

○郭公の啼くにつけても有るに甲斐なき身のうちなげかれて……人のもとへ　芦野明日香

郭公　世をうの花の　咲くころは　我もしのひの　音にそ鳴るゝ

郭公　おのか五月と　打ちとけて　なく声きけば　我身なからも（第一六八号、明治二二・六・二九）

○二木の松を訪ふ　磐城　明日香主人

昔時《むかし》は、実方中将勅勘を蒙りける時、歌枕見て参れよとて、陸奥《ミチノク》の守とせられしが、実《げ》に名所古蹟を数多《あまた》有《も》てるは白河《シラカワ》の関の奥なるべし。千賀《チガ》の塩竈《しほがま》、千松島《チマツシマ》、末《スヱ》の松山、金花山《キンカザン》を始めとして都の人も宮城野《ミヤギノ》や床しき国と名取川《ナトリガワ》、信夫《シノブ》文字摺《ずり》乱れけん遠き昔を忍《シノ》ぶ山、嬉しき御代に逢隈《アフクマ》も川の辺《ほとり》に、懐かしき人忘れずの山もあり、一々数へあげんには、なか〳〵に筆の命毛《いのちげ》も絶《たえ》ぬべし。二木《フタキ》の松も亦旧《ふる》しき世より其名高かれど、今は却《かへつ》て知る人稀なり、訪ふ人なきも理《ことわ》りなれや。余《よ》此頃《よ》好き機会《おり》のありて、此松を訪《と》ひき。能因法師《ノウインホウシ》の歌に、

「陸奥《みちのく》の二木《フタキ》の松を人とはゞ岩瀬の森の西と答へよ」

此に依りて先づ岩瀬の森を尋ねしに、須賀川の北なる小高き岡にして、藤公鎌足《トウコウカマタリ》を祭れる所なりけり。其より西三里許りにして、大里村あり、字逢里《あざアハヌサト》と云へる所に、正一位武隈《アフクマ》明神の社あり、此社頭に在るもの、即ち二木の松なり。余《よ》取あへず、

「尋ねきて今日逢《あふ》くまの松なりきいはせの森の西とき丶しは

昔し天智《テンヂ》の御宇、藤原鎌足公、常陸の鹿島へ下向せられしとき、二木の松の名を聞て、訪ひ来り、神地社領など寄附せられて、左《さ》の歌を遺されたり

「杳《はるか》なる程を思へば武隈《アフクマ》の松の緑も君が行すえ」

随分古きものなりけり。其後彼の能因法師、此松を訪ふて、「二木の松を人とはゞ」の一首を詠じ、再び奥州に下りしに、如何にしけん其松は枯れたりければ、

「武隈《アフクマ》の松は此度あともなし千年を経てや我は来ぬらん

と戯《たはむ》れて、手づから二本《ふたもと》の松を引植へて往《ゆき》にけり、之を能因手植の松とも云ひて、其廻り何《いづ》れも二十尺許りありしが、近年はそれさへ枯れて、其後を相続せしは今見る若木の松なりとぞ。村長《むらをさ》添田氏斯《か丶》る名蹟の世に埋もれ果てんは、中々に口惜《くちを》しかるべしとて、我《わが》旧藩君阿部正備公の筆蹟を石に刻みて、此松の下に立てぬ、公は当時白河城主なりしなり。公曽《かつ》て此松を訪ひ給ひし時、藤公の詠《ゑい》を唐紙《とうし》にものして、添田氏に賜ふ、石に刻せしもの是なり。公亦短冊を氏に賜ふ、今尚秘蔵しぬ、

「名に高き武隈山《アフクマヤマ》の松が枝はしるしばかりに残る二《ふ》たもと字々秀麗公に謁するが如し、坐《すゞ》ろに懐旧の情溢れて何とやらん袖をぬらす者ありき。余は添田氏に此日を暮して、神社縁起松の由来記など確かなるものを閲《けみ》したれば、委《くわ》しきことをも知りつれど、長ければ茲《こゝ》には省きつ。人若し世々の歌集を繙《ひもと》かば、此松を訪ひし都人士《とじんし》の数多ありしを見出し得べし　殊に新古今後拾遺源氏等に、

「武隈《あふくま》の松は二木を都人いかにととはゝみきと答へん

など読みたるを思ひ出で、

「武隈《あふくま》の松は二木を古《むか》しよりよきと語りし人ぞおほかる

「武隈《あふくま》の松を如何にと人とはゞ我もよきとぞいふべかりける

など口吟して立皈《たちかへ》りぬ。あはれ昔を忍ぶ、佳人君子よ、道を忘れぬ風流士達《みやびをたち》よ、瀛車《きしゃ》の便り往きかひに車を枉《まげ》て、訪《とふ》らひ玉はゞ、松も嘸《さぞ》な嬉しかるべし。古しへの野中の清水ぬるけれど素《もと》の心を知る人ぞ汲む、とこそ、聞け。（第二五一号、明治二四・二・七）

これは、歌枕の「二木の松」を訪れた文章で、全文平安時代語を基調とした和文体で書かれている。ただ、「勅勘」「名所古蹟」「社頭」「御宇」など漢語が多数用いられている点が近代の文語文である。自称詞に「余《よ》」が用いられている点が注意される。著者の古典に対する深い学殖が窺える文章である。

以上、『女学雑誌』に掲載された芦野の文章を読んできたが、彼女は日本の古典に深く通じ、漢学にも教養のある女性であった。書く文体も、和歌、和文、漢詩、片仮名交じりの漢文訓読文、漢籍の読み下し文、など、伝統的に教養ある男性が書き得るすべての文体を網羅している。ただ、先に紹介した『読売新聞』の女性の（男性もであるが）投書のような、話し言葉に基づく口語文体は使用していない。

内容について見ると、『読売新聞』の女性の投書のような、現実を基にした論はなく、『女学雑誌』の発行

に賛同し、女性の重要性を掲げても、内容的には旧来の女子教訓書の域を出ないように思われる。各文体による文章を書いている点、また思想的にも、江戸時代の井上通女と共通する教養ある女性と言えよう。

以下、『女学雑誌』の初期（創刊から明治二十年代前半まで）に寄稿している人のうち、何人かについて、その文章を考察したい。『女学雑誌』と密接な関係のある清水紫琴と若松賤子については、特に詳しく論じる。

第二章　『女学雑誌』の論説文（二）――跡見花蹊・荻野吟子

㈠　跡見花蹊

私塾を営む家に生まれ、東京に跡見女学校を開く

跡見学園の創設者として知られる跡見花蹊（本名跡見滝野）は、天保一一年（一八四〇年）摂津国西成郡（大阪市西成区）に、私塾を営む郷士跡見家の二女として生まれた。当時跡見家は衰運時代で、花蹊はその再興を期して幼少から学芸を志し、円山派の絵画・書や詩文を学んだ。万延元年（一八六〇年）父の私塾を引き継ぎ、上流子女に絵画・書・詩文を教え、女流教育家としての地歩を築いた。明治三年東京に移住、明治八年神田に校舎を設けて跡見女学校を開き、同二一年小石川に移転し、伝統的な女子の教養学課を教え、優美高尚な女子を育成することを目的とした。

花蹊は『女学雑誌』に三回寄稿しているが、そのうち一回は和歌である。他の二回のうち一つは跡見女学校移転一周年の挨拶、もう一つは皇后陛下の誕生日を祝う文章である。以下順次示す。

跡見女学校移転の挨拶文

○跡見女学校開校第一週年祝日謹んで来賓諸君に告く　跡見女学校々長　跡見花蹊

回顧すれは昨二十一年一月八日皇族大臣及ひ貴女紳士の来臨を辱ふし以て我校の移転開校式を執行せし時

に当り余は本校従来の校則を一変し教育の方法を改良し彼の智徳と躰育とをして鼎峙せしめ以て本校創立委員諸君の厚意に酬ひんことを誓へり　爾来僅かに一裘葛を経月日尚浅しと雖も校則全く整頓し学芸の進歩日に其面目を改め生員も亦殆んと其数を倍せり　蓋し其此の如き所以の者は一偏に生徒諸子の黽勉匪懈と教員諸君の拮据励精とに依らすんはあらす　今や我校移転開校の第一週年祝日に遭へり　茲に再たひ皇族大臣及ひ貴女紳士の来臨を辱ふし以て祝日の典を挙くるに当り先つ一週年の成績能く創立委員諸君の厚意を空ふせさりしを喜び併せて来賓諸君に向ひ本校教育方針の在る所を告けんとす。

抑も女子教育の議論一たび輿論を動せしより以来之を口にし之を筆にする者朝夕相踵く而して其要旨の在る所多くは女子の学術技芸をして男子に譲らさらしめんとするに過きさるか如し　然れとも男女其特性を殊にし其業務の同しからさるや炳然火を観るか如く然り仮令女子をして学術の精に通じ技芸の妙に達せしむるも其心術の観るへきなく其貞操の称すへきなからん乎　己に嫁するも良妻たる能はす　巳に子あるも賢母たる能はず　苟も賢良の妻母たる能はさる者豈女子と謂ふを得んや　豈に婦人と謂ふを得んや　試に彼の女子の冊を挟み理を講する者を観よ　智蔡曹の如く才清紫の如きあるも顧みて其私行を察すれば間々人をして顰蹙せしむる者なきに非す　夫れ貞操の物たる西哲諸を瓶に譬ふ　一たひ破れは万事已む　嗚呼亦至重ならすや　本校教育の方針たる主として賢良の妻母を養成するに在り　而して賢良の妻母を養成するの方法は務めて普通の学芸技術に奨励し大に婉貞の女徳を薫陶し夫の女子一生の業務をして優遊自得せしむるに在る也。

嗚呼本校従遊の諸子は悉く上流の淑女なり　上流の淑女たるものは心術徳操能く人の模範たるに在り　学芸技術能く其品位を高め其業務を全ふするに在り　徒に章句の末に走り外観の黴を逐ふは上流淑女の務む可き所ろに非さるなり　詩に后妃を頌するは窈窕の賢母たるを謂ふなり　易の牝馬を説くは婉貞良妻たるを云ふなり　嗚呼本校従遊の諸子は詩の后妃たらさる可らす　易の牝馬たらさる可らす　苟くも然らは独り創立委員諸君の厚意に酬ふるのみならす亦我国恬凞の文運に背馳せさる可く今本校一週年祝日に臨み謹

んて来賓諸君に向ひ本校教育の方針を告け併せて本校遊従の諸子に望むこと此如。

明治二十二年一月八日（第一四五号、「寄書」の欄、明治二二・一・一九）

校舎の神田猿楽町から小石川柳町への移転一周年にあたり、来賓の前で述べた挨拶の草稿であると考えられる。全文漢文訓読調の文語文であり、文の区切りはなく（右の引用では便宜文末を一字分あけた）、読点が段落の終わりに三回用いられている。全文ルビは無い。自称詞は、「余」が一箇所用いられている。「鼎峙《ていじ》（三者が相対して立つこと）」「一裘葛《きゅうかつ》を経る（一年の月日が過ぎる、裘葛は冬の衣と夏の衣）」、「黽勉《びんべん》（励みつとめること）」「匪懈《ひかい》（怠ることのないこと）」「拮据《きっきょ》（一生懸命働くこと）」「恬凞《てんき》（太平無事なこと）」などの極めて難解な漢語が用いられている。

また「蔡曹《さいそう》（後漢の詩人蔡琰及び孝女曹娥）」のような中国の模範的女性を例示している。花蹊の漢学の素養が並大抵のものでないことが窺える。「爾来《じらい》」「蓋《けだ》し」「茲《ここ》に」「抑《そもそ》も」「而して」「然れども」「然り」「苟《いやしく》も」「豈《あに》」「夫《そ》れ」「能はず」「なきに非ず」「依らずんばあらず」など漢文訓読体の文章特有の語や表現も頻出する。「養成するの方法」のような「の」は、この時期の漢文訓読体の文章に頻出するが、これは室町期以降の訓読法によったものである。

内容は、校舎移転後一年、無事学校が発展していることを報告し、筆者の女子教育論を述べたものである。どんなに学術や技芸が優れていても、結婚して良妻となれず、子を持って賢母になれない女性は、「女子」「婦人」と呼ぶことは出来ないと言う。跡見女学校における教育の目的は、「賢良の妻母を養成する」ことであり、その方法は「普通の学芸技術に奨励し」かつ「婉貞《えんてい》（しとやかで正しい）の女徳」を養わせることであるとする。

これは、移転一周年記念の会の挨拶であるが、『跡見花蹊日記』の明治二二年一月八日の項には、「本校移転開校一周年祝式執行ス。……校長代理祝文朗読」とあり、この祝いの挨拶文は花蹊の代理の人によって朗読されたものである。

跡見女学校移転開校式の祝文

なお、この一年前の移転開校式の際の花蹊の祝文が、藤井瑞枝編『跡見花蹊先生実伝　花の下みち』（大正四年）に載せられている。その一部を引用する（平成二年復刻版による）。

跡見女学校改築之《の》主旨

我邦維新以来教育之制漸《ようや》ク美観を呈し《ママ》、公私ノ校舎棟宇《とうう》相望ミ、書ヲ挟ミ筐《きょう》ヲ鼓《こ》スル者途《みち》ニ相踵《つ》グ。然《シカ》レドモ男女其《その》制を同《おなじ》ウセズ、女子教育ノ法之《これ》を男子ニ較《くら》ブルニ大ニ逕庭《けいてい》アリ。而《しか》シテ方今女子教育ノ必要漸ク人心ヲ動《うごか》シ、輿論《よろん》ノ方針挙ゲテ此《この》点ニ帰シ、女学校ノ設立日ニ其数ヲ増シ、女子ノ学ニ就クモノ亦《また》日一日ヨリ夥《おびただ》シク女学ノ進歩殆《ほと》ンド其旺盛《そのおうせい》ヲ極メントス、嗚呼《ああ》亦文明ノ昌運《しょううん》ニ非《あら》ズヤ。而シテ実ニ跡見女学校ヲ以テ之ガ嚆矢《こうし》トナス。……昨明治二十年四月地ヲ小石川区柳町ニ相シ、八月初テ工ヲ起シ、十二月下旬ヲ以テ全ク其功ヲ竣《おわ》リ、即チ本日ヲ以テ皇族、大臣、及ビ貴女、紳士ノ来臨ヲ辱《かたじけの》ウシ以テ開校ノ盛典ヲ挙行スルノ栄ヲ覩《み》ルコトヲ得タリ。……嗚呼余ノ不肖ヲ以テ斯《こ》ノ一大美挙ヲ成シ、以テ国家文明ノ盛ヲ鳴スヲ得ルハ余ノ欣喜措カザル所ナリ。……　跡見女学校長　跡見花蹊

漢字片仮名交じり文で、やはり漢文訓読調の文章である。自称詞に「余」を用いている。なお、この文章の後に在校生代表の祝文があるが、「我等我《わが》跡見女学校ニ在リテ其薫陶ヲ蒙ルモノ茲ニ年アリ。今マタ地ヲ小石川区柳町ニ卜《ぼく》シ、校舎ヲ壮ニシ庭園ヲ曠《ひろ》クシ新ニ教育ノ方法ヲ改良シ、我等ヲシテ滋々《ますます》淑徳ヲ錬磨セシメ滋々《ますます》才識ヲ研琢セシメ、以テ今日ノ女子タルニ背カザラシメントス。」のように、花蹊の文章とほぼ同様の漢文訓読文体である。自称詞には「我等」を用いている。

明治天皇皇后誕生日の祝文

花蹊の『女学雑誌』所載のもう一篇は、明治天皇皇后の誕生日の祝文である。

祝文　　　　　　　　跡見花蹊

夫《そ》れ王化の閨門《けいもん》に始まるは、古人の夙《つと》に称道する所にして、古より今に至るまで、国家の治績、皆此理に基《もとづ》けるは、炳然《へいぜん》火を睹《み》るより瞭《あき》らかなり、試《こゝろみ》に夫《か》の三百篇の風雅を観るに、開巻の第一義、先づ后妃《こうひ》の美徳、能《よ》く周家《シウか》八百歳の絶大偉業を闢《ひら》くを説けり、

（中略）

而《しこう》して今や、我叡聖慈仁《わがえいせいじじん》なる、皇后宮陛下、千秋の令節に遇へり、是妾《しよう》等巾幗《きんかく》の徒、最も慶し最も賀し、欣喜措く能はざる所の者なり」。

（中略）

陛下曽《かつ》て妾《せう》を宮中に召し、謁《えつ》を賜《たも》ふ、妾謹んで国風《こくふう》一章を献じ、以て其榮《そのえい》を記す、蓋《けだ》し異数なり、尋《つい》で内《ない》旨《し》あり、紫袴《しこ》を以て我校生徒の正服となさしむ、妾自来駑《ど》に鞭《むちう》ち精を励まし夙夜《しくや》陛下の聖意に戻《もと》らんことを懼《おそ》れ、戦競自《せんきようみづ》から恃《たの》み、未だ曽て懈怠《かいたい》せず、常に自《みづか》ら謂《おも》へらく、婦女子国家の治乱に関するや大《おほひ》なり、麟趾騶虞《りんしすうぐ》の果を得んと欲せば、先づ関雎葛覃《くわんしよかつたん》の因《ちなみ》なかるべからず、陛下既に周家《シウか》后妃の美徳あり、故に能《よ》く此の太平をなせり、妾等の子女を教育する、務《つと》めて其意を奉じ、窈窕《ようちよう》の淑徳と、閑雅《かんが》の容儀《ようぎ》とを主とせざるべからず、二者実に婦女子の至大緊要たり、近来百般の技芸、之を欧米に採ると雖《いへ》ども、此二者に至りては、或ひは彼に優るありて、劣るなき者なり、妾等教育の主眼たる、実に此二者を養成し、以て其他に及ぼすに在るなり

（以下略）（第一六三号、明治二二・五・二五）

これは、明治天皇の皇后（後の昭憲皇太后）の誕生日を祝った文である。全文ルビ付で、読点が付され、四箇所に句点が付されている。皇后陛下の誕生日のお祝い文だけあって、「蓋し」「なさしむ」「曽て…せず」「なかるべからず」「せざるべからず」など、全文漢文訓読調の極めて堅い文章である。先ず『詩経』の開巻の詩を引いて、后妃の美徳が周の国家の繁栄の基になったと説き、日本においても、歴代の皇后は国民に恩沢を与えて下さっているとする。

次いで、皇后陛下に拝謁し、『詩経』の巻頭「国風」の詩を献上したことを記す。その際、紫袴を跡見女学校の正服（制服）とするように内旨があり、それ以来自らを励まし教育に努めてきたとする。「麟趾《りんし》」「騶虞《すうぐ》」「関雎《くわんしょ》」「葛覃《かつたん》」はいずれも『詩経』「国風」の詩の題名であり、「麟趾騶虞《りんしすうぐ》の果を得んと欲せば、先づ関雎葛覃《くわんしよかつたん》の因《ちなみ》なかるべからず」は、諸説あるが大体〈公平無私の者たちが栄え、王の化が遍く及ぶ結果を得ようと思えば、后妃の徳と婦道を修めることがその要因となる〉といった意味と考えられる。花蹊の漢学に対する学識が窺える箇所である。ここでは自称詞に「妾《せう》」を用いている。「妾《せう》」は、漢文では女性の卑下していう自称詞として用いられるので、ここもその用法である。

学生に向けた文章

花蹊の文章を集めた書に『をりをり草』（大正四年、実業之日本社）がある。これは、花蹊が跡見校友会発行の校内誌などに発表した短文や談話を集めて一書にしたもの（大空社伝記叢書復刻版『跡見花蹊女史伝』の千住克己解説）とされる。収められている文章は、漢文を除けば、明治三九年から大正四年までのものである。右に引いた『女学雑誌』掲載の二篇より十七年以上経っている。その殆どはですます体の平易な口語文で書かれている。一例を挙げる。巻頭の「将来の日本婦人は如何にすべきか」と題する文章の冒頭部分である。

婦人は斉家を主とす

婦人としては、幼にして父母に仕へ、嫁して夫に仕へ、子供を育て、家庭の諸事に任ぜねばなりませぬが、これに就て、最も思はねばならぬことは、家を斉へるといふことであります。家を斉へることを主眼とし、これを修養して行《い》つたならば、婦人種々の務めは、自《おのづか》ら出来るやうにならうと思ひます。で、私共《わたくしども》は、多くの女弟子に対《むか》つて、さう申して居《を》るのでありますが、家庭教育としても、今後とて此《かく》の如きことを、主《おも》に躾けたいと存じます。（大正三年一月）

花蹊のですます体の文章は、論説文というよりは談話体の文章で、生徒に語りかける意識で書かれている。自称詞として「私共《わたくしども》」が用いられている。

『をりをり草』の中で、このようなですます体の文章でないものは、漢文（明治二一年に七月に北白川能久親王に随行して日光に遊んだ時の「晃山紀游」と題する紀行文）を除けば次の「結婚に対する年若き女子の誤解」（明治四三年八月）のみである（うち「我子を人形の如く弄ぶ母親」の項のみですます体）。ですます体の文章に比較して、理論的に自分の考えを述べている。冒頭の「こんな結婚は危険なり」の項を挙げる。

現今女学生の傾向を見るに、学校卒業後直《たゞち》に新家庭の主婦たることを理想として居《を》るやうであるが、今《こん》日《にち》女学生上《あが》りの娘が直《たゞち》に新家庭を造らんとすも《ママ》が如きは飛んでもなき間違を生ずる原《もと》となるべし、今の女学生は家庭の主婦となるを以て、宛然《ゑんぜん》芝居の飯事《まゝごと》でもするやうに心得居り、一家の主婦となりて良《りやう》家庭を造るといふよりも先づ良人《をつと》と手を携へて芝居を見物するとか、公園を散歩するとか、又は交際場裡に出入《ではいり》して飛廻るとか、其虚栄心を燃《もや》して一種架空の理想に耽《ふけ》り嫁入するのは恰《あだか》も天国の楽園に足を踏入れるやうに思ひ居《を》るものだから、嫁入後、周囲の事情に依り、前の予想と反対に楽をする処が却つて種々の気苦労を生ずると共に俄に苦情を起し忽ち一家の平和を破りて紛紜《ふんうん》を生ずるの実例珍しからず、之《こ》れ偏《ひとへ》に、其初めに当り、新家庭の主婦たる用意を欠くが為めなり。

平易な文語文である。『女学雑誌』に載せた文章のような漢文訓読体の要素はほとんど見られない。内容は、後で紹介する清水紫琴の女学生の結婚観への警告と共通する。

口語体の論説文

この「結婚に対する年若き女子の誤解」の最後の「美徳」の項は、花蹊には他に見られない普通文体の口語の論説文である。

人の美は外面にあらずして心にありとは云ふまでもないことだが、世に体面を保つと云ふことがある、けれども新時代の体面といふ意義が単に外面を保つと云ふことに解釈され、美服を纏ひて壮麗なる家屋に住む事を、体面を得し事と信じて、人格の高尚及び美徳の有無等《とう》を少しも問はないのは如何にも物質的の世である。女子に純潔なる美徳が有れば、自然に品格が備はるもので品格と云ふ事も只に美衣を着け粉黛《ふんたい》を施した許《ばか》りでは現はるゝものでない、美を花としたなら品格は実《み》である、心に誠の花咲きて、外品格《そと》と云ふ実《み》が現はれるので物質的虚栄に誇つて美徳なき人は、外観が如何に美《び》なればとて其美は八重桜の如く、決して品格と云ふ実は結ばぬ。（以下略）

ですます体でない普通文体で、平易に書かれた論説文であり、漢文訓読文的要素はない。『女学雑誌』所収の論説文と比較すると、時代の変化に伴う文体の変化が見てとれる。

(二) 荻野吟子

近代日本最初の女医

近代日本最初の女医として名高い荻野吟子は、嘉永四年（一八五一）現在の熊谷市に名主の荻野家に生まれた。一八歳で同じ熊谷市の名主稲村家に嫁いだが、性病をうつされ離婚、順天堂病院に入院した。この時の経験から女医を志したとされる。明治六年上京後国学者の井上頼圀の塾に学び、明治八年東京女子師範学校の一期生として入学、同一二年卒業。その後下谷の私立医学校・好寿院に特別に入学を許され、優秀な成績で修了する。明治一八年医術開業試験に合格、湯島に診療所「産婦人科荻野医院」を開業。三四歳で近代日本初の公許女医となる。その後、熱心なキリスト者だった志方之善と結婚、北海道に渡り、瀬棚町で開業する。明治三八年の夫の死後、四一年帰京、本所に開業した。大正二年（一九一三）死去。

吟子は、『女学雑誌』に口述筆記一篇、論文四篇を寄せている。

口述筆記「一日間の衛生」

口述筆記は、七九号（明治二〇・一〇・八）「一日間の衛生」と題するもので、「左は明治女学校毎土曜日の講談会に於て校医荻野吟子が衛生演説の第二回として述べられたるものを筆記したるなり　元《も》と其の大意を書止めたるを一応同子の閲覧を乞ひたる迄《ま》でなれば例の速記にて写し取りたると混同さるゝことなからんを望む。」とあり、その掲載事情が分かる。以下、冒頭から一部引用する。

私《わたくし》は前の土曜日に衛生は国家富強の基礎であると云ふことをお話し致しました、今日《こんにち》から家屋の事や空気の事を話し升《ましよ》うかと存じましたが一《ひ》と先《ま》づあなた方が毎日々々成されまする尋常の事に付きて少《いさ》さか注意すべき箇条を一《ち》寸《よ》つと申上げませう　其《その》後《ゝ》ち追々《おひ〳〵》と生理衛生等の大切なることにも移るであり升《ませ》う。先づあなた方朝お起きなさいましたらば固《もと》より言ふ迄もなく布団をおたゝみなさるでせうが此の取片付《とりかたづけ》はお起《おき》なすつてから少し立つて後の方が宜《よろ》しう御座います、御承知の如く夜中《やちう》寝て居りまするうちに躰《からだ》から悪るい蒸発気《じようはつき》を出しますから随《した》がつて其気《そのき》は布団に着いて居て布団は余程湿《し》めつて居ります　夫《そ》れゆへ毎日之を外へ出して乾しますると一番宜しひですがそうも成りますまいから何卒《どうぞ》起てから少しの間だ置て湿《しめ》り気《け》が散じましたら後《の》ちにおたゝみなさるように致したいものと考へます。

ですます体で、自称詞に「私《わたくし》」、対称詞に「あなた方」を用い、「致す」「存じ」「申し上げ」「お起きなさいましたら」「おたゝみなさる」「御座います」など、尊敬語・謙譲語・丁寧語を多く用いている。話しことばに基づいた談話語の文体である。

『女学雑誌』には、口述筆記にもとづく記事がかなり見受けられる。女性の講演を筆記した例を示す。六七号（明治二〇・七・一六）に載せられたものである。

第二回女学演説第三席筆記

日本の姉妹に勧む

海老名　宮子　演述《のぶ》

佃　　竜雄　筆記

往昔《むかし》支那に於《お》きまして婦人を藤の花に喩へたことがあります、藤の花は誠に奇麗にて葉も蒼《あほ》々と美しきなれども此《この》奇麗なる藤の花は如何なる大木なりとも是にからみつく時は輒《たちま》ち其木を枯《から》し尽す恐ろしき害をなします。又西洋にても女子を大木にからまる蔦葛《つたかつら》に喩《たと》へてあります、御承知でもありませうが柏の木は大風《おほかぜ》の時抔《など》には折《おれ》易き者なれ共若し蔦《つた》の蔓《つる》がからまり居れば如何なる大風《たいふう》も凌ぎ得《う》ると申すことで御座います。

（中略）

私《わたくし》は殊更に徳を脩《おさ》めなければならぬとアナタ方にオ勧め申すことは、婦人は婦人一己《こ》で立つことは難く男子も亦一己で立つ事は出きません、婦人は家に在《あつ》て小供を教育するにトント世の中の事には関係なきに似たれども知らず識らず社会の事業に力を尽して居《お》るに相違ない、自《みづか》ら其事に与《あづか》らずとも自分の夫或《あるひ》は兄弟たる者が世の為めに尽すことがあれば間接に於ては其妻や姉妹たる者が与《あづかつ》て大《おゝひ》に力あることで御座りませう。併《しか》し又誤りて悪《あし》き方に向へは如何なる淑女も国を傾け城を亡ぼすの毒婦となります。然《しか》して我々同胞姉妹を上帝《じやうてい》が造り給ひしも必ず男子と共に世を文明に進ましむる目的なるに相違ない故に私《わたくし》の今述《の》ぶる所は何卒《なにとぞ》アナタ方と力を戮《あわ》せ心を一《いつ》にし外《ほか》は国の開化文明を計り内は男子を輔《たす》けて大《おゝひ》なる働《はたらき》をなし貞女烈婦と呼ばれ及ばずながら日本《にほん》の為に尽したき心得であります（完）

ですます体で、自称詞に「私《わたくし》」、対称詞に「あなた方」を用い、「申す」「オ勧め申す」「御承知」「御座い（り）ます」など、やはり尊敬語・謙譲語・丁寧語を用いている。同様に話しことばに基づいた談話語の文体である。参考に、男性の演説筆記の例を示しておく。第五十二号（明治二〇・二・一九）掲載のものである。この場合は筆記者が明示されていない。

嶋田三郎君演説（開化に際する婦人の心得）

二月八日東京婦人矯風会に於ての演説筆記

今日《こんにち》此席に於て私《わたくし》に何か考《かんがへ》を演《の》ぶるやうにと御照会がありましたが如何なる事を申しましたら此会の旨意《しゆい》に適《かな》ふにや自《みづか》らも迷ふて決定致し難う御座りました。然《しか》し自分が一時間なり四十分なりお噺《はなし》致すの間に於て、アナタ方に幾分の益があるや否や洵《まこと》に覚束ないと思ひます。併《しかし》ながら幸に天の祐《たす》けに由《よつ》て私《わたくし》の考がアナタ方に幾分の益があらば之を天恩と感ずるより外はありません。且つ私《わたくし》は久しく咽喉《のど》の病に罹《かゝつ》て居りますから声を出す事は医者に禁じられて居りますし旁々《かたく》余り永くなく致しますが、既に先日も大抵宜《よろし》からうと存じまして東京近き某所《あるところ》へ往《ゆき》て演説を致しましたら再び咽喉の病を惹起《ひきおこ》したのでありました。今私《わたくし》の考を

述べましてもお解りにくき所が多分にありませうが斯《かく》の如き訳でありますから切に宥恕《ゆうじょ》あらんことを望むのであります。（以下略）

自称詞に「私《わたくし》」、対称詞に「あなた方」を用いるのは、女性の講演筆記と同様である。「申す」「御座りました」「致す」「存じ」「お解りにくき」「宥恕あらん」など尊敬語・謙譲語・丁寧語を用いているのも同様であり、やはり話しことばに基づいた談話語の文体である。ただ、語彙の点から見ると、「併しながら」「旁々」「斯の如き」「宥恕あらん」など漢文訓読語に由来する男性特有語が用いられているのも注意される。

演説を筆記した文章は、男女に限らず男女ともですます体の口語文体の論説文になる。これは、中世の口語体抄物の文体を想起させる。

しかし、書き下した場合、吟子の文章は文語文である。

文語体の論説「一月衛生の注意」

次は、「一月衛生の注意」と題する論説（九二号、明治二一・一・一四）である。

○一月衛生の注意　　荻野ぎん子

人此世に生れ出でゝは健康無病にして長寿を保つより幸ひなるはなし　然《しか》るに無病健康にして長生せんとには先づ衛生の道を守るより先《さき》なるはなきことなるが衛生の事は百般《ひやくぱん》あれども其中《そのうち》飲食をつゝしむより尤《もつと》も先きに大切なるはあらず。

就ては此頃正月の儀式なりとして用ゆる品々の中に不養生のもの甚《はな》はだ多きこととなるが彼《か》の餅、数の子、きんぴら、牛蒡の如き何れも不消化物《こなれあしきもの》なるが上に塩からきもの多ければ之を食したるのちに多く湯茶を飲

むもあり　かた〴〵以て不養生極まりたることとなるが其上にも七草粥雑煮の如き非常に熱きものを食し又は胡椒唐辛子などを用ゆる等総べて胃病の源《みなもと》となるものなり　聞く所ろによれば西洋には胃病の人我国程に多からずと云へり　余《よ》は彼此《ひし》の差を割出して明白に申すことは出来ざれども必竟《ひつきよう》我国に此の病人の多きことは明らかにして而《しか》して此病《やまひ》の多き由縁《ゆうえん》は則はち前に云へる如き不養生の品を食するが故にありと云ふべし。

（以下略）

西洋に比べて日本に胃病が多い原因は、科学的に数字では証明できないが、消化の悪い食物、塩辛い食物、非常に熱い食物を食べ、胡椒や唐辛子を摂るためだとしている。自称詞に「余《よ》」を用いている。固い論文ではなく実用的な「注意」の文章であり、難解な漢語や用語はなく、漢文訓読語も「然るに」「而して」のみであり、比較的平易な文語文である。文の終わりにではなく、段落の終わりに句点を用いている。読点は用いていない。

本格的な論説「本邦女医の由来及其前途」

吟子は、『女学雑誌』第三五八号（明治二六・一一・二五）、同三五九号（明治二六・一二・九）、第三六〇号（明治二六・一二・二三）の三号にわたって、「本邦女医の由来及其前途」という本格的な論説を載せている。

本邦女医の由来及其前途　（上）

荻野吟子

温故知新は学ぶもの丶本領なり。今や予《よ》は本邦女医の既往に遡《さかのぼ》り、推して前途に望む処あらんと欲す。思ふに万般の学漸く日進隆運の時に際し、特《こと》に女子と実業なる問題世人の視聴を惹《ひ》くの今日に於て敢て無用のことならじと信ず。

（以下略）　（三五八号）

本邦女医の由来及其前途　（中）

第一、女子が医学に於ける適否

予《よ》は之を内務省試験委員に聞く、曰く医術開業試験に於ける女子が成績は比較上男子に勝るものありと。予は今試《こゝろみ》に内務の開業試験の何物たるを記して、識者の一考に供せんと欲す。即今《そくこん》前期の試験と仮定せよ、彼《か》の複雑緻密、而《し》かも悉く暗記を要する解剖、組織、化学、物理、生理学の五科に対する、僅《わづか》に十個の問題は以て、無数学生の成敗《せいはい》を決す。（中略）然《しか》るに尚此困難なる試験に於て、女子の成績は前に云へるが如し。

今や眼《まなこ》を転じて、泰西《たいせい》諸国を見るに、苟《いやしく》も文明を以て任ずるの各国、一として女医を公許せざるものあるを見ず。殊に露《ロ》の如きは其尤も盛んなるものにして、殆んど男医を凌《しの》ぐの勢ありといふ。（中略）或論者又曰く、婦人は妊娠といへる男子と異なる特点あるを以て、患者を委託《いにん》するに不安なりと。是言《このこと》一理なきに非ず。然《しか》れども男子といへば、悉く無病なるを得《う》るか、女医よし妊娠したりとて、十ケ月の間一日も業を執《と》る能はざるに非ず。蓋《けだ》し多病、柔弱、不品行なる男医の少なからざるは、世人の普《あまね》く知る所なり。誰《たれ》か医学は女子に適せずといふものぞ。乞ふ少しく再思《さいし》する所あれ、予は更に進んで女医の必要に付き聊《いさゝ》か意見を述べざるを得ず。

第二、女医の必要

凡そ人心は時世《じせい》と、境遇《けふぐう》の為めに変転することもやあらん。然《しか》りと雖も之れ或る場合に於ける現象則ち周囲の風物、邦家《ほうか》の制度などは勿論幾多の沿革《えんかく》を経たりと雖《いへど》も、女子が秘密なる局所の疾病《しっぺい》に、男医の診《しん》を乞ふを憚《はゞか》るの人情に至ては、古今東西其軌《そのき》を一にして決して変更あるを見ず。（中略）予は実際女医が世に存在するを見る、否《いな》女医が日と共に隆盛の域に進むを見る、故に予は女医の必要を知るものなり。特《こと》に婦人科、小児科、産科の如きは女子ならずして得て、完全の診察、手術を施し得ざるを信ずるなり。

（三五九号）

本邦女医の由来及其前途（完結）

第三、女医と国家との関係。

今を距《さ》る九年以前、予が内務の免許を得《う》るや、天下は挙《あげ》て礮戟《こうげき》の陣を構へ、四面唯楚歌《そか》の声を聞くの時、単独奮《ふるつ》て一世を叱咤《しつた》し書を日々新聞に投じて、轟《ごう》々たる論鋒《ろんぽう》に当り、予の為めに未見の知己《ちき》たるをゆるせしもの、之を故馬場辰猪《バヾタツヰ》氏とす。眼光を一世の外に馳せ、趨勢を当代の彼方《かなた》に察す。氏も亦稀世《きせい》の卓見家《たくけんか》なる哉《かな》。惜むらくは天歳《とし》を仮《か》さず、後幾干《いくばく》ならず溘焉《かうえん》として去れり。氏は曰く、医は女子に適せり、啻《たゞ》に適すといふのみならず、寧《むし》ろ女子特有の天職なり。（中略）日本男児の腕試しは、万国至る処其戦場なり。世界の審判は十九世紀の末日に於て大和魂《やまとだましひ》の何物たると及び其消長如何《いかん》を断定することあらんとす、請ふ内地に於ける万般《ばんぱん》の職業は、能《あた》ふ限りは女子をして之をとらしめ、不生産的に一生を消長すべき婦女子をして国家なる感念を大ならしめよ。医の如きは尤も其中《そのうち》の急なるものなり。男子《だんし》は宜しく去つて、雄壮《ゆうそう》偉大なる皇国人《くわうこくじん》の希望を満すに足る大目的に着手せよ。是れ男子の当《まさ》にとるべきの道ならずや。斯《かく》の如く一大改革せずんば、齷齪《あくさく》たる政治上、経済上の補綴《ほせつ》、調理将《は》た何の益かあらん。


第四、女医を最要する地位。

若し夫れ斯学《このがく》に妙を得、之に加へて他に精神あり、技量あるの女医にして、宮内省の侍医たるを得、其職分を尽すの傍ら、九重《こゝのへ》雲深き処吾聖明慈仁《わがせいめいじじん》なる皇后陛下の光威をさえぎるもの（若しありとせば）を排除し、大御聖恵《おほみめぐみ》のある処、一層深く同胞《どうぼう》の眼底に刻むを得、二千万の下情《かじやう》更《さ》らに明かに陛下の知らしめし処とならば、国家の隆運之《これ》より起らん。第二に、予が必要を絶叫する処は警視庁なり。彼の強姦犯《ごうかんはん》、強迫罪《きようはくざい》の如き、要するに同性者ならでは、得て被害の女子を診断なし能《あた》はざるものたるべし。一人抽《にんぬきん》でられて此貴重なる地位に立つを得ば、其功果必ずや少々ならざるべし。第三に望む所は、地方各府県に於ける病院にして、各《おの〳〵》一人《にん》の女医を置き、婦人科、小児科、産科等を担当せしめんこと之れなり。（以下略）

（三六〇号）

これは、吟子の本格的論説文である。二号にわたって四点から論じている。「女子が医学に於ける適否」の項では、医術開業試験で女子の成績が男子より優れていること、西洋諸国ではすべて女医を認めていること、妊娠など生理的問題も男子の諸問題と比較すれば問題にならないことを論じ、女性の医学への適性を論じている。「女医の必要」の項では、婦人科産科などは女医でなければ完全な診察・手術は出来ないとする。「女医と国家との関係」の項では、医は女子の天職であり、男子は「雄壮偉大な皇国人」として世界で活躍すべきとする。「女医を最要する地位」の項では、宮内省に侍医として女医を採用すべきことを説き、各地方の病院に女医を配置し、婦人科・小児科等を担当させるべきとする。

「女医」をさまざまな方面から考察した説得力のある論文であり、吟子の社会的な視野の広さを示している。

漢文訓読語を多用した論説文体

自称詞に「予」を用い、漢文訓読語を多用した男性と同様の論説文体である。引用部分にみられる漢文訓読語的表現を挙げてみる。

副詞・副詞的表現……悉く　苟も　蓋し　当に　斯の如く　敢て（…じ）

接続的表現……而かも　然りと雖も

動詞……（んと）欲す

助詞「の」……惹くの今日　任ずるの各国　凌ぐの勢　憚るの人情　聞くの時　とるべきの道　技量あるの女医　尽すの傍ら

二重否定……せざるものあるを見ず　一理なきに非ず　能はざるに非ず　述べざるを得ず　女子ならずして～得ざるを

第三章　『女学雑誌』の論説文（三）――中島俊子・佐々木豊寿

㈠　中島俊子（湘煙）

民権運動に近づき、男尊女卑を批判

中島俊子は旧姓岸田、文久三年（一八六三）京都に生まれる。湘煙と号す。一五才の時山岡鉄舟などの推挙により宮中に出仕し、皇后に漢学を進講した。その後、民権運動に近づき、演説を行う。『女学雑誌』創刊の前年の明治一七年、『自由の灯』に発表した「同朋姉妹に告ぐ」で男尊女卑を批判した。政治家中島信行と結婚し、共に受洗。女権論を展開し、『女学雑誌』に六七編の文章を発表している。明治三四年死去。

同時期に書かれた一続きの二論文を次に示す。いずれも『女学雑誌』「論説」欄に掲載されたものである。

「世の良人たるものに望む」　漢字片仮名交じり文と漢字平仮名交じり文

世の良人《をつと》たるものに望む　　中島俊子

物各其地位アリ　地位アリテ而其任アリ　任アリテ自ラ其責アリ而人間ノ役目或ハ職分ナル者ハ皆其地位ヨリ来《きた》ルモノナリ　抑モ我邦一家《わがくにいつか》ノ上ニ於テ妻君ノ役目タルモノハ殆ンド内処向《ないしよむき》ノ役目ノミニシテ少《すこし》モ外表《ぐわいへう》ニ向テノ役目ナキハ甚ダ妻君ノ地位ヲ卑《ひ》クメルノミナラズ大ニ為メニ人間世界ノ愉快ヲ減殺《げんさつ》スルモノト謂フ可キナリ

是ヲ以テ今ヤ妻君ヲシテ啻《たゞ》内処向キノ役目ノミニ止《とゞま》ルコトナク相当外表ニ向テノ役目ヲ負担セシム可シ（此ニ述《のぶ》ル処ノ外表《ぐわいへう》ノ語ハ一家外ノ意ニアラズシテ矢張一家中ノ外表ナリ）　責任ヲ負担セシムルニハ其良人《をっと》タルモノ、心持を一変セザレバ能はザルナリ　兎《と》モ角《かく》今日ニ於テハ猶其良人タルモノハ幾分カ妻君ヨリ智識を蔵畜《ぞうちく》スルモノト謂ハザルヲ得ザルナリ　妻ノ夫ニ於ル猶赤児《あかご》ノ母親《はゝ》ニ於ル如キモノト謂フモ敢テ過言《くわごん》ニ非ルナリ　依《よっ》テ婦人ノ改良ト謂モ之ヲ婦人自ラ為ス能ハズシテ男子之カ助ケヲ為サヾレバ　到底《とうてい》人々望ム処ノ文明ノ域ニ達スルヲ得ズ

世上一般ニ就《つい》テ之レヲ謂ヘバ或部分ハ然ラザルモ或部分ハ婦人ノ改良ヲ好マザルモノ非ズ　随《したがっ》テ其議論モ少カラザリシカ中ニハ妙論卓説《めうろんたくせつ》モ頻《しきり》ニ世ニ出《いで》随分感服す可キコトモ多シ　然レトモ唯嘆息《たんそく》ス可キハ妙議論ノ割リニ其実《じつ》ノ進マザル是レナリ　実ノ進マザルノミナラズ其妙議論ヲ世ニ吐出《としゆつ》スル処ノ家ニ就テ之レヲ視ルニ敢テ議論ヲ吐出セザル未ダ婦人ノ改良等ニ至リテハ聊《いさゝ》カ心意ヲ用ザル処ノ家ニ比シテ大ニ其等差《たがひ》アルヲ覚ヘザルハ蓋シ其妙論ヲ吐出セシ時分ニハ己レ先ヅ進ンテ之レヲ為サントノ思込ミアルモ中々婦人ガ思ノ外鈍クシテ己レノ意ノ如クナラザル時ニハ忽チ妙論卓説モ一朝《いっちやう》ノ霜《しも》ト散シ到底為シ得可カラザルコト自画《アキラメ》シ母親カ赤児《あかこ》ヲ養育スル如キ忍耐ヲ永続スル能《あた》ハザルナリ　是レ余リ一時ニ薫風頓《くんぷうにはか》ニ生ゼシメ光輝忽チ映ゼシメント欲スルヨリ却《かへっ》テ為シ能ハザルモノナラン

因《よっ》テ以為《おも》ヘラク最モ為シ得可《うべ》キ役目ヲ妻君《さいくん》ニ負担セシメ素《もと》ヨリ之ヲ負担スル以上ハ其責任モ単ニ妻君ノ身ノ上ニアリ　一般ノ人情ニ就テ之レヲ考フレバ夫トシテ其妻ヲ愛セザルハナシ　其愛スル処ノ妻ヲシテ不《ぶ》調法《ちやうはふ》ノ名ヲ蒙《かうむ》ラシムルハ甚ダ好マザルモノヨリ成ル可ク妻カ人前ニ出ルヲ嫌ヒ唯内処《たゞないしよ》向キノ役目即チ食物《しよくもつ》ノ料理衣服ノ裁縫ノ如キモノ、ミニ止《とゞ》マリ而其塩梅《あんばい》ノ口ニ適セザルカ襟袖《きんしゆう》ノ身ニ応ゼザル時ニノミ其責《せめ》ヲ受ルノミニシテ毫《がう》モ外表ノ役目ヲ勉《つと》メ外表ノ責《せめ》ヲ蒙ル如キモノアラザルナリ　而余《よ》ガ謂フ処ノ最モ為シ得可キ役目トハ他ニ非ラザルナリ　唯妻君ヲシテ一家ノ交際官《こうさいくわん》タラシム可シト謂フニアリ　一例ヲ挙テ之レヲ言ヘバ客家《かくいえ》ニ来《きた》ルアレバ妻君乃チ万事之ヲ宜《よろ》シキニ処シ其饗待《けうわう》ノ丁寧《ていねい》ナルト疎陋《そろう》ナルト

ハ一以テ之レヲ妻君《さいくん》ノ意ヨリ出ルモノト認定シ、為メニ容《ママ》ノ愉快を感シテ之レヲ賞賛スルモ不満ヲ抱《いだき》テ之レヲ譏誚《きせう》スルモ毫モ良人ノ与《アズカ》ル処ニ非ズシテ独リ妻君ノ当リテ之カ毀誉《きよ》ヲ受ク可キモノナリトシ客ノ待遇《たいぐう》ニ至リテハ妻君自ラ之レヲ恣《ほしひ》マヽニス可シト確言スルニ非ルナリ　各其場合モアルモノナレバ時トシテハ之レヲ良人ニ相談スルハ最モ宜《よろ》シカル可シ　然レトモ今日ノ如キ一般ノ有様ヲ以テ言ヘバ煙草盆《たばこぼん》ヲ出スカラ茶菓《さくわ》ヲ供スル等ニ至ル迄殆ンド妻君一己《いっこ》ノ量見《りょうけん》ニ出ズシテ其良人ノ命令ノ下ニ出ルモノ、如シ　況ハンヤ之ヨリ以上込ミ入リタル待遇《あしらい》ニ於テハ一トシテ良人ノ命令ナラザルハナシ　是レデハ良人モ客ト談話ノ外ニ何トナク心ヲ用ヒ何カ客ニ対シテ欠乏ナルモノハアラザルカナド無益《むえき》ノ心配ヲ要セザル可ラズ　而妻君ハ一家内中ノ猶内向キノ役目故其来《キタ》ル処ノ客ハ何人ナルカ又其席ノ都合ハ如何ナル有様カ一切之レヲ知ル可ラサル故ヲ以テ宛《あたか》モ盲人《もうじん》ノ演劇《しばい》ヲ其変声《コハイロ》ニテ窺《うかゞ》フモノ、如ク庖厨《くりや》ノ一隅《いちぐう》ニアリテ無益ノ心遣ヒナシト云フ可カラザルナリ　客トナリテモ唯《たゞ》一二ノ要用ノミ語リ去レバ足レリトナスモノハ何ノ感覚モアラザル可ケレトモ否《しか》ラズシテ平常ノ情誼《ぜうぎ》ノ為メニ来《きた》ルモノトセンカ唯冷談ニ良人ト対話スルノミニテハ何トナク突然明キ家ニデモ来ル思ヒヲ倣シ一室内人間の温マリヲ欠クモノ、如シ　毫モ友情濃密団欒無限《だんらんむげん》ノ歓楽《くわんらく》ヲ得ル能ハザルナリ（未完）　（第三〇号、明治一九・七・二五）

世の良人《をっと》たるものに望む（二）　中嶋俊子

然《しか》らば之《こ》れを如何《いかゞ》すれば可なるか　先《まづ》簡単に其手続を挙《あぐ》れば最初客来《きた》る時其都合によりて未だ妻と面識あるものに非ず　且用談にて直《たゞち》に帰る客は之れを妻に告ぐるに及ばざるも否らずして所謂友誼《いはゆるいうぎ》の為めを以て来るものには主人妻と共に之れに面《めん》し之れに語り席上の都合は悉《こと〳〵》く之れを妻の意に任じ少々主人の気に叶はぬことあるもそは唯両人深閨《しんけい》に対座《たいざ》の節にのみ教へもし聴きもす可し　決して客ある席上に於て主人啄《くちばし》を其饗遇《けうぐう》の間に容《い》れ妻が一家《いつけ》の交際官たる面目を汚《け》がす勿《なか》れ
見よかの客となりて他人の家を尋《たづね》し時主人と対話中妻君の出で稀《ま》れに面するあるも殆んど其妻君も已れと斉《ひとし》く客人の如く唯《たゞ》行儀よく低頭《ていとう》するのみにして顔のみ衝《つ》き合せ居《を》るか然らざれば其家の下婢《かひ》と異なること

なく主人の命令通りに戦々兢々《せん〳〵けう〳〵》として茶或は煙草盆《たばこぼん》を出し是れにて先《まづ》己《をの》れの役目終れりとても言はん有様にて匆々《そう〳〵》其席を立ち去る等は甚《はなは》だ殺風景《さつぷうけい》と謂はざる可けんや縦然《たと》ひ我邦の婦人が幾ら知識に乏しきと言ふと雖も一家《いつけ》の交際官たらしむる位の役目を務むる能はざる如き万々《ばん〳〵》之れあらざるなり　畢竟《ひつけう》其良人なるもの余り婦人を小児視《せうにし》して其負担せしむ可きもの至りて少きが為め随《したがつ》て今日の如き解語《かいご》の木偶《もくぐう》の如き婦人を現出《げんしゆつ》せしものなり　依《よつ》て余《よ》の望む処のものは男子《なんし》の心持ちを一変して己れの妻を以て一家の交際官となさしめ交際上の毀誉栄辱《きよえいじよく》は皆之れを妻に負担せしむるに至れば期《き》して一般妻たるもの丶知識を増加し随て世界一般交際の愉快《ゆくわい》を占領するを得るは敢て難《かた》きに非らざるなりと信ず

（三二号、明治一九・八・一五）

この二論文は二〇日の間をおいて発表されたもので、同一論文の前半と後半である（以下便宜三〇号所載のものを前編、三二号所載のものを後編と呼ぶ）。趣旨は、日本においては妻の仕事がもっぱら家庭内に限られていることが妻の地位を低めているとし、例えば客の接待の計画をすべて妻に任せ妻を一家の交際官にさせることなどを提案している。

前編は漢字片仮名交じり文（題名以外）、後編は漢字平仮名交じり文である。周知の通り明治前期においては、漢字片仮名交じり文がステイタスの高い権威ある文章に用いられたのに対し、漢字平仮名交じり文は大衆向きの啓蒙的な文章に用いられた。福沢諭吉の『学問ノス丶メ』初編は漢字片仮名交じり文と漢字平仮名交じり文の二形式で出版されたが、二編以降は漢字片仮名交じり文の版のみである。初編の論壇での評価が高かったことから、学術的著作であることを示したものと見られている。また、政治・経済などを中心に扱う「大《おお》新聞」が漢字片仮名交じり文であったのに対し、社会面の記事中心の「小《こ》新聞」が漢字平仮名交じり文であったのも、よく知られた事実である。

前編も後編も同一論文であり、ともに基本的に漢文訓読体を基調とする文体である。「シム」「ザル」「能ハズ」

「敢テ」「蓋シ」「欲スル」「況ハンヤ」「セザル可ラズ」「然《しか》らば」「可けんや」「雖も」などの漢文訓読語が用いられている。自称詞としては、ともに「余《よ》」を用いている。

しかし、片仮名交じり文と平仮名交じり文の文体差に起因すると考えられる違いも見受けられる。前編では妻を表す語として「妻君」が主にもちいられている（「妻君」八例、「妻」二例）、後編では「妻」が多用されている（「妻」八例、「妻君」二例）のがそれを明快に示す例である。漢字平仮名交じり文であるため、自然和語が多用されたものであろう。また、一例ではあるが後編に「叶はぬ」と打ち消しの助動詞の連体形に「ぬ」が用いられているのが注意される。漢文訓読体においては、通常連体形は「ざる」である。また、前編には漢文に由来する二重否定形が「謂ハザルヲ得ザルナリ」「愛セザルハナシ」「良人ノ命令ナラザルハナシ」「要セザル可ラズ」と四例見えるが、後編には皆無である。

俊子の文章は、『女学雑誌』に寄稿した最初の論文「女子教育の一端　第一篇」（二六号、明治一九・六・二五）から二九号まで、つまり右の最初の論文の前まで、漢字片仮名交じり文であり、右の二番目の論文以降はすべて漢字平仮名交じり文である。俊子の『女学雑誌』への寄稿は非常に多数であり、論説欄に掲載されたものだけでも一七篇にのぼる。「世の良人たるものに望む（二）」執筆以降、すべて漢字平仮名交じり文を用いており、論説文においては、およそこの文と同じ文体を用いている。

自称詞の「余《よ》」と「妾《しよう》」

自称詞も右と同じくほとんど「余《よ》」を用いている。例外は、「妾《せう》」を用いている「交際社会道徳の必要」（四七号、明治二〇・一・一五）である。冒頭部分から全文引用する。

何にても物は皆数多《あまた》の経験を歴《へ》たる後利益を生ずるもの故是《こ》れも損なり彼も害なりと云《い》ふて手を出さぬ時には終《つい》に損もなく害もなき替《かは》りには利もなく益もなきものなり　利益を得んとなれば其内損害も免《まぬか》れ難き

は事の常《つ》ね故利益を生ぜんとて為す事に損害の点あるとて敢《あへ》て咎《とが》むるには非《あらざ》れども成る可くは注意を得たきものと思ふは近時は兎《と》も角《かく》婦人の事柄は社会の一問題となり其問題中には婦人が成《な》りたけ欧羅巴《ヨーロッパ》風に化《か》せねばならぬ故グード、モーニン位は言《いは》ねばならぬ。スプーン、ホークの持方位は知らねはならぬ洋服の着方に注意せねばならぬ又ピヤノも弾《たん》せねはならぬ踏舞《とうぶ》も出来ねばならぬ又婦人は美麗てあらねはならぬ又紅粉臙脂《こうふんえんし》の煩《わづらはし》きを厭ふてはならぬとて漸《やうや》くグードモーニングも言《いふ》に差支《さしつかへ》なくスプーン、ホークの持方も差支なく洋服の着方にも差支なくピヤノを弾じるにも差支《さしつかへ》なく踏舞にも差支なく紅粉臙脂にも行届くを得たれば先《まづ》是にて何も一通り整ひたれば是からは何々《なに〳〵》館《くわん》にも出掛《でかけ》るがよからん何々の会にも入会するがよからんと甲行き乙行き愈《いよ〳〵》男女交際の道啓《ひら》き其《それ》の館其の堂の夜会には一場芳花名鳥《じようほうかめいちよう》相集《あひあつま》り綺羅錦繍粲然《きらきんせうさんぜん》光を放ち是れぞ文明の彩色《さいしき》を模写せしものと謂《いひ》つべきに是の綺羅錦繍の光暉中《くわうきちう》近頃は人の悪言《あくげん》を出《いだ》すものありて芳花意あり名鳥豈《あに》情無からんなど云《いふ》もあり　又夜会の蘭《たけな》はなるに及んでは中には痛酔《つうすい》宛《あたか》も春蝶《しゅんてう》の狂する有様ありなど云ふもあり　素《もと》より妾《しよう》其席に列《つら》なりしことあらねば果して其言《そのこと》の信なるや否やを知る能《あた》はざるも皆歴然たる紳士貴夫人の交際なれば何《な》にしに右様《みぎやう》の事のあるべきぞ　是れぞ必ず人の羨《うらみ》に堪へざるの情より斯《か》くは鄙言《ひげん》を出《いだ》すに相違なきことは深く信じて疑はざるなり　されども妾向後《しようこうご》に於て聊《いさゝ》か心配する処のものは文明の彩色《さいしき》を模写すると同時に道徳を交張《こうちよう》することの必要なる言《げん》を待たざるなり　礼節万事欧風に習へば握手の礼を取らねばならぬ　今迄東洋には男女席を同ふせず夫婦別ありなどの教《をしへ》ありて自《をのづか》ら男女の間疎然《そぜん》遠隔《とほくへだ》たるの有様ありしが今俄かに疎然たりし処の男女《だんぢよ》握手親睦《しんぼく》を表し或は席を同ふし坐を分ちて相酌《く》み相談《あいだん》ずるに至りては男女の間曽《かつ》て儼然遮断《げんぜんしやだん》したる鎖鑰《さやく》を一朝《ちよう》解散せしものゝ如く欧州に於ては握手の礼を取るも亦《ひとし》同坐相遊楽《あいゆうらく》するも素《もと》より是れが其国の習慣なれば宛《あたか》も我が国の低頭の礼を為し茶を飲み煙草を喫すると斉き感覚にして他に何たるの感覚を起さゞるならん　東洋の如き男女儼然《げんぜん》たるの交際をして直《たゞち》に西洋の風俗に従はしめば中《うち》には如何なる感覚を生ずやも図《はか》り知る可からず　妾《せう》は決して欧風の男女交際を東洋に移すに異論あるものに非ず　然《しか》れども之を移すと同時に道徳の基礎を堅固にし道

徳心を男女の脳頭《のうとう》に注入し文明の光輝に汚点を附けざる様勉む可きの必要を感ぜり

明治政府が設けた鹿鳴館は明治一六年に完成、政府要人・華族や外国使臣などにより夜会・舞踏会などが行われたものであり、右の論説が書かれた明治二〇年はまさに全盛期であったと言える。俊子の夫信行は、後に衆議院議長、イタリア公使などを歴任した人物であるが、この論説が書かれた当時は自由民権運動の指導者として政府と対立していたため、俊子自身は鹿鳴館とは縁がなかったと言える。文体は、基本的にはこれまで引用してきた漢文訓読文体であり、「敢て…ず」「漸く」「豈《あに》」「能はざる」「堪へざるの情」「従はしめば」などの訓読語が用いられているが、同時に「言はねばならぬ」のように近世初めから用いられてきた口語的語法が頻出し、「手を出さぬ時」のような「ざる」でなく「ぬ」を用いる例が見える。また、もっとも大きな違いは、自称詞に「妾《せう》」を用いていることである。「妾」を女性が謙称の自称詞として用いるのは漢文の用法である。「妾《せう》」は跡見花蹊も用いていることについては前述した。俊子の『女学雑誌』所載の文章で自称詞に「妾」が用いられているのはこれのみである。この論説では鹿鳴館におけるような欧州風の男女交際をその伝統を考えずにそのまま取り入れることを批判し、道徳心の養成が先であるべきとする。男女交際を問題としてはいるが、全体としてはそういう場の女性の行動や服装を女性の立場から批判しているもので、自ら女性特有の自称詞「妾」を用いたのではないかと考えられる。

俊子が『女学雑誌』の論説欄に寄稿した文章は一九篇あり、自称詞が用いられているのは一六篇であるが、そのうち一四篇が「余《よ》」を使用し、一篇は右の「妾《せう》」である。残る一篇が「婦人の会合」（六八号）で、「余《われ》」が用いられている。冒頭から引用する。

各《をのく》　其名は異なれど婦人の会合すべき会の処々に起りしは誠に賀すべきの事なりき　然しながら隴《ろう》を得て蜀《しょく》を望むは普通の人情なれば是等の会をしてう虚名のみを保たしめず実益を有《たも》たしめ義務のみを感《かんぜ》しめず

快楽をも感ぜしめん事を望めり　余《われ》都《すべ》ての会を知るものにあらざれば中には実益と快楽とを経緯《けいい》して成立《なりたつ》ものもあるならんが余《われ》いまだ不幸にして夫等《それ》の会に至りし事あらず　余《われ》稀に会場に至りては常に物足らぬ思《おもい》を為さゞる事は絶てあらざるなり　（以下略）

『女学雑誌』のルビの問題

「余《よ》」の用いられる文章と「余《われ》」の用いられる文章とに大きな違いは認め難い。俊子の文章中「余」を「われ」と読ませるものは、他には皆無である。『女学雑誌』は原則総ルビであるが、このルビは著者が付したものではない。『婦人之友』の創刊者である羽仁もと子は、明治女学校時代巌本善治の援助によって学業を続けたが、その頃を回想して次のように述べている。

月謝を免除して下さった外に、女学雑誌の仮名つけをさせて下さって、それが私の寄宿料になった。その頃はすべての原稿に振仮名をつけて印刷所に送った。
（「半生を語る」著作集『半生を語る』所収）

これによれば、著者ではなく編集の助手ともいうべき人が振り仮名をつけていたことがわかる。また、右の著書には「島崎藤村氏の端正な読みやすい字には、いつでも朱書きできれいな仮名がつけてあった」ともあり、著者自身が振り仮名をつける場合もあったであろう。

今野真二『振仮名の歴史』は、振り仮名が著者自身によって付けられた場合もあるが、そうでない場合も多いと考えられることについて、次のように論じている。

振仮名が書き手の意図通りに付けられるとは限らないということにもなる。しかしまたその一方で、振仮名をつけた人は、少なくとも書き手と同時代の人物であり、また言語運用能力の著しく低い人物ということも考えにくい。そうなると、仮に書き手の意図通りではなくても、その時代にまったく許容されない振仮名を付けるとも考えられない。（一五〇―一五一ぺ）

著者の俊子は、この「余《われ》」を特に「余《よ》」と区別して用いているとは考え難く、著者の語としては「余《よ》」と見るべきであろう。俊子は論説的文章においては、原則として自称詞に「余《よ》」を用いていたと言える。

自称詞「妹《まい》」の使用

俊子は、『女学雑誌』に論説欄所載以外にも、おびただしい文章を寄稿している。自称詞に関して言えば、「妹《まい》」を用いた文章がある。「妹《まい》」の自称詞としての用法は漢文にはないものだが、明治前期の女性の論説文には見られるものである。俊子の文章では、「女学生に題す」（二一六号）「内助の功益」（二二六号）「歳暮悲しからず新年更に楽し」（二四六号）「小公子の評」（三〇〇号）で用いられている。この自称詞としての「妹《まい》」は現行辞書類には登載されていないようであるが、「妹」字が自称詞として用いられた例は、日本で書かれた漢文には見える。成島柳北《なるしまりゅうほく》『柳橋新誌《やなぎばししんし》』二編（明治四年）に次のようにある。

両雛妓従《ヨリ》二混堂《ユヤ》一帰《ル》　手携《ヘ》二炒豆《イリマメ》一嚢《ヲ》一　且噛且歩《ツミツス》　甲語《テ》レ乙道《ニフ》　妹昨《ワタシキノフ》値二可レ怖《コワイ》之事《ニ》一　（中略）　乙道《フ》妹《ワタシ》家有《リ》二春画本三冊一　（以下略）（新日本古典文学大系『江戸繁盛記　柳橋新誌』五五九ぺ）

［両雛妓、混堂《ユヤ》より帰る。手に炒豆《イリマメ》一嚢《なう》を携へ、且つ噛み且つ歩す。甲、乙に語つて道《い》ふ、「妹《ワタシ》、昨怖《キノフコワイ》るべきの事に値《あ》ふ」と。………乙道ふ、「妹《ワタシ》の家に春画本三冊あり。………〈右引用書三九七―三九八ぺの読み下しによる〉］

原刊本に「ワタシ」と振り仮名があり、「マイ」ではないが「妹」字が自称詞として用いられている。

口述筆記の文章がです・ます体口語文で、自称詞に「私《わた》し」が用いられているのは、荻野吟子の場合と同様である。「婦人の徳は余韻にあり」（一三八―一四〇号）である。

随想や小説などの文体

随想や小説などは、論説文とは異なる文体である。たとえば、晩年に『女学雑誌』に寄稿した随想「大磯だより」（五〇一号、明治三三・一二・一四）の冒頭は次のようである。大磯の別邸において、ちょうど一年前にここに来た折の思い出を語り、五月に逝った夫信行を偲んだ文章である。（句読点原文の通り）

十一月廿四日　　　中島湘煙

けふなるこの十一月二十四日を得て、昨年今月今日を懐《おも》ひ出《いで》ては、誰にこの本意《ほんい》なさと悲しさとを語るべきや。天気の模様も庭の景色も、去年とすこしも変らぬが、一段のかなしみなり。十二畳ざしき、椽前《えんさき》の殊に恋しさに堪へぬこそ、心つらし。この家成りて、今なき君は。同月の十五日、先《まづ》わたりぬ。病《やまい》重き身には。すこし人の住慣れし後ならではとの用意なり。横浜よりの瀛車《きしや》僅かに一時間余なれど、動揺のため、不意の事生ぜんも知《しれ》ずと、医のいふにより、家人の心遣ひ一方ならず。中にも平素言葉すくなの君がをもひ、他人の想像すべくもあらざりし。医は其日の天気のみを撰《えら》ばんといひ、又齢《よはい》高き人は、吉日《きちにち》を撰ばではといひしに、幸ひ、二十四日は天《てん》晴れて、日吉《ひきつ》。かく両《ふたつなが》ら揃《そろ》ふは目出度《めでたき》事なりとて、浜を送る人も磯に待つ人、おの〳〵其時刻を定めたり。されど、宛《あたか》も路の両端にありて球を投ずるが如く、手にうけとる迄《まで》は、皆安き心のせぬとて、医の送り来る事となれり。吾《われ》は家建つべき地と、家の図とは知るも、いまだ見ぬ事なれば、心めづらしさにかられて、病《やまい》も忘れたらん如く、新居も、故山に帰るの思ひあり。

（以下略）

論説文のような漢文訓読体ではなく、和語を基調としており、伝統的和文体である。この「大磯だより」では、自称詞にすべて「吾《われ》」を用いている。

㈡　佐々木豊寿

仙台から上京、東京で学ぶ

佐々木（「佐々城」とも）豊寿《とよじゅ》は旧姓星、嘉永六年（一八五三）仙台に生まれる。明治二年（一八六九）学問を修めるため男装して上京、中村正直の同人社女学校で漢学を学び、さらにフェリス女学院の前身のキダー塾の一期生として学んだ。『女学雑誌』には一二篇の文章を発表している。

代表的論文「積年の習慣を破るべし」

最初に掲載された豊寿の代表論文とされる「積年の習慣を破るべし」は三号（四八、五二、五四号）に分けて掲載されているが、最初の四八号（明治二〇・一・二二）掲載分を次に掲げる。

積年の習慣を破るべし　　東京婦人矯風会々員　佐々木とよ子

婦人矯風《きようふう》会創立役員撰挙《せんきよ》の当日左《さ》の一言を演《のべ》んとせしが生憎《あやにく》短かき冬の日の朝より曇る天合《そらあひ》は今にもみぞれの降《ふら》んかと迄《ま》で寒き模様と変はり其上海老名田村の二先生高き諭《さと》しの話もあり尚も其後投票の事務もあるなど二時より四時の日暮まで少しの間《ひま》もあらざれば司会者来会諸君の迷惑を推察なして止みたりしも思込《おもひこみ》たる一言《ひとこと》を黙して言《いは》ざるも己《おの》が誠を尽《つく》さざる不信切《ふしんせつ》にや成《なり》なんと帰宅後筆とり演説の大意を述《のぶ》るあらましは

魚《うを》は水中に在《あつ》て水は見ず　人は気中に在て空気を見る能はず　人間動物凡《すべ》て此《かく》の如し　おのれの周囲を取巻く所のものは却《かへつ》て目にも耳にも感触せざる事多し。人間には耳目口鼻《こうび》の五感あれども時としては疼《いた》みも痒《かゆき》も善《よき》も悪《あしき》も感覚し判断し難きに落入る事あり

百年数億の人之《これ》を一網《あみ》に包み籠《こめ》て其耳目口鼻をして一向に至極の反対の方角に向《むか》はしむるあり　此間に賢人豪傑の人物ありと雖《いへど》も一網の中に包み籠められ卓見高論も凡《すべ》て其論点を誤る事あり　之を積年の習慣と云ふ

積年の習慣は貴賤賢愚《きせんけんぐ》を問はず一切世間を支配するものにして非常に驚くべき勢力を保つて屡《しば〱》意外の大害を惹起《ひきおこ》す事多し　遠くは羅馬《ローマ》の末代吾邦王代《わがくにおうだい》の末季《まつき》の如き近くは徳川氏末代の如き数百年の習慣は天性と成り知らず〱善悪邪正を取違ひ悲むべきを喜び喜ぶべきを歎くが如き弊害の習慣は真に名状すべからざるに至れり

明治廿年の日本婦人よ百年習慣の弊害を吾人《ごじん》諸共に其胸裏《きやうり》より放《はな》ち出《いだ》し其胸腹《きやうふく》には新鮮なる婦人天賦の正道を包み蔵《おさ》めよ　此正道を包み蔵めざれば百事百物何事も雲霧の中《うち》に歩行して東西を分ち兼ね行先の何れなるを問《とふ》に等しかるべし

百年習慣の久しき吾人《ごじん》婦人社会をして口ありても言ふ能はず考へあるも之を述《のぶ》る能はず偶《たま〱》婦人の一言《げん》一行《こう》世人の意表に出《いづ》る如きあれば父母親戚より一世《いつせ》社会の擯斥《ひんせき》する所となり丸《まる》で婦人と言ものは土雛《つちびな》か張抜《はりぬき》人形に比《ひと》しき迄に落入らしめたり　歎きても飽足《あきたら》ぬと言べし

婦人己《おの》れ亦此習慣の弊害なるを知らず黙して一言を発せざるを婦人の徳義と心得退《しりぞい》て一事を為《なさ》ざるを婦人の善行《ぜんこう》と思ひ、唯々善悪邪正《ぜんあくじやせい》も喜怒愛楽《ママ》も良人《りやうじん》の気儘次第にて己れは此感情と云ふものを知らざるまでに不具の片輪《かたわ》ものと成りたるなり

それ婦人天より賜《たま》ふ所の義務は男子と毫《ごう》も異なる所なく頗《すこぶ》る多きものにて一家一村一国の事に至るまで男子と力を協《あわ》せ教育に農工に製造に社会万般の事に至るまで男子の及ばざるを補翼《ほよく》して一国の品位を高尚《かうしよう》に

進達《しんたつ》せしむべきなり　今の時は何ぞ　世界婦人中に於て日本婦人第一に多忙の時に逢《あひ》ぬるぞ　然《しか》るに百年の積弊《せきへい》習慣は深く日本婦人の五感を失亡せしめ死躰に非《あらざ》れば土偶木偶《どぐうぼくぐう》の如く善悪邪正を弁別せしめざるまでに落入《おちいり》たるぞ

苟《いやしく》も利害を判断する五官（耳目口鼻感の五官）を各々所有して判断力を保つある已上《いじょう》は先づ第一に己《おの》が胸中を新鮮にして百年の積弊習慣を破らざるべからず　今や日本世人の輿論《よろん》は早已《すで》に婦人の地位を高尚《かうしよう》に為さんと欲するに至れり　此《こ》は是《これ》千歳未曾有《みぞうう》の好機会に向ひたる時と言べし　婦人に取て至極幸福の時節到来なるべし

然《しか》れども茲《こゝ》に尤難儀なるは婦人の習慣を改むるの事なり　積年の習慣を改むる最も難し　殊に婦人の積年の習慣を改むる尤《もつと》も難き内の難きものなるべし　仏国第一世《せ》ナポレオンの言に婦人の習慣を改むるは尤も難しと　夫《そ》れナポレオンは欧州列国の恐るゝ所の豪傑の士にして嘗《かつ》て世界に能《あた》はずと言事なし（不能《ケンナツト》）の二字は愚人《ぐじん》の字書中にあるものなりと言はれし人にても尚此言《このげん》あるなれば婦人の行《おこない》を改むるは非常の難事なるべし

夫《それ》ナポレオンの言《げん》は他人より婦人の行為を改めんとせし事なれども今此十九世紀の婦人は己《おの》れ等《ら》まづ卒先《そつせん》して自《みづか》ら改良せんと欲する事なれば能はずと云ふは矢張《やはり》ナポレオンの言《いは》れたる如く婦人改良の事に付《つい》ては無用に属すべし

今此《こゝ》に設立せる婦人矯風会の事務順序頗《すこぶ》る多し　然《しか》れども先づ吾々《われ〳〵》の周囲を取巻く所の習慣を打破らざれば何事も聾者《ろうしや》に話しを聞《きか》せ盲者《もうしや》に五色《ごしき》を説明せんと欲するに比《ひと》しければ此習慣を打破るを第一編の要務と為《な》しぬ

前書きによれば、東京婦人矯風会（明治二〇年創立された女性キリスト者の団体）の会合で話す予定が都合で中止になったため、帰宅して筆をとって記したものである。『女学雑誌』の「寄書」（投書）の欄に掲載されており、自ら投稿したものであろう。内容は、日本の女性は長く自らの考えや感情を表さないことを徳義とし、感情のない人形のような存在になっている、この「積年の習慣」を破るのは非常に困難だが、日本の世論は女性の地位向上を望むようになっており、女性にとってはよい機会が訪れている。矯風会としてはこの積年の悪い習慣をやぶるのを重要な責務としているとする。豊寿の文体としては、「能はず」「しむる」「ざる」「すべからざる」「夫《そ》れ」「苟《いやしく》も」「ざるべからず」「欲《ほっ》する」「然《しか》れども」「改むるの事なり」など漢文訓読語を使用した当時の論説文の文体である。自称詞として「吾人《ごじん》」「吾々《われ〳〵》」を用いている。

文体と自称詞

これに続く（二）（五二号）、（三）（五四号）も同様な文体であるが、（三）は後半にです・ます体が混じる。ただ、自称詞としては（二）では「我」「我曹」、（三）では「余《よ》」が用いられている。豊寿の他の論説的文章をみると、「印度の女流蘭梅《ランバイ》夫人」（一二九号）「新島襄先生の遺訓」（一九八号）「賢夫人陸軍少将の半身　桂貞子の君を悼む」（二三三号）では「余《よ》」が用いられ、「婦人白標倶楽部の性質を演べて世上の一疑問に答ふ」（一八六号）では「我儕《われら》」「吾等《われら》」が用いられている。「O．S．C．君に答ふ（一）」では「吾儕」が用いられているが、振り仮名はない。「O．S．C．君に答ふ（二）」「他に、相手に答える形で書かれた「「同志社寄付慈善音楽会」への非難に答ふ発起人の主意書併せて伴直之助君の厚意を謝す」（一五三号）「O．S．C．君に答ふ（二）」（二六五号）では「小妹」（振り仮名無し）を用いている。「小妹」は中島俊子の項で触れた「妹《まい》」に謙譲の意味を含めたものと考えられる。

口語体で書かれた論文

「東京婦人矯風会の会員愛姉に告ぐ」（五六号、明治二〇・三・一九）は、です・ます体で書かれた論文である。

東京婦人矯風会の会員愛姉に告ぐ　　会員　佐々木豊寿女

近年婦人に関する議論世間に喧しく相成ましたが就中昨年万国婦人禁酒会書記リビット夫人我日本に渡来して演説を為されてより一層の努力を加へて昨暮より今年へ向て一雨毎に婦人何会と申者増加せり　全国を合算するならば余程の数に至りしなるべし

併し此は一時の流行物なるや又は永続すべきものなるや或は忽ち消滅するものなるやは姑く置て先づ大躰より観察を下せば文明の進歩を助け婦人の気象精神と身体とを強くするには適当なるべしと思ます　されば婦人の何会と云ふものは宜しきものには相違なき事に存ます

我此婦人矯風会は昨冬より愛姉諸君の組立る所にして彼リビット夫人のクリスチャン、テンペランス基つきて酒煙を禁ずるは勿論其他一身の不品行及諸の悪風俗を矯正する事にして我国今日の所では其箇条は十や廿では算ひ尽ぬ程ありましよふ　此悪風俗悪風習を矯正せんが為に諸君と協力する処の会なれば婦人矯風会は尤も今日に在て大切中の大切なる会と諸君及私も固く信じます

又婦人矯風会にて尽力する人も婦人にして之を身に行ふ人も婦人なれども風俗の矯正と云ふことは婦人に限りては到底何事も益に立ぬ事と存ます　例へば一家の婦人は禁酒するとも其夫暴飲ならば之を見習子供を如何にして制止せんや　小供《ママ》は菓子種の如く父母は菓子形の如し　丸き形には丸き菓子角な形には角な菓子を打出すことでありませう

且又此等の善事善行を会員の外幾人にても多くの人々に聞かせ度事で有ます　婦人は勿論男子にても充分に此主意を能く了解させて社会の悪風習を改良させ度事なれば畢竟傍聴者は十人より廿人百人よりは千人と云ふ如く多き程此会の利益は世に現れる事で有ましよふ（以下略）

前の文語体の論文と比較すると、漢文訓読語がほとんど用いられていないことが判る。打ち消しでは「ざる」ではなく「算ひ尽ぬ程」と「ぬ」を用い、使役では「しむ」ではなく「了解させて」と「せ」を用いている。

敬語を用いている点が文語体の場合との大きな違いで、「ます」「存じます」という丁寧語が見られる。自称詞では「私」を用いている。「増加せり」「なるべし」など少数の文語の混入も見られる。

この文章も、矯風会の理想を実現する方法を述べているもので、内容的には論説文と言ってよい。このような口語体で書き下された論説は、『女学雑誌』ではこれが最初である。

この文体は、これまでに触れた荻野吟子、中島俊子の演説が筆記された文体と類似している。

口述筆記された演説

豊寿の演説の筆記されたものもある。第二回女学演説第二席の「婦人文明の働」（六五号、明治二〇・五・二一、句読点原文のまま）である。

婦人文明の働《はたらき》　佐々木豊寿子述《のぶ》　佃竜雄筆記

今小児がおいしい物を貰へば嬉《うれ》しさのまゝ右の手に取り又左の手に取り又左の手に移し人に向《むか》ふてみせびらかして居《お》る中《うち》に礙《はた》と地上に落しましたら之を喰《たべ》る事は出来ますまい、殆ど此と同じで私《わたくし》の今日《こんにち》演《の》べまする婦人文明の働てふ問題は余り旨《うま》すぎるので御座いますから、定めし嬉《うれ》しさの儘に其主意を述べおとすやも計り難いことで御座ります。

私《わたくし》は独り窃《ひそか》に思ひます、日本《ニホン》の婦人は労力の働きで文明の働きではありません、労力に至《いたつ》ては随分大《おゝい》なる働《はたらき》を致します、今中等以下の働を申しませうならば、台所の働、洗濯もすれば水も酌み、小供を背負ふとか、或は亭主の出入《ではいり》に世話を為《なす》とか、随分労力は致ます、又婦人の生計《なりはい》となす所は、女髪結《かみゆい》とか洗濯とか農作《のうさく》とか賃機《ちんばた》とか労力の働き方も随分ありますが、是れでは詰《つま》り自活の途《みち》を立《たて》ることは覚束ないと存じます、只養蚕を業《ぎよう》と為すに至《いたつ》ては先づ大《おゝい》なる働と申さなければなりますまい、何《な》ぜならば生糸は日本第一の国産品で御座《ござり》ます、又製茶も一国の全躰に関する者で一己人《いっこじん》の利害は一国人《いっこくじん》の利害となりますから、日本の婦人事業の中では較《やゝ》大なる者と思ひます。
畢竟文明の働とは前《ぜん》と違ひ知識の働きで御座います、諸君も疾《と》くより御存じにはあるべけれど欧米婦人の為す所を少々お噺《はなし》致しませう現に只今演述なされたる「ケルセー」嬢は米国医学博士だとの事で御座います、勿論彼国《かのくに》には電信の技術や新聞記者職工教育家などをば皆以て婦人の働と致します、且つ其芸能の活溌と熟練とに依り其歳入を問へば随分男子の右に出《い》で然《しか》して生計を立《たて》て居ります、其他に大事業と名の付く者は基督《キリスト》教の禁酒会で御座ります此等の者を以て文明の働なりと私《わたくし》は申さうと思ひます。

（以下略、なお右の文中の「芸能」は〈技術〉の意）

右の演説筆記の場合は、書き下しの場合より当然のことながら敬語の使用が多い。「ます」「存じます」に加えて「致します」「御座ります」「御座います」「居ります」という丁寧語が見られるほか、「申さう」という謙譲語も用いられている。いずれも談話語の特徴である。自称詞には「私《わたくし》」を用いている。

第四章　『女学雑誌』の論説文（四）――清水紫琴

経歴

清水紫琴《しきん》は、本名清水豊子、結婚して古在豊子である。「紫琴」と号したのは古在姓になった後の明治二九年の「野路の菊」からであるが、『紫琴全集』（一九八三、草土文化）において子息の古在由重氏が「明治の女―清水紫琴のこと」とされているのを初め、多く「清水紫琴」として扱われているので、ここでは「清水紫琴」とする。紫琴の生涯を情熱をもって描き尽くしたと言える山口玲子『泣いて愛する姉妹に告ぐ　古在紫琴の生涯』（一九八三、草土文化）では「古在紫琴」としている。

紫琴は明治元年岡山で生まれ、京都で育った。京都府女学校小学師範諸礼科を卒業後一八才で岡崎晴正と結婚、自由民権活動家だった夫とともに活動し、植木枝盛と知り合ったりするが、三年余りで夫と離別する。明治二三年上京し、『女学雑誌』の編集者となり、誌上で盛んに執筆活動を行い、同年主筆・編集責任者になった。女性ジャーナリスト第一号とされる。政治活動にも関わり、自由党の民権活動家であった大井憲太郎との間に一児をもうけるが、大井とは別れる。

明治二五年、東京大学助教授古在由直《こざいよしなお》（後の東大総長）の熱烈な求婚に応じて結婚、しばらく執筆を続けるが、明治三四年以後昭和八年（一九三三年）に亡くなるまで筆を絶った。その小説評論等はほとんどすべて右の『紫琴全集』に収められている。

『東洋之婦女』序文

紫琴の最初の論説文は、植木枝盛著『東洋之婦女』の序文である。この序文は女性一六人と高知女子興風会の計一七篇から成っているが、紫琴は中嶋とし、佐々城とよ寿に次いで三人目に書いている。執筆は明治二一年、紫琴二一才の時である。引用は明治二二年九月二八日刊行本（発行人佐々城豊寿、国文学研究資料館所蔵本）による。この文章は『植木枝盛集』第二巻（一九九〇、岩波書店）に載せられているが、原文にはない振仮名を付し、読点を句点に変更した箇所がある。また、『紫琴全集』所収文は表記・用字など読みやすく変更されている。ここでは便宜『植木枝盛集』によって振仮名を付す。

十九世紀社会の問題は女子の問題なり、十九世紀文明の歴史は女権拡張の歴史なり、此世紀ほど欧州に於ても、米国に於ても、婦人社会に変動を来したるの時はあらじ。而して其変動は遠く太平洋を渉りて東洋の岸に衝突せり、就中我国の学者新聞記者より、苟《いやしく》も社会の先覚者たり、改良の原案者たる人々をして熾《さか》んに婦人論を唱へしむるに至りしは、実に一大変動と謂はざるべからざるなり、左は云へ我国の婦人論は日猶ほ浅きに任せて、議論も亦甚だ浅薄なるを免かれざるものあり、我国の婦人論者は只其の婦人論の俄《にわ》かに発生するに任せて、横着にも紫の朱を奪ふが如く、却て真を乱るの偽説を社会公衆の面前に公にすることあり、或は男女を以て同権なりとするが如く、同権ならずとするが如く、曖昧模稜の間に窃む者あり。或は女子をして学問を為し、智識を開き、淑徳を養ひ、品行を正さしむることをは之を欲すれども、之をして自由を得せしめ、権利を有せしむることをは之を為さしめざらんと欲する者あり、豈《あ》に啻《た》だ然るのみならんや、昨日之を唱へて今日之を変ずるあり、今日之を論じて明日之を廃するあり、其泛々《はんぱん》たること根なくして浮ぶ者の如く、其軽々なること風に任せて飛ぶが如き者往々にして然りと為さずんばあらざるなり、東洋之婦女と題する一書は寔《まこと》に是れ如何なる人の思想に発して、如何なる人の手筆に成りし者歟《か》、何んぞ夫れ議論の正確にして、行文の流暢《りゆうちよう》なる也、若し其の男尊女卑の現状を叙せらるゝ適実充当、読む者をして悲憤の情に堪へざらしむ、若し其の遠く前代に溯りて之れか原因を探求せらるゝ精細詳密、看る者をして乍《たちま》ち豁然《かつぜん》たる所あらしむ、若しその結果を論述し、之れが極弊を告白せらるゝ痛切明快、人をして悚然《しようぜん》として自省せしむ、若し其の匡救の策説せらるゝ丁寧懇切、誰人と雖も謹んで首肯せざるを得ざらしむ、婚姻の篇、東洋の謬説と野風とを抵排し、之れが真理を闡揚して遺す所あらず、交際の論、滔々として水の下に流るゝが如く、婦人将来を記するの文に至つて、愈《いよいよ》東洋の婦人女子をして感奮興起する所あらしめんと欲す、

是れ此の一書を著述せられしは枝盛君植木先生なり、

植木先生は民権の主唱者なり、自由の開拓者なり、而して極めて繁雑なる政治世界に奔走せらるゝの人なり、南船北馬幾《ほと》んど極まり有らざるなり、然るにも関はらず猶ほ其の執る所の主義を拡充し、以て吾々婦人社会に対してまでも必ず天賦の権利を全ふせしめんと熱心せられ、多年焦心苦慮せらせるゝの余りに出で、、遂に此書を著はされしは、真に吾々の感謝せざるべからざる所なり、

平生政府に向つては自由を渇望し乍らも、其人一家の内に在りては縦《ほしいまま》に妻子を抑圧せんと欲する撞着家もある中に於て――男女同権の真理に適するを知り乍らも、自己が便宜の為めに男尊女卑説に賛成する偽学士もある中に於て、先生の如きは其身男子の社会に在るにも拘はらず、一に繊弱なる婦女の枉屈を愍《あはれ》み、断然として婦人保護者の大任に当られんとするなり、義とや謂ひつべき、侠とや謂ひつべき、

婦人女子、此書を読む者は如奈《いか》んぞ先生が預想する所の佳人と為り、重且つ大なる責任を尽さゞらんや、此一書が――此の精確にして公平なる一書が世に出づることは啻に東洋婦女に於て歓欣すべきのみならず、抑《そ》も亦東洋文明の為めに大慶せざるべからざるなり、

先生の如きは東洋に於ける男尊女卑の風習を最も切に、最も深く痛憤慨歎せらるゝの人なり、先生の如き

は最も速かに、最も十分に此の久習を改めずんば決して東洋の文明を進むる能はずと断定せらる、人なり、先生が今にして此書を著はされたるは大に女権を拡張して婦女をして其幸福を全ふせしめんと欲するの誠実心と、大に女風を改良して盛んに東洋の文明を進めんとする愛国心に外ならざるなり、

吾々の同胞姉妹よ、冀《ねがわ》くは此書を以て婦人社会航海の灯台と為し、其指示する所に従ひて十九世紀文明の婦女と為り、唯《ひと》り先生が多年の苦心を水泡に帰せしめざるのみならず、大に東洋の歴史を一新せしめ、大に東洋の天地を一変せしめば、快も亦快ならずや、

明治二十一年八月十六日　　西京　清水豊子　記す

日本の女性の問題の根本を指摘

「十九世紀文明の歴史は女権拡張の歴史なり」と明言する。しかし、日本の婦人論は浅薄であり、女子に学問をさせることは認めるが、女子に自由や権利を得させることは不賛成のものもあり、更にその意見をすぐに変えるものもある、と日本における女性の問題の根本を指摘する。これに続く紫琴の多くの女性論に通ずる問題点の指摘である。紫琴は日本の男性について、「先生」すなわち植木枝盛と対比して、「平生政府に向つては自由を渇望し乍らも、其人一家の内に在りては縦《ほしいまま》に妻子を抑圧せんと欲する撞着家もある中に於て――男女同権の真理に適するを知り乍らも、自己が便宜の為めに男尊女卑説を賛成する偽学士もある中に於て」と辛辣な見方を述べる。

紫琴は明治一四年府女学校小学師範諸礼科卒業後、自宅で読書、写本の日々を送っていた。先述のように明治一八年、一八歳のころ嫁して岡崎豊子となり、夫と自由民権運動に関わったが離別した。植木枝盛（安政四年―明治二五年）は自由民権運動の代表的な思想家・理論家であり、紫琴はこの文章の書かれた明治二一年四月に植木枝盛を奈良に訪ね、八月十六日の日付でこの序文を書いている。

漢学の素養

紫琴は、女学校での勉学、その後の読書などによって漢学の素養があったことは、右の文章からも判る。「苟《いやしく》も」「甚だ」「或は」「縦《ほしいまま》に」という副詞類、「為さしめざらんと欲する」「抑圧せんと欲する」「豈に啻《た》だ然るのみならんや」という語法、「来たしたるの時」「真を乱るの偽説」等の助詞「の」、「正さしむる」「得せしめ」「有せしむる」「為さしめ」の「しむ」、「免かれざるものあり」の「ざる」、「先覚者たり」「原案者たる」の「たり」という助動詞、「謂はざるべからざるなり」「感謝せざるべからざる所なり」等という二重否定など、訓読語特有の語彙・語法が用いられており、伝統的な男性の論説的文章の文体と共通する。これらの訓読語文体の特徴については、後でも論ずる。

『東洋之婦女』で紫琴の前に序文を掲げられている二人は、中島俊子と佐々木豊寿であり、この二人については前章で述べた。巻頭の中島俊子の序文は、枝盛に宛てた書簡の形式で、やや儀礼的な候文であり、明治二二年刊行本では影印されている。変体仮名使用の手紙である。佐々木豊寿の序文は、紫琴と同様の論説的文章である。一部を引用する。

一国の文明を謀らんと欲するには男子を敬重すると同じく女子をも敬重せざるべからず、男子を教育すると同じく女子をも教育せざるべからず、男子をして天与の才性を発達せしめざるべからず、男子をして社会の光りと為らしむると同じく女子をしても社会の光りと為らしめざるべからず、況んや一国の人民は一家の童穉より起り、一国の教育は一家の庭訓より起り、一国の大人も、豪傑も、君子も、学者も未だ襁褓より萌芽し来らざる者はあらずして、而して家庭の教育に任ずる者は母たり。乳養の労苦を取るものは母たり、天下の英哲豪雄と為るべき者をも縄枢の子、虻隷の人と為らしめ、母のによりては土と為るべき者をも金と為し、生きて時に益なく死して後に聞ゆること無かるべき者をも宏図四海を覆ひ、芳声を千歳に

遺す者と為らしむるに於てをや、（以下略）

紫琴の場合と同様、漢文訓読語を用いる男性の論説文と同じ文体である。「…んと欲する」「ざる」「来《きた》る」「しむ」「況んや…をや」「母たり」という訓読語が見られる。「童穉《どうち》」（幼子）「襁褓《きょうほう》」（赤子）「縄枢《じょうすう》」（貧しい家）「虻隷」（?）「宏図《こうと》」（遠大な計画）のような難解な漢語を用いた修辞的な文章であるところが紫琴の場合と異なると言えよう。ただし、内容は女子にも男子と同様の教育を与え、社会の光となさしめようという概論にとどまり、紫琴の論のような具体性・現実性に乏しい。

「敢て同胞兄弟に望む」『興和之友』発表文

紫琴は右の序文執筆の翌年の明治二三年三月、「敢て同胞兄弟に望む」を『興和之友』第五号に投書、発表した。『興和之友』は、奈良の興和社発行の雑誌で、明治二一年十一月創刊号刊行、第三号に植木枝盛が「憲法六解」を載せている。前掲の『東洋之婦女』序文は依頼されて書いた文章であるが、これは紫琴が依頼によらず自ら書いた最初の論説文と言える。

『興和之友』に発表された文章は、現在『奈良県近代史史料(1)大和の自由民権運動』（奈良県近代史研究会）によって読むことが出来る。論の展開から見ると、三つの段落から成る論文である。便宜段落で区切り、文の終わりを一字分空けて示す。

〔第一段落〕

きのふと云ひけふとくらして飛鳥川流れてはやき月日なるかな、其初十四年十月を以て我が皇帝陛下が将に明治二十三年を期し議員を召し国会を開かんとするとの空前絶後の聖詔を発し給ふや我等は之を拝読して坐ろに感涙を催したると共に其の十四年より二十三年に至るまては通計十年の歳月ある事を思ふて光陰は白駒の隙を過ぐるが如しとの言葉あるにも拘はらず猶ほ且つ地球の運転と運行とをして例外の速力を得せしめんと欲したるほどの事にてありしも今は早や萱莢の屡々換りはて乃ち国会開設の前一年とこそなりたれ　是迄寝食をだも忘れて東西に奔走し櫛風浴雨をだも厭はずして南北に馳騁し以て立憲政体の創業に粉骨砕身せられたる兄弟諸君には猶更らの事凡て我国人民諸君に於ては曽て首を長ふして切望したる新天地をも今は僅かに一年の後を以て見る事を得べきなり　諸君の心中果して如何ぞや　諸君の心中果して如何ぞや　但だ其の国会の権限が果して如何やうなるものとなる耶　其議院の構成が果して如何やうなるものとなる耶　其国会と行政府との関係が果して如何やうなるものとなる耶　其国会と行政府との関係が果して如何やうなるものとなる耶　其国会議員の選挙が果して如何やうなるものとなる耶　是等の点々に至りては未だ能く逆知する事を得ざるが故に因つて以て心思を労する無きにもあらずと雖も兎も角来年を以て国会を開設せられんとするに至りたるものは誠に喜ぶべき事なるべし　誠に楽しむべき事なるべし

〔第二段落〕

然れども我兄弟諸君よ君等は今将さに一年の後よりして此大機会に逢遇せんとするに当り唯だ若くは其の男子のみにして其幸福を享受せんと擬意せらるゝ耶　若くは吾々姉妹と与に（マヽ）共に其の幸福を享得せんと擬意せらるゝ耶　蓋し君等が曽てより自由の尊ぶべき事を立説し人権の重んずべき事を唱道し之れが為にして立憲政体の興さゞるべからざるを論議し或は建言し或は請願し孜々として其事の為に勉められしものは豈に夫れ男子のみの自由を尊ぶべしと為し男子のみの権利を重んずべしと為し男子のみをして立憲政体を組織せしめんと覚悟せられしものなる耶　思ふに必しも然るにあらざるなり　諸君にして既に已に自由の尊ぶべきを知り以て立憲政体を興さん事を企画す　安んぞ男子のみは自由をも尊ぶべく権利を重んずべし　女子は則ち然らず　男子のみは政権にも与るべし　女子は則ち然らずと為すが如きの撞着矛盾する事あらんや　諸君にして今若し男子のみは自由も人権も尊重す可なれども又其政権をも必要とす可なれども女子は則ち然らずとなし明年より国会の開設あるに就ても女子をは是を排して独り男子のみ其栄誉を私し其

幸福を擅にせんと欲し女子をは猶ほ其の奴隷の境涯に存在せしめて政府の外なる一小君主の威権下に匍匐せしめ屈従せしめ唯々たり諾々たり　唯々命是れ従はしめんと欲するが如き事あらん乎　蓋し諸君の如きは己れ政府に対すれは其束縛を免れん事を欲し其干渉を脱せん事を欲し自由を与へよと叫呼し政権を与へよと叫呼しながら而して自から其一家内に就ては全く己れか崇尚する所の主義に反するとは豈矛盾の至ならすや　聖言に之あり　曰く己れの欲せざる所之を人に施す事勿れと　曰く己れの欲する所の者をは又能く之を人に施せよと　諸君なる者寧ろ是般の聖言をも一顧する事を為さず　乃ち正しく己れの欲せざる所を以て之を人に施さんと欲する事なる耶　己れの已に信ずる所を以て之を人に施す事を吝惜するものなる耶

〔第三段落〕

我等女子たるものは必しも吾々の兄弟諸君乃ち我国の男子諸君にのみ依頼して自由を享受し権利を獲得せんと欲する者にあらす　我等女子たるものは又且つ女子たる者の力に依り女子たる者の勉むる所によりて其志を達せんと欲するものなり　而して今其二十三年国会開設の期に至らんとするに当りては猶ほ且つ諸君の独り男子のみを以て立憲政体の社会に栄誉あり幸福ある人と為る事を期せらるゝのみならす併せて女子をも諸君男子たる者と同じく立憲政体の社会に栄誉あり幸福ある人と為さしむるやう企図せられん事を希望せざるべからざるなり　其故何ぞや　諸君は実に自由の先唱者なればなり　人権の先唱者なればなり　立憲政体の先唱者なればなり　二十三年を以て国会の開設あらんとするが如きも畢竟するに諸君の尽力之をして然らしむるものなればなり　而して今日にして斯の如きの事を男子諸君に希望するものは是れ唯だ吾々女子の為めに之を希望せざるべからざるが為めにあらず　実に自由の先唱者たり民権の先唱者たり立憲の先唱者たる男子諸君の為めに之れを希望せざるべからざればなり　試に之れを思へよ　今其二十三年に垂んとするにも拘はらず女子をば全く之を排して独り男子のみの幸福を達せん事を企図すると、併せて女子をも男子と同じく幸福の地に達せしめん事を企図すると其主義の高下果して如何ぞや　其功の大小果

して如何ぞや　否や〳〵斯の如きは唯々其主義に於て高下あり其功に於て大小ありと為るに非さるなり　一は則撞着矛盾の行ひなり　一は則ち正義公直の行なり　撞着矛盾の行ひを為すと正義公直の行を為すと孰れか取るべきぞ　孰れか捨つべきぞ　敢て論ずる事を須ひずして知るべきにあらずや　同胞兄弟諸君請ふ択ぶ所あれよ

この論文には別に草稿が残されており、『紫琴全集』には古在家に蔵されていたこの草稿のみが掲載されている。

「敢て同胞兄弟に望む」草稿

草稿は大きく二段落から成る。（引用は『紫琴全集』による）

〔第一段落〕

今や明治二十一年も既に去らんとし兄弟諸氏が待ちに待ちたる国会開設の期も遂に中間纔《わず》かに三百有余の日数とはなりぬ。我が兄弟はこれがためかつて寝食を忘れて東奔西走せられたりき。しかり諸君は全国の与論を惹起し、かつこれを代表してその請願に尽力されたりき。しかして今はすなわちその準備に着手し、熾《さか》んに政党を組織さるるに至りしは、実に諸君が功労の因ようやくここに果を結びたるものといふべく、その胸中の愉々快々なる果していかばかりぞや。

しかれどももまた考一考せば、朧《ろう》を得て蜀《しょく》を望むは人情の常なれば、諸君は定めて国会の権限いかんを苦慮せらるるなるべし。しかれども一よりして十に達し十より百に到るは自然の法則なれば、始めより完全無欠のものを得る訳には至り難からん故に、始めはよしや現時の府県会を合併して東京に開きし位のものと仮定するも、他日においては全国の民心を代表し、施政者が施政の方針を左右するの羅針盤となり、自由の積極と称せらるるや期して竢《ま》つべきのみ。はたしてしからば我が兄弟は二十三年をもつて自由の天国に発途するものなれば、あたかもこの多年雪に堪へ霜を凌《しの》ぎたる寒梅が一陽来復の時を得て、先づ蕾を破り、百花爛漫《らんまん》の前兆を示すがごとし。その行程の遠近は兄弟諸君の熱心いかんにあるのみ。諸君の功労称すべく諸君の得意想ふべし、あに賀すべき至りならずや、あに羨むべきの極みならずや。

〔第二段落〕

しかれども、我が兄弟諸氏よ、君等はこの自由の幸運を得ながら独りその楽を享けんとせらるるか、はたまた我が姉妹と共に、自由の園に遊ばんと欲せらるるか、妾等が姉妹は政府の外別に各々一の小君主を戴けり。この小君主はある狭隘なる場所において専横を極め、我が姉妹を苦しめおれり。ここには法律もその効を及ぼさず、真理もその跡を斂《おさ》め滲澹たる黒雲その上を覆へり。屈柔従容として耳あるも聴かざる如く、眼あるも覩《み》ざるが如く口あれどもあえて開かず、唯々諾々御無理御もつともと唯命是従へば安寧なり。もし一朝その意に逆へば霹靂《へきれき》一声たちまち頭上に落ち、はなはだしきに至りては保安条例と同一の効を有する三行半《みくだりはん》の律令を示され、がぜん郷里に放逐さるる事あり。その理由を問へば唯治安否和合に害ありといふに過ぎず。あに咄々怪事にあらずや、時にあるいは一言もつてこれに忠告するあれば、曰《いわ》く両婦女何をか知らんとその言論の自由を得ざるや概《おおむ》ねこの類いなり。誰か知らんこれら専制国の君主を気取りおる人々はただ裏店の八公、熊公に止《とど》まらず政府の抑圧を厭ひ、平素平民主義を採るところの志士もあり、廿三年国会開設の暁には国会議員たらん事を予期するの紳士もあるを憶《おも》ふに、これらの人々は必竟人権の重んずべきを知ればこそ自由を主張するならん。立憲政体を企図せしならん。しかして人とは男女を概括するの名称なるは万々知悉するところならん。しからば則《すなわ》ち男権女権に論なく共にその権利を拡張するは当然ならずや、今一歩を仮して論ぜばよしや女権の拡張を計るまでには至らずとも、これを浸害するの行為は勉めて避けざるべからざるにあらずや。しかるに今得意然揚々乎として弱者の肉を食ひ我が姉妹の織弱に乗じてその抑圧を逞《たくまし》ふせんとするこれあに諸君のいわゆる男子らしき行ひならんや。今仮りに諸君が

採るところの主義の表を作らば

（すべて人の権利は同一なりしかれども婦女の権は男子より小なり）

といふが如し。これあに論理に適したるものならんや。人の権は同一なりといはば、男女を一様と観念せざるべからざるにあらずや。我が兄弟は我が姉妹よりも高等の教育を受け、あつぱれなる議論家もあり奥妙の理を極めたる大識見家もありながら、かくのごとく誤りたる論理を是認さるるは、便宜のためか、私情の故か、もし婦女は器械なり玩弄物なり玩弄物なり故に汝等《なんじら》の権利は例外なりといふにあらば、妾また何をかいはん。しかれども妾等姉妹もまた霊魂の有るあり、いずくんぞ久しく鬱々としてその専横を忍ばんや。もし今にしてこれを改めずんば革命の乱あるいは無きを保し難けん。古人曰く己れの欲せざるところ、これを他人に施すなかれと。諸君が政府に向つて自由を渇望せらるるはあたかも妾等姉妹がその夫の抑圧を脱せんとするがごとし。しかるに我が兄弟が戸内と戸外とにおいてその主義を豹変するは利己主義の政事家が、在朝と在野との関係により、その論鋒を左右するに彷彿たり。自ら欺き人を欺き毫も恥を知らざるは何事ぞや。その専制暴行の細目はこれを明言するを欲せず否明言するに忍びざるなり。もし一々これを挙示せばただに至仁至正公なる兄弟諸君を傷つくるのみならず、姉妹の汚辱を暴露するを恐るればなり。故に専制と称せられ抑圧のいはるるの因はこれを兄弟諸氏の自問に任ず。諸氏の脳裏に印したる旧慣を脱せざる限りは二十三年国会の開設も妾等姉妹において何かあらん。しかれどもまた諸君の心一つにて妾等姉妹は、今日ただいまにても自由の民となるを得べし。何ぞ三百有余日の長日月を竢つを要せんや。

妾等は一国の政事に参するよりも前に一家の主権に与《あずから》んと欲するものなり。政府に自由を求むるよりも前に、その夫の束縛を脱するをねがふものなり。いやしくも妾等にして一朝小君主の手を脱し屋内の自由を得んか、すなはち諸君と悃心戮力して力を一国の自由に効さん、諸君聞かずや泰山は土壌を譲らず河海は細流を撰ばずと。こいねがわくは他日において二十三年を以てただに諸君が自由の発途たるの日なるを祝せしむるのみならず、併せて妾等が束縛を脱せしの時なるを記憶せしめよ。桜花他日に爛漫たりといえども梅花は花のさきがけなり。兄たるの名誉は失はじ。妾等に自由を与へたればとて何ぞ兄弟諸君に害あらんや。幸にその量を大にし妾等をして少しく手足を伸べしめよ。等しく立憲政体の治下に生息するの民たらしめよ。

発表文と草稿との比較

『興和の友』発表文（以下「発表文」とする）と草稿を比較する。

第一段落について。

発表文は、翌年の明治二十三年の国会開設を前にして、「寝食を忘れて」「立憲政体の創業に粉骨砕身せられたる兄弟諸君」の努力によって「来年を以て国会を開設せられんとするに至りたるものは誠に喜ぶべき事なるべし」として、これまで活動してきた男性の努力をねぎらっている。冒頭の和歌の「きのふといひけふとくらして飛鳥川流れてはやき月日なるかな」は『古今集』所載の春道列樹《はるみちのつらき》の作（五句「なりけり」）であるが、紫琴の言いたいことは「流れてはやき月日なるかな」で、明治十四年に天皇が十年後に国会を開設することを宣言してその年が来年に迫っていることを言ったものである。古典に対する学識がわかる。このように最初に和歌をもってくる書き方は、古風なものと言える。

草稿は、やはり国会の開設が近づいていることを喜び、そのために努力した男性（「我が兄弟」）の苦労をねぎらっている。

第二段落について

発表文は、男子のみならず女子も立憲政体に参加すべきというもので、「国会の開設あるに就ても女子をは是を排して独り男子のみ其栄誉を私し其幸福を擅にせんと欲し女子をは猶ほ其の奴隷の境涯に存在せしめて政府の外なる一小君主の威権下に匍匐せしめ屈従せしめ」ようとするのかと非難し、男性に対し「政府に対すれは其束縛を免れん事を欲し其干渉を脱せん事を欲し自由を与へよと叫呼し人権を与へよと叫呼し政権を与へよと叫呼しながら而して自から其一家内に就ては全く己れか崇尚する所の主義に反するとは豈に矛盾の至ならずや」と詰問している。

草稿は、国会開設という「自由の幸運」を得た男性に対して、女性は家の内で男性の束縛に苦しんでいることを具体的に述べる。「妾等が姉妹は政府の外別に各々一の小君主を戴けり。この小君主ハある狭隘なる場所において専横を極め、我が姉妹を苦しめおれり」「もし一朝その意に逆へば霹靂一声たちまち頭上に落ち、はなはだしきに至りてハ保安条例と同一の効果を有する三行半《みくだりはん》の律令を示され、がぜん郷里に放逐さるる事あり」「誰か知らんこれら専制国の君主を気取りおる人々は……政府の抑圧を厭ひ、平素平民主義を採るところの志士もあり、廿三年国会開設の暁ニハ国会議員たらん事を予期するの紳士もある」と告発する。さらに「二十三年を以てただに諸君が自由の発途たるの日なるを祝せしむるのみならず、併せて妾等が束縛を脱せしの時なるを記憶せしめよ」「等しく立憲政体の治下に生息するの民たらしめよ」と要求する。

この段落においては、発表文と草稿とはかなり異なる。

この間の事情について、中山和子「清水紫琴研究」（一九九〇・三『明治大学人文学研究科紀要』別冊一〇）及び江種満子「清水豊子・紫琴（一）―「女権」の時代」（二〇〇三・一〇『文教大学文学部紀要』一七―一）で論じられており、草稿と「発表文」の違いが指摘されている。その要点は、草稿の生き生きとした論調の部分が発表文では削除されていることである。これについて中山論文では、当時紫琴の指導的役割を果たしていた植木枝盛の関与があったとし、そのため草稿の「妾等は一国の政事に参するよりも前に一家の主権に与《あずから》んと欲するものなり。」というような現在のフェミニズムに通ずるような具体的な新しい主張が消されているとする。

第三段落は、発表文のみにある部分である。「我等女子たるものは」から最後までである。ここでは、「我等女子たるものは必しも吾々の兄弟諸君即ち我国の男子諸君にのみ依頼して自由を享受し権利を獲得せんと欲する者にあらす　我等女子たるものは又且つ女子たる者の力に依り女子たる者の勉むる所によりて其志を達せんと欲するものなり」という決意を述べる。しかし実際にはその方法は無い。そこで、結局「男子のみを以て立憲政体の社会に栄誉あり幸福ある人と為る事を期せらる丶のみならず併せて女子をも諸君男子たる者と同しく立憲政体の社会に栄誉あり幸福ある人と為さしむるやう企図せられん事を希望せさるへからさるなり」と述べ、その理由として男子のみの栄誉や幸福を求めるのは、自由・人権の先唱者として「撞着矛盾」の行為であると論断する。

草稿と発表文とを全体として比較すると、草稿が第二段落において女性の窮状を具体的にくわしく論じ、男性にそれへの対処を強く要求しており、確かに中山・江種論文の言う通り全編統一された主張で迫力がある。

一方発表文は、第二段落において草稿と同様のことを述べているが、迫力は劣る。草稿にない第三段落において、男性に対し、「女子をも諸君男子たる者と同じく立憲政体の社会に栄誉あり幸福ある人と為さしむるやう企図せられん事を希望せざるべからざるなり」と述べ、これを認めないのは「撞着矛盾の行ひ」であるとし、男性に対し「正義公直の行ひ」とについて「同胞兄弟諸君請ふ択ぶ所あれよ」と迫る。確かに草稿より迫力に欠けるが、現実的な論説としては整っている。

草稿と発表文を比較すると、文体としては漢文訓読文体の特徴を有する論説文体であることには変わりはない。しかし、顕著な違いが一つある。それは自称詞である。

草稿は、自称詞に「妾《しょう》」を用いる。「妾また何をかいはん」「妾等にして一朝小君主の手を脱し屋内の自由を得んか」「妾等が束縛を脱せしの時なるを」「妾等に自由を与へたればとて」「妾等が姉妹」「妾等姉妹」である。（他に「我が姉妹」「我が兄弟」もある。）

これに対し、発表文では、「妾」は全く用いられていない。単数の自称詞は見えないが、「我等は之を拝読して」「我等女子」「吾々姉妹」「吾々女子」のように「我等」「吾々」が用いられている。『女性作家集』（新日本古典文学大系　明治編）所収の紫琴「泣いて愛する姉妹に告ぐ」の校注を担当した高田知波は、補注において紫琴がこれ以後「妾」の使用を避けたと述べている。

紫琴の用いた自称詞については、後で改めて論じるが、論説文で自称詞に「妾」が用いられているのはこの草稿のみであり、発表文で「我等」「吾々」になっているのは、紫琴の意志であろう。

「敢て同胞兄弟に望む」以後、『女学雑誌』参加以前の紫琴の論説は、「日本男子の品行を論ず」（『東雲新聞』）「一夫一婦の建議に就ての感を述べ満天下清徳の君子淑女に望む」（『京都日報』）「謹んで梅先生に質す」（『東雲新聞』）の三篇である。これらはいずれも全集未収録で、筆者もこれらの存在を先掲の中山和子「清水紫琴研究」によって初めて知った。中山の説く通り、いずれもフェミニズムの先取りとも言うべき先駆的論文である。

最初の本格的論文「日本男子の品行を論ず」

「日本男子の品行を論ず」は約四九〇〇字、「謹んで梅先生に質す」は約九〇〇〇字に及ぶ堂々たる論文である。近代、女性が漢文訓読文体を基礎とする論説文を書き得るようになったことはこれまで述べてきたが、「日本男子の品行を論ず」はその論の骨格、論理性、分量、及び表現の迫力の点で、近代における女性による最初の本格的論文というべきすぐれたものであると言える。

この論文は『東雲新聞』の明治二二年五月八日―一〇日の三日間「寄書」欄に掲載されたものである。『東雲新聞』は、明治二一年一月一五日に大坂の寺田寛が中江兆民を主筆に植木枝盛ら自由党系の人を迎えて創刊した日刊紙で、明治二四年一〇月二九日終刊。紫琴は植木枝盛との関係で投稿したものと思われる。『東雲《しののめ》新聞』は復刻版があり、以下の引用はその復刻版による。便宜文の切れ目を一字分あけて示す。濁点を補う。

日本男子の品行を論ず　　西京　清水とよ女

「七重八重花は咲けども山吹の」てふ和歌は我日本男子現時の状態に彷彿たるなからんや　我国の男子中には学問もあり才識もあり財産もありて其花に於ては随分立派なる人物も多けれど其実たる品行の点に至りては其人の学問才識と並び称せられて耻ぢざる者は幾人もなかるべし　堂々たる医者たり政事家たる人

にして其躬行は却て我女子中些の教育をも受けざりし者に比するも敢て差異なきが如き行跡あり　況んや其他をや　儂が山吹の古歌を以て之れを評するも敢て過言にはあらざるべし

品行の範囲は実に広潤なるものながら其内の主たるものは男女の情慾に関する行ひなるを以て儂は特に此事に就て我日本男子の品行を論ぜんとす　我日本には芸娼妓なるものありて頻りに男子に賞翫され居れり

然るに彼等は何の必要ありて此社会には発現したる乎　彼等各個の身上に就て一々見解を下す時は千差万別の因あるなるべし　然れども之れを需用する人あるが為めに此業を営むとの事柄に至りては何れも皆同一因に帰着するなり　故に一方に芸娼妓なる者あるは他方に色を好むの男子多き徴証とこそ云ふべけれ

左れど之れを売る者も買ふ者と同じく廉耻を破る者なれば之れが為めのみにして男子は皆不品行なり女子は品行方正なりと云ひ得ざれども之れを売る者は女子中最も賤劣なる一部分の者にのみ止まりて男子は則ち然らず滔々たる二千万人中未だ曽て芸娼妓を需用したる事なきものは蓋し幾人もなかるべし　故に此点より見るも我日本の男子は品行方正なりと云ふ事を得ざるなり　或は云はん買ふ者は売る者と同一視す可からず　買ふ者は売る者よりも其耻たるや小なりと　是れ豈五十歩にして百歩を笑ふの類ならずや　況んや需用者ありて後供給者生ずるは経済の原則なるに於てをや　之れを如何んぞ男子の責に帰せざるを得んや　嗟呼我国男子の多数は泥中の花を愛でんとして己れも亦泥中に陥りたるを覚らざるなり　憐れむ可き哉　今や公許売淫廃止の事は一二有志者の唱導する所にして苟しくも愛国の志ある者は何人と雖も其美事たるを認めざるものはなく我国の名誉上当然行ふべき事たるにも拘はらず之れを断行するに苦しむが如きは他に顧慮する所あればなるべし　其は之れを公に販売せしめざれば密に売買する事となり社会の裏面に大なる害毒を流すならんとの恐れを懐けばなるべし　之れが為めに政府が売淫廃止の事に遅々するは可なるか不可なるかは暫く措て論ぜずと雖も斯く政府をして日本男子は到底情慾を制するを得ざるの輩なり

獣類的の慾に惑ひて名誉をも道徳をも顧みざるの輩なり　公密何れにか売淫を要するの輩なりと信認するに至らしめたるものは焉んぞ男子たるものゝ品行之れをして然らしめたるに非ざるを知らんや。是啻に男子一般の耻辱なるのみならず直接には婦女の幾分を駆りて汚泥に陥らしめ間接には我日本の国体を毀損するの大なるものなれば敢て軽々に看過すべきに非るなり　故に今男子にして仮令公許の芸娼あるも敢て之れを需用せず且其他に於ても私に於ても力めて劣情を制し大に其面目を一新せば政府は喜んで公許売淫廃止の猛断を行ふのみならず政府が予想する如き悪結果をも生ぜず又彼賎女子輩も既に男子が之れを需用せざるを以て公に於ても私に於ても此業を営むに由なく自然に其痕跡を滅するに至るべし　斯の如きは単に外部なる政治の改良のみに止まらず其内部をも共に改良するものなれば一挙両得の策と云ふべし　故に儂が芸娼妓なる者の存在に就て特に男子を責むる所以のものは情慾を制せざるの一事其原因たるを知ればなり

(困《ママ》に云ふ　今芸娼を一括して論ぜしを批議する人もあらんが今の芸妓は娼妓と異名同質なるものなり故に儂は其別を問はず)（未完）［明治二二年五月八日］

日本男子の品行を論ず（接前）

又我国の男子中殊に紳士とか紳商とか云はるゝ人の内に於て芸娼妓を妻とする人多きを見るは実に歎ず可きの事といふべし　其は其人一己の名誉を貶すのみならず是亦婦女をして芸娼とならしむるの因なればなり　従前の如く其妻を奴隷視し若くは玩弄視したる頃なれば兎も角も今日は既に夫婦は異身同体のものなりといふ理論が認められ居る時なるに一旦牛馬視せられたるものを妻とし己れの半身とするは恰も是己れも牛馬に伍したるの辱しめあるものなり　苟しくも日本の紳士たり紳商たり若しくは他日為すあらんとする人士にして牛馬と列を同うして可ならんや　加之ならず彼芸娼なる者がかゝる賎業を営むは決して止むを得ざるに出たる者のみには非ざるなり　過半は止むを得て止まざりしものなり　何故に止むを得て止まざるかといふに今日の社会は紳士とか紳商とか云はるゝ者程殊に足を花柳の巷に運び中には酔枕美人膝醒握天下権と高吟し得々として芸娼の膝を枕とする者もあり　而して懇親会とか宴会とか云へば必ず馴染の芸妓を招かねばならぬ状況にて始めは悲壮慷慨なる志士が切歯扼腕して演説せし席も終りは賎女子輩が紅

裙を翻し喋々し喃々するの場と変ずるが如く其如何なる人如何なる席にも侍り得可きを以て将来に望みを属するに足るの営業なりとし好んで芸娼妓となる者あるなり　我国下等の父母が女子を珍重して殊更に歌舞音曲を練習せしめ幾多の金を投じて迄も賎業者とならしむるが如きは是皆紳士一顧の栄を蒙り為めに左団扇の楽隠居たらんと欲する者のみ　斯の如きは容易に観察し得べきの事実なり　是皆偏に紳士輩が芸娼を妻とするの誤りに起因せしものなれば最も改む可らざるの陋習なりとす

其他我国の男子中妻あるにも拘はらず妾を蓄ふる者あり　若くは妾を蓄へざるも他婦に戯れて暗に一夫数婦の汚行を為すは是十中の八九迄は免かれざるの弊なるべし　斯の如きは其妻に対して不敬不義の行ひたるのみならず無情の極と云ふ可きなり　元来夫婦たる者が結合せしは此行路難渋なる五十年間の旅行を相扶け相倚りて偕に共にせんとの意に出たるものなり　決して妻たるものは子を生むの機械台所を整理するの器具と見做されて聘せられたるものには非ず　然るに不信にも妻にのみは専一の義務を守らせながら自己は随意に其愛を他に洩さんとするが如きは情義上為し得可らざるの事に非ずや　中には子なきを口実として妾を置く者もあり　是亦甚はだ謬妄の事と云ふべし　其子あると其子なきは夫婦間に於て責め果して何れに帰するやを知り得べからず　然るに之を単に婦女の責として新に他に求めんとするは公平の所行とは云ふ可らず　子なきが為めには妾を置くべしとせば妻たる者も亦男妾を宥さゞるの自由なかるべからず然れども斯の如きは暴を以て暴に代ふるものなれば為す可きの事に非るを以て双方共に仮令ひ子なきが為めなりとも妾を置く可らざるは当然の事なり　況んや其口実とする所是よりも尚ほ薄弱なるものに於てをや　或は云はん妾を蓄ふるは不可なれども一時の娯楽にする為め仮りに他婦に戯るゝは可ならんと　是亦妄想の甚しきものといふ可し　斯の如き輩は須らく思惟すべし　今若し己れの妻が他の男子に見えながら曰く是は只一時の出来心なり　交際上止むを得ざるに出たるなりと弁ぜんに諸子は之れを宥すや否や　其の重ねて置て四ツにすると云ふが如きの野蛮台詞を並べ出さゞるも三行半の保安条例は必らず踵を回らさずして発布するならん　果して然らば己れを以て他を推せば其不可なるや儂が呶々を要せざるべし　今若

し夫と妻とは自づから相違ありと云ふ人あらば儂は将さに問はんとす　汝は曽て新婚の際其妻に対して弐心なきを誓はざりしか　汝の良心は一夫数婦を是認するか　汝は何に因り一夫数婦の真理たるを認め得たるかと　而して又問はん男子と女子とは其情に於て差ありや　汝が妻は汝の淫行を怒らざるか　左なきだに女子は感情に敏なるものなり　豈怒らざらんや　已に之れを怒るものとせば汝は已れの欲せざる所を以て之れを他に施さんとするものなりと　斯く論じ来らば一夫にして妻の外なる婦人に接するは咎むべきの行ひたるや明らかなり　然るに我国多数の男子は倫理を破りて我儘勝手の所行を為しながら妻たる者が一言にても之れを咎むる時は嫉妬は女子の謹しむべき事なりと自己の不品行を棚へ上げ却て妻を制するが如きは無情の所行には非るか　非義の行跡には非るか　如何に今日迄の婦女が之れを矯むるの資格なき為め暗涙を呑んで之れを忍び黙々に付し居ればとて如何に我刑法は男子の姦淫を罰せざればとて道徳の罪人になるをも覚らず恣まゝに婦女の地位を蹂躙するは切に男子の為めに採らざるところなり

（以下次号）　［明治二二年五月九日］

日本男子の品行を論ず（接前）

要するに斯の如くなり来りたるは必竟今日迄の婦女は概して学問なく智識なく財産なく職業なかりしを以て男子と対等の地位を保つを得ず随て情交てふ清潔の交りを結ぶを得ず故に男女の交りと云へば単に肉体にのみ止まるものとなり其極男子は女子を玩弄物又は奴隷として軽視し女子も亦自暴自棄の余公然其不当を責めざりしを以て男子は憚る所なく社会に跋扈し遂に遊蕩の輩となりしなり　且つ古より我国に行はれたる道徳は至極偏頗なるものにてありし故なり　其一二を挙て云はゞ貞女は両夫に見へずと婦女には戒めながら男子には妾を蓄ふに其姓を知らざれば之れを卜すなどゝ教へ妾を蓄ふる事をさへに公認しあり　又嫉妬を七去の首位に置き而して女子にのみ七去の責を負はしめたるが如き決して其当を得たる者にては非ざりしなり　是を以て男子は之れを奇貨として随意に姦淫を行ひ妾の多きは却て富の度の高きを示すものゝ如く思惟し他人亦之れを羨称する程の事にてありき　古来函入娘の称はありながら函入息子の唱へなきを

以て見るも男女品行の検束に寛厳の差ありしを知るに足る　而して其結果や今日に至りては既に習ひ性となりたるもの丶如く何人と雖も多くは習慣の奴隷となりて男子は女子の如く劣情を制し得べきものに非ず又制せざるも可なるものなりと思惟すること丶なりしなり　故に既往の事に就ては独り今代の男子をのみ咎む可からざれども現時と将来との二者に於ては切に之れを今時の男子諸子に望まざるを得ざるなり試に思へよ　我明治の社会にして今日迄毫も旧来の面目を改めず少しも文明の大気に触れざりしならば其道徳も亦祖先伝来の儘之に支配せらる丶も不可なかる可けれど今日の日本は昔日の日本には非るなり　百時百物日新月化し廿年来例外の速力にて進歩したるの日本なり　且又将来尚ほ大に進歩すべく又進歩せしめざる可らざるの日本なり　故に今日の日本人民が標準とすべき道徳は文明国たるに適するの道徳たらざる可らず　然るに男子諸子は常に文明紳士を気取りながら自己に便利なればとて道徳の欠点を見出さず或は之れを知らざる真似して男女間の道徳のみ旧弊の儘に保存せんとするは豈不都合の所行に非ずや　且又我姉妹等が未だ二千年来の迷夢を破らず若くは幾分の学識を獲得しながら職業なく財産なき為め自ら進んで天賦の地位を回復せざればとて毫も同胞の仁愛より之れが地歩を得せしむるの事を為さず進み得べくは進めよ取り得べくは取れよ我れは与へし動かじと頑然自ら大にし却て其進路を遮絶せんとするが如きは徳行ある人の当に為すべきの行ならんや　知らずや文明てふ称号は人智人文の二者のみを以て購ひ得べきには非ざるを紳士てふ名目は学識財産の二者を代表するの語には非ざるを徳義の行はれざる国は真正の文明国に非るなり　品行を兼ねざる人は真正の紳士には非るなり　朝に鬚を捻りて時事を論じ夕に膝を崩して柳橋の花に戯る丶が如き賎業者流を妻とし若くは□婦に戯れて婦女を玩弄視するが如き之れを如何んぞ文明国人の所行と云ひ紳士の所作と為すを得んや　今や憲法てふ未曾有の花は既に開け国会てふ見事なる花も遠からずして十年来の蕾を破らんとする時季なるに「実の一ツだになきぞかなしき」と嘆ぜらる可き山吹と同一般なる身を以て文明国裡の春を占め百花の主人と為らんとするは実に笑止の極と云ふべきなり　男子諸子よ冀くは深く自ら猛省し幸ひに大に改むる所あれ

（完）［明治二二年五月十日］

約四九〇〇字に及ぶ長大な論文である。後述する「謹んで梅先生に質す」に次ぐ紫琴の二番目に長い論文である。

先ず日本男子の品行の問題点として「芸娼妓《げいしょうぎ》」の問題を取り上げ、男子のうち「未だ芸娼妓を需用したる事なきものは蓋し幾人もなかるべし」として「日本男子は到底情欲を制するを得ざるの輩なり」と断罪する。さらに、「公許売淫廃止」のことは、我が国の名誉の上からも当然行われるべきことであるのに、政府はそれに躊躇しているのは、「日本男子は到底情慾を制するを得ざるの輩」と認めているためだとし、これは男子のみならず日本の恥辱であると糾弾する。

次いで、日本の男子のしかるべき地位の人のうち、「芸娼妓」を妻とする人が多いことを指摘し、女性が芸娼妓を望む傾向を助長すると警告している。

さらに、妾を持つ男子の行いは、「其妻に対して不敬不義の行ひたるのみならず無情の極と云ふ可きなり」とし、「元来夫婦たる者が結合せしは此行路難渋なる五十年間の旅行を相扶け相倚りて偕に共にせんとの意に出たるもなり　決して妻たるものは子を生むの器械台所を管理するの器具と見做されて聘せられたるものには非ず　然るに不信にも妻にのみは専一の義務を守らせながら自己は随意に其愛を他に洩さんとするが如きは情義上為し得可らざるの事に非ずや」と述べてその根拠を明らかにする。

最後に、男女がこのような関係になったのは、これまでの女性が「概して学問なく智識なく財産なく職業なかりしを以て男子と対等の地位を保つを得ず随て情交てふ清潔の交りを結ぶを得ず」という状態であったためとする。これも現在では余りに当然の指摘であるが、明治二二年という時期においては、画期的な明快な論である。なお、右の文に「情交」という語が見えるが、この意味は現在と異なり〈親しい交際〉という意味である。

なお、この論文においては、自称詞に「儂」が使われている。

文体は、漢文訓読文体を基調とする論説文体である点は、これまで述べてきた女性の諸論文、紫琴の論文と同じであるが、長さが大きく異なる。先に述べたように、恐らく近代において女性の書いた論文の中で、最初の長篇の本格的論文と言えるであろう。論旨も一貫しており、展開も説得力がある。内容については、「芸娼妓」の部分を別にすれば、「日本国憲法」施行前までの「日本男子」にあてはまることも少なくないと言える。紫琴のこのような長大な論文が「寄書」欄に三回にもわたって掲載され得たのは、先に述べたように『東雲新聞』に植木枝盛が関与していたためであろう。

このような論文が書かれたのは、この時期における法律上の妾問題、また一夫一婦制建議についての議論が行われていたことが理由であると考えられる。

明治新政府は、明治三年十二月制定の「新律綱領」において妻妾ともに二親等とみなすことを明記し、両者に夫以外の男との性交を禁じた。実質的な一夫多妻の承認であり、女に対する「姦通罪」の制定である。明治一五年の「刑法」においては、さすがに「妾」の文字は取り去られた。

このような状況において、男女の性の平等を求める動きはキリスト教界から起こり、明治一九年に創立された婦人矯風会は一夫一婦制の建白書を政府へ提出した。紫琴の次の論文はこれに関するものである。

「一夫一婦の建議に就ての感を述べ満天下清徳の君子淑女に望む」

紫琴は、明治二二年六月七日の『京都日報』の「寄書」欄に「一夫一婦の建議に就ての感を述べ満天下清徳の君子淑女に望む」を寄稿した。『京都日報』は、京都日報社発行の新聞で、明治二二年三月十日創刊、明治二五年終刊である。筆者は東京大学明治新聞雑誌文庫所蔵のマイクロフィルムによって読むことを得た。同文庫は、創刊号から五七一号（明治二四年二月一日）までのマイクロフィルムを所蔵している。次に全文を示す。便宜文末を一字分あける。

一夫一婦の建議に就ての感を述べ満天下清徳の君子淑女に望む　清水とよ女

頃日新聞紙及知友等の報ずる所に依れば東京婦人矯風会南部の諸姉は一夫一婦の倫理に基づき刑法の改正民法の編纂に就て元老院へ建白書を呈せんとし専ら同意者を募り居れりと　嗚呼是何等の美事ぞ　何等の一大快報ぞや　儂は平素目に触れ耳に聞ゆる所のもの一として淫風醜声ならざるはなき迄に淫猥の毒瓦斯社会に充塞しつゝあるを見て転た憂愁の情に堪へず　曽て一新聞に寄稿して男子の品行を論じて人々の道義感情に訴へんとせしかども儂が文の拙劣なる儂が説の陳腐なる啻に男子諸兄の一顧を煩す能はざりしのみならず得る所のものは於転婆生意気の譏りのみなりき　然るに今や我敬愛なる矯風会の諸姉は百尺竿頭更に一歩を進めて今回の挙あらんとす　儂は此好報に接し歓喜措く能はず　恰も「五月雨や或る夜ひそかに松の月」の感あり　儂すら猶且然り　況んや天下清徳の君子淑女に於てをや　之れが為に奮発興起せらるゝ人幾何ぞや　思ふに矯風会の諸姉は輿論従はしむべし　従ふべからず　機会は自ら之れを造るべしとの西人の金言を実行せんと勇を鼓して先登せられたるものなれば志ある輩は直に起て其挙を賛助し力を尽して熱心に之れが後援を為さずんばある可らざるなり

一拳の石山を成し一勺の水海を成すと雖ども堆積結合するに非んば何ぞ山たり海たるの大観を成すを得んや　東京婦人矯風会の如きは既に確乎たる一団体を成し居るものなれば素より一拳の石一勺の水の比には非ざれども今若し彼一団体にのみ放任して単独の運動を為さしむるに於ては其成効は決して予期す可らず

必衆多の兄弟姉妹の一致結合を須ち而して後其目的を達するを得べきなり　矯風会諸姉と雖も亦隗より始めよとの意を以て率先嚮導せらるゝに外ならざるべし　之れを換言すれば天下を動かさんが為め先づ自から動かれたるものなり　果して然らば矯風会の諸姉は基督教信者の資格を以て元老院へ建白せらるゝには非るべし　其身婦女なるが為めに建白せらるゝにも非るべし　蓋し日本国民といふ単純の資格を以て建白せらるゝものと信ず　故に苟しくも一夫一婦を是認する者は儒仏何れに帰依するを問はず男たり女たるに拘はらず勉めて無形の結合を謀り共同の運動を為し大に輿論を喚起し機会を成熟せしめざる可らざるな

り　其建白の趣旨細目等は強ちに矯風会と同一なるを要せざるなり　小異を捨てヽ大同を採るの要は豈啻に政論のみならんや　聞く大坂婦人は既に此挙に倣へりと　敢て乞ふ満天下清徳の士君子淑女達よ各自便宜の地に於て速に共同の運動を試みられん事を　時方に梅雨の候なり　漸く清朗ならんとするの月をして再び浮雲に覆はれしめざらん事を　至嘱々々

文体は、これまでと同様、漢文訓読文体を基調とする論説文体である。自称詞には前引の論文と同様、「儂」を用いている。文中「曽て一新聞に寄稿して男子の品行を論じて人々の道義感情に訴へんとせしかども」とあるのは、前引の「日本男子の品行を論ず」を指す。

矯風会の建白について、キリスト教信者として行ったものではなく、女性である為に行ったものでもなく、「日本国民」として行ったものであると信ずるとする。紫琴の基本的な立場を明らかにしたもので、その広い視野を示している。これも全集未収録である。

この約六日後、明治二二年六月一三日から一六日まで、紫琴は『東雲新聞』に「謹んで梅先生に質す」を「京都　瀏氏秋玉」の名でやはり「寄書」欄に発表した。「梅生」がだれであるかは不明だが、紫琴の「謹んで梅先生に質す」に「聞く先生は平素自由を愛し民権を重んじ国事上熱心の余曽て奇禍に罹られたる程の人物なりと　果して然らば儂は其の平民主義を採るの先生にして何故に斯く女子を人類中より排斥し自家撞着の説を為さんとせらるゝかを怪み且つ訝からざるを得ざるなり」とあることから、「民権を重んじ」「平民主義を採る」人物だったと考えられている。次に、六月六日の「梅生」の論説を掲げる。

梅生「一夫一婦の制限の非を論ず」…男性による一夫多妻容認論

これは、同年六月六日から八日まで『東雲新聞』「寄書」欄に「梅生」名で寄稿された「一夫一婦の制限の非を論ず」に反駁したものである。

一夫一婦の制限の非を論ず

梅生　寄稿

近日東京に在る婦人矯風会の一部に於て一夫一婦の制限を設くべき旨を以て政府に建白せんと欲し其同志を求むるに周旋中なりとの説を伝聞せり　実に以ての外の事共と謂ふ可し　此の如きの建白は政府に於ても採用すべき筈無しと雖ども若し誤て之を採用し其制限を設けたりと仮定せば因て生ずる所の弊害は決して底止する所を知らざるに至らん　日本の風俗は忽ち壊敗し詞訟屡ば起り中篝の醜聞を以て社会を充し益す多事に苦むのみならず夫婦親愛の情薄く一家の維持より子女教育の上にまで妨害を及ぼすや大なるべし　蓋し一夫一婦の説を主張する原因は種々あるべし　欧風に心酔せる輩が一も二も欧風に模擬せんと欲するの意に出で反て欧州に於て一夫一婦の徳操の実際に行はれざるを知らざる者是なり　耶蘇教信徒が一夫一婦の制限は耶蘇教の教旨より出でたりと誤信したる者是なり　其理を解したるに非ざれども他人の之を唱ふるに因て附和雷同したる者是なり　奇を好み新を喜ぶ躁心に出でたる者是なり　而して男子に在て婦人の歓心を買はんとするに出でたる者是なり　己れ之を願はざれども好色の譏を蒙らんを畏れたるに出でたる者是なり　何は兎もあれ一夫一婦の制限より莫大の弊害を生ぜんに於ては其原因の如何に拘らず早く其説を論破して以て世人の注意を促し其弊害を未発に防がざるを得ず

偖て婦人矯風会より建白せんとする一夫一婦の制限に関する要点は有婦の夫にして他の婦人と通せば婢妾若くは妓たりとも同じく姦を以て論じ相当の刑に処し又は其婦にして其夫の姦を覚知すれば直に之を告訴するを得るものとし又は其婦をして其夫に対して財産の半若くは三分の一を其償として要求するを得せしむるものなりと云ふ　今予は其方法の如何と問はず一切に一夫一婦の制限を非とし之を排除せんと欲する者なり

凡そ一夫一婦の説の根拠は男女同権に在りとするか　予は則ち男女同権なる者の果して道理に合へるや否

を論ぜざるを得ず　又世界人口の統計表を作らんに女子は男子より少きに因て一夫一婦の制限を立てざる可からざるものとするか　予は則ち人口の比較に於て女子の男子より少きに因て益す一夫一婦の説の非を証せんとす　又耶蘇教徒の説の如く人の祖源は亜当伊巴の一夫一婦に出でたるを以て則ち一夫一婦たらざる可からざるものとするか　予は則ち一言の下に彼の如き蛮夷間に行はれたる荒唐妄誕の古伝は文化開明の今日に在て行はれ難しとて之を退けんとす

抑も男女同権なる者は生理上より之を論ずれば到底行はれ難き者にして又経済上より之を論ずれば甚だ弊害ある者なり　何となれば優勝劣敗の理は宇内万物の決して免る可からざる者にして男女其権を同じくせざるは優勝劣敗の理に出でたればなり　蓋し男女同権と云へば社会に対して其行ふ所の権の寸毫も同じからざるを得ず　然らざれば同権の実無ければなり　例へば兵役の如し　男子之に服せば女子も亦た之に服せざるを得ず　然れども女子にして能く軍装を着て銃を操り砲を曳き険阻を馳逐する男子の如きを得るか女子にして能く軍艦に投じ桅檣に上り機関を使ひ狂瀾怒涛を凌ぐ男子の如きを得るか　若し其能はずとすれば即ち同権なるを得可からず　然るに生理上に依て之を論ぜんに男子と女子とは躯幹大小長短の別あるのみならず一切の筋骨格構全く異なり加之ならず男子は睾丸を有し女子は卵巣を有せり　是れ其男女の膂力の強弱情好の異同の因て分る所にして動かす可からざる者たり　是を以て宮刑に処せられたる男子は容姿言語頭髪膚色全く女子と異ならずして膂力も亦た全く失ひ卵巣を傷損したる女子は音声強く鬚髯を生じ膂力も亦た男子に等しきに至るは皆人の知る所なり　故に男子は男子の特性を備へ女子は女子の特性を備へたり　女子の特性を備へたる女子にして男子の特性を備へたる男子と同じく其陸軍と海軍とを問はず兵役に服せんと欲すと雖ども決して得可きの理無し　然らば則ち女子にして男子と権を同じくせざるは優勝劣敗の理の然ら使むる所にして詮方なき次第なり　且つ女子にして曽て男子の有したる所の権を等しく有せんと欲するも生理上の関繫の之を許さゞるを如何せん　抑も又男女同権は天賦なり神授なりと云はんか無神論の勝を占めたる今日に在て天賦又は神授の語は到底無効に属すべし

（以下次号）

紫琴の反論「謹んで梅先生に質す」

梅生のこの論文は、この後二日にわたって続く長大なものである。これに対して、紫琴は先に述べたように、四日間にわたって梅生の論に具体的に反論している。今、六月一三日の初回の分を引用する。(「瀏氏秋玉」は紫琴のペンネームの一つ)

謹んで梅先生に質す　　　京都　瀏氏秋玉

本月六日発兌の東雲新聞第四百十八号より第四百廿号迄三日間の紙上に梅先生の寄送に係る一夫一婦の制限の非を論ずと題する一編の文章を登載せられたるを見るに丁寧に綿密に東京婦人矯風会の一部が一夫一婦の制を設けられん事を政府へ建白するの不可を論ぜられたり　儂は素より矯風会員には非ざれども今回矯風会の挙を賛成し同一の運動を為さんとする者の一人にして且数年来一夫一婦の実際に行はれん事を希望しつゝ居たる者なるが故に仮令其議論は周密なりとも仮令其文章は雄健なりとも其主意に至りては徹頭徹尾先生の所説に服従する能はざるを以て浅学無識を省みず漫りに自ら進んで愚見を陳じ謹んで先生に質す所あらんとす

先生は一夫一婦の説を主張する原因数種を列挙されたれども儂は一夫一婦の説を主張する者が如何の点より感情を惹起せしやを問はず単に一夫一婦は道理に合ふものなりや否や一夫一婦の制は弊害を来すものなりや否や若し弊害を生ずるものとせば其一婦数婦より生ずる弊害と何れか大なるやを論究することそ最緊要なれと思ふ故に儂は此点に於て特に論弁を費さんと欲するなり

儂は一夫数婦は道理に背反するものなりと信ず　一夫数婦は人情に悖るものなりと信ず　一夫数婦は野蛮の遺習なるを知る　一夫数婦は一家を擾乱するの原因なるを認む　一夫数婦は女子を無気力のものたらし

め玩弄物たらしめ器具機械たらしめ賎業汚行者たらしむるの媒介なるを知る　而して又一夫一婦の制限は道理より推すも実際に徴するも是非とも設けざる可からざるものなりと思ふ　良し現時の状況にては実際に行はれざることあるにもせよ又一時不都合を醸する事あるにもせよ一夫数婦の弊害の如く永遠にして而も大なるものに非ずと信ず　故に儂は本論の大眼目に於ては何れの点よりするも先生とは実に全く反対の意見を有するものなり

先生は一夫一婦の説を主張するの主因は男女同権にありとて頻りに男女同権論を排撃せられたり　故に儂も亦先づ其当否を弁ぜざるを得ず　抑も人は同等平権のものなりといふ事は第十九世紀の今日に於て蛮野の民に非ざるよりは各人の等しく認むる所のものならん　而して人とは男を云ふか女を云ふか　是れ実に男女を総括しての名称には非ずや　若し女子は人に非ずと公言し得るものあらば儂は則ち甘んじて男女異権の説に服従すべきなれ共未だ曽て其反証を見出さゞる限りは同一の人類にして同一の権利を有するものなりといふに躊躇せざるべし　然るに先生は曰く「優勝劣敗の理は宇内万物の決して免る可らざるものにして男女其権を同じくせざるは優勝劣敗の理に出でたればなり　蓋し男女同権と云へば社会に対して其行ふ所の権の寸毫も同じからざるを得ず云々」と　而して或は女子は兵役に堪へずといひ或は女子は兵役に堪へずといひ或は生理上男子と躯幹の異なる点を挙げて女子を劣者とし著しく排斥せられたるが之れを要するに先生の説は女子は男子と同一の業務に服従するを得ざる者なり　同一の事を為すを得ざるに於ては其権利も亦同一なるを得ず　故に女子の権利は男子よりも小なりといふに在り　儂は生来始めて斯の如き奇説を聞くを得たり　思ふに若し先生が謂ふ所の如く優勝劣敗を常数なりとして自然の成行きに放任すべきものならば中央集権の弊も矯むるに及ばざるなり　治者被治者が権利の懸隔も憂ふるに足らざるなり　民権と云ひ自由と唱へ慷慨悲憤する事も亦無益なるべし　随て夫の平民主義は到底世に行はれざる空論なりとして排斥せざるを得ざるべし　然るに世の志士仁人が自由の為め平民主義の為め身命財産を犠牲に供して避けざる所以の者は同等平権の真理を実際に社会に行はれしめんと欲すればなり　所謂優勝劣敗なる

ものは是れ競争の結果たるに過ぎざるに其結果を予期し劣者たるべしと思惟する者の権利を最初より制限するが如きは豈道理に合ふものならんや　例へば平民主義の行はるゝ国に於ても劣等の地位を脱するを得ざる輩もあるなり　男女同権をば標準と為し置けばとて男子の上に位する女子もあらん　男子に賤まるゝ女子もあらん　然れども此は是れ各人の伎倆次第にて所謂優勝劣敗なるものなれば其利害は競争者双方の間に止まるべきのみ　焉んぞ其結果の如何に依り道理を左右すべきものならんや　且又良しや優勝劣敗なればとて其所行にして道理に背反するものなる時は政府は劣者を保護するの法律を設け以て優者の跋扈を検束せざる可らず　例へば刑法中に詐欺取財殴打創傷等の罪を問ふが如し　若しも先生をして其罪を論ぜしめば必らず謂はん　人の為めに財物を詐欺せられたる者は其の智略詐欺者に劣ればなり　人に殴打せられ創傷せられたる者は其の膂力加害者に劣ればなり　是れ優勝劣敗の免かる可らざる所以なり　何ぞ必ずしも法庭を煩はさんやと　天下豈に斯の如き不法非義の言論を容るゝ地あらんや　（以下次号）

梅生の主張に対し、一々具体的に反論し、その論旨の透徹していることは、前に引いた二論文と同様である。梅生もこれに反論することはなかった。しかし、紫琴の論が一般男性の賛成や共感を得ることはなかったようである。

両者の文体を比較すると、ともに漢文訓読文体の論説文として大きな違いはない。男性と女性の論説文がほぼ同じ文体で書かれている。異なるのは自称詞で、紫琴は「儂」を用いているのに対し、梅生は「予」を用いている。

上京、『女学雑誌』社入社、主筆となる

右に取り上げた三編の論説は、紫琴が関西在住の時書かれたものだが、紫琴はその後明治二三年五月に上京、『女学雑誌』社に入社した。同年一一月には主筆・編集責任者となり、数多くの論説、訪問記、さまざまな記

事を執筆し、また小説「こわれ指環」を発表した。

『女学雑誌』は、一般向けの雑誌であり、『東雲新聞』に掲載したような長大な論説文は見られないが、紫琴の論説を読むと、すべて明快な論理に引き込まれ、その先見性に圧倒される。

「何故に女子は、政談集会に参聴することを許されざる乎」…「集会及政社法」への反論

紫琴は、『女学雑誌』に最初の論説として「何故に女子は、政談集会に参聴することを許されざる乎」（二二八号、明治二三・八・三〇）を「清水豊子」の名で発表した。明治二三年は、初めての総選挙が行われ、国会が開設された年であるが、政府は七月に「集会及政社法」を公布して、その第四条、第二五条において、女性の政治参加に対する強い制限を定めた。

第四条
現役及召集中ニ係ル予備後備ノ陸海軍々人警察官官立公立私立学校ノ教員学生生徒未成年者及女子ハ政談集会ニ会同スルコトヲ得ス
第二五条（紫琴が二四条とするのは誤り）
現役及召集中ニ係ル予備後備ノ陸海軍軍人警察官官立公立私立学校ノ教員学生生徒未成年者女子及公権ヲ有セサル男子ハ政社ニ加入スルコトヲ得ス

紫琴の論説は、これに真っ向から反論したものである。（句読点は原文のまま）

何故に女子は、政談集会に参聴することを許されざる乎　清水豊子
集会及政社法の改正は、吾等女性に一大驚愕《けいがく》を与へたり。爾《しか》り、這回《このたび》改正せられたる政社及集会法第四条

幷《ならび》に第廿四条中、女子の二字あるが為に、吾等二千万の女子は皆悉《ことぐ》く廃人となれり。予《よ》は政府が何故《なにゆゑ》に一般女子を駆りて、斯《か》く政界より拒絶放逐するの必要を認めたるかを疑ふものなり。又吾等女性は此世上に生存し、人間としては、各自一個の霊魂と総ての官能とを、具備し居《を》るものなるに、独り女子てふ名称の下《した》に在ればとて、其霊魂官能の自由をば、斯《かく》の如く男子よりも幾層酷に剥脱《はくだつ》せらるゝは、果して何等の理由に基《もとづ》くものなる乎《か》、予輩《よはい》は之れを了解するに苦しむなり。

凡そ政治は一般国民を保護し且つ支配する所以《ゆえん》のものなれば苟《いやし》くも国民てふ名称を蒙り居《を》るものは、男となく女となく皆悉《ことごと》く之れに向つて相当の注意を用ひ相当の相談に与《あづか》らねばならぬ筈のものなり。而《しか》して其法律は政治を行ふの上に便宜を与へ、人々《じんぐ》個々《かゝ》の権利を保護して社会の秩序と安寧とを維持すべき筈のものなれば、法律も亦独り男子に幸して女子に不幸を与ふるが如き偏頗ある者にて有べき筈なし。然《しか》るに今此公平なるべき法律を以て却て人民の権利を○○するの具となし、国民として必ず与《あづか》り聴《きか》では叶はざる政治の談論をも女子は全く之を聞《きく》を得ずとし、又国民に必要なる政治上の集会にも女子は一人《にん》も之に参会するを得ずと規定されたるものは、是将《はた》国民の権利を保護し国民の思想を発達せしむるといふ政治の精神に協《かなへ》るものか。将《はた》又国民をして、或る範囲内に於ては自由に其官能を働かしむるといふ立法の主旨に順《したが》へるもの乎《ママ》。」

予嘗て聞けることあり、曰く凡そ人為の法なるものは人為の階級を超へて之を左右するの権利なしと、果して然《しか》らば今彼男子に就て制限するが如く、女子中の或者を限り、例へば学生教員は政談集会に参聴するを得ずといふことあらんには、法律施政上の一制限として左《さ》して之を不善なりとは致すまじきも、大凡《およそ》女子たるものは一切《せつ》……………するを得ずと為し、女子総躰を概括して悉く之れを禁遏《きんあつ》する時に於ては、是恰も人間中の一種族に対して人為の法を以て悉く其権利の切要なる部分を剥奪したるものゝ如し。予は人間が人間の上に斯の如き法律を施行し得るの権力あるや否やを、先づ第一に疑難せずんばある可《べか》らざるなり。然《しか》れ共斯の如き事は予輩《よはい》が今俄に明言し得べき事柄に非《あらざ》るを以て予は只兎に角に婦女が政治上の談話を聴き若《もし》くは其集会に参会せば果して何等の不可《ふか》あるかを、先づ借問《しやもん》せんと欲す。思ふに或《あるひ》は言ふことあらんとす、女子をして政談集会に与《あづか》らしめば其弊《そのへい》や女子の本分たる育児家政の務めを怠りて徒《いたづ》らに政治の為に喧躁狂奔するの徒《と》多からん、若し然らんには一家よりして一国に損害を及ぼすこと莫大なれば、予《あらかじ》め之を防ぎて先づ女子を政治談に与《あづか》らしめざるの勝れるには如《しか》ずと。然《しか》れ共是《こ》は未だ其一を知つて其二を知《しら》ざる極めて姑息なる考案なりといふべきのみ。斯の如きの人は須《すべか》らく考一考すべし、今若《も》し人ありて一般男子を指して甲は農乙は工丙は商彼等各自其職分を帯《をべ》るものなり、然るに今彼等政治の談に与りて政治の為に喧躁する時は遂に其本分を怠るに至るべし、故《ゆゑ》に政事は之を政事家に委ね彼等は之を口にするは勿論之を耳にするの必要だになしと言はん時、一般男子果して之に首肯すべき乎《か》。恐らくは彼等男子も亦怫然《ふつぜん》として怒《いか》るならん。果して然《しか》らば今女子に対して汝は育児整家《せいか》の責《せめ》あるが故に全く政談集会に参会するを得ずといふ是れ豈《あに》通論ならんや。時若し君主専制の時代ならば兎に角今日は既に立憲政躰の文明国となりて公《こう》儀《ぎ》を輿論に決せんと明示せられたる時節なるに斯《かく》の如き薄弱なる原由《げんいう》によりて独り女子を悉く政界より排斥せんとするが如きは豈《あに》不都合千万の事柄には非《あら》ずや。況んや其職分の何たるに掲《かゝ》はらず苟しくも国民として此世に生存し政治の支配を受け居《を》る以上は男女とも多少之に注意せざる可《べか》らざるは、素より理の当然なるをや。加之《しかのみ》ならず多くの女子中には相当の財産を有し男子と等く独立の生活を営み直接に国税を上納し公民に相当する資格をも有し居る者あるに非《あらず》や、然《しかる》に其義務に至りては男子と同く之を負せながら独り其女子なるが為にとて耳目の自由をだに与へざるは是れ抑《そもそ》も政府の仁乎《じんか》。

或《あるひ》は曰《い》はん女子は男子よりも其能力智識に於て劣る所あり故《ゆゑ》に之れをして一国の大事に関する政事上の談論を聞かしめ若《もし》くは其集会に与らしむるは害あるも益なき事なりと、這《これ》も亦謬《あやま》れるの甚だしきものなり。若し果して此説の如く能力なく智識なきものは政談を聞き或は政談に与るを得ずとせんか然《しか》らば男子中にも一の資格を定め此れは政談傍聴に適するものなり彼れは政談集会に参会するの資格あるものなりと、一々其能力と智識とを験定せざる可《べか》らざるに非ずや。然《しか》るに、大胆にも無礼にも単に男女てふ名称の下に賢不《ふし》肖《よう》能不能を分ち男は権兵衛も八兵衛も皆政談集会参聴の資格あり女は如何なる秀才英傑も一切《せつ》之れに参聴するの能力なしと認むと論断す、豈《あ》に是れ軽忽《けいこつ》万々の事には非ずや。

尚ほ幾多の反対論の由て来る所を一々挙げ示さんには種々の理屈らしき言訳も存するならむ。然《しか》れ共予《よ》は其理屈の何たるは問はざるも、茲《こゝ》に是非共女子をして政治界を去らしむべからざるものあるを発見せり。此事や其女性たるが故に愈《いよ〱》之をして政談に参聴せしめざる可《べか》らざるを知る、其女性なるが故に反つて之を禁ずるといふに至ては恰《あたか》も木に縁《よつ》て魚を求むるの極迂《きょくう》の如しと思はるゝ事あり　其は他に非ず、母と小児との関係是なり。凡そ女子は概ね人の母妻となる故に其政治上の観念は妻となりて夫を扶くる上に於ても是非とも必要なり。然《しか》れども猶且大切なるは母として子を育つるの上に於て特《こと》に要用なり。すべて人民が国家的の観念を起し其国家を愛する所以《ゆゑん》のものは其国の歴史を知り其国現時の政治を知るより善きはなし、然《しか》るに今其第二の国民の母たるべき婦人をして悉く政治上の聾者《ろうしゃ》たり唖者《あしゃ》たらしめば養育者先づ国民てふ観念を減じ愛国てふ志を失し遂に国家に対して自己が直接に責《せめ》を荷《にな》へる所のものを悉く忘却す　之が手に養育せらるゝ小児に国民的思想の発揮を求むとも豈得《あにう》べけんや、喩《たと》へば種なきに生《は》へんことを求め雨《う》露《ろ》なきに伸《のび》んことを求むるに異ならず。此《かく》の如くして小児は大人《たいじん》となる　然《しか》れ共国家を思ふの忠実臣民たらざるなり。斯《かく》の如きの結果は之を現時の国民に徴するも事実既に昭々人々《しょう〱じん〱》明らかに認識し得る所に非ずや、然《しか》るに猶且是等女子と未来の国民とを駆りて以上一層政治に冷淡なる者とならしめんと欲《ほっ》す　是豈《あに》国家の為の得策ならんや。

之れに依りて是を見れば女子をして政談集会に参聴する克《あた》はざらしむるは、啻《たゞ》に正当《しょうとう》の理由なきのみならず、故《ゆゑ》なくして国民の権利を剥ぎ、さらに国家大不利の濁源を醸成するものなり。故《ゆゑ》に　予《よ》は平素に於ては必しも女子が悉く政談集会に参聴せざれば国民的思想を発揮するを得ずと主張するものには非《あら》ざるも、之れを禁遏《きんあつ》すといふ条例の発布せられたるが為には、是非共一言《げん》せでは止み難き事となりぬ。敢て微衷を吐露して天地四方に告白す。同感の姉妹幸に奮起する所あれ。

全文を引用したが、この論文は構成、論旨において紫琴の論文の中で特に優れたものと言える。集会及政社法の改正に反対する理由を、次のように理路整然と述べる。

先ず、政治は国民を保護し支配するものであるから、男女に公平であるべきものであるとする。次いで、理論的なことは措くとしても、具体的に女子が政治上の談話を聴いたり集会に参加することにどのような害があるかを反問している。女性が育児や家事を放棄して政治に狂奔するのを防ぐというのであれば、誠に姑息な理由である。男性が職業を持っていて政治に関わるとその職業がないがしろにされるから、政治には政治家に任せこれに口を出したり参加したりする必要はないと言ったら、男性は怒るであろう。また、女性は能力・知識において劣るところがあるから一国の大事に関わらせることは出来ないという理由については、男性についても一様に能力がないために政談集会に参聴する資格なしとするのと同様に軽率極まりないことではないか。その他幾多の女性の政談集会参聴に反対する論はあるだろうが、ここで是非女性をして政治界から閉め出してはならないことがあるのを発見した。それは、女性が子を育てる務めがあることで、政治に無関心の母に育てられる子どもに国民としての自覚を期待することが出来るだろうか。

単なる理屈ではなく、女性としての実際的立場から、政治に無関心な母親の子どもへの影響という独自の視点もうち出している。

紫琴の論説文の文体

文章は、男性の論説文と同様な漢文訓読語的文体である。その語学的特徴を改めてまとめると次の通りである。

漢文訓読語的語彙・語法としては、次のような多くの例が挙げられる。

［動詞］

…を得（聞を得ず　参会するを得ず）　…と欲す（借問せんと欲す　ならしめんと欲す）

［形容詞］

甚だし

［副詞・副詞的表現］

豈《あ》に（豈に…非ずや　豈…ならんや）　況《いはん》や（況んや…当然なるをや）　須らく（須らく…一考すべし）　苟くも

恐らくは　斯《かく》の如く・斯《かく》の如き　此《かく》の如く　極めて　悉く　幸に　加之《しかのみ》ならず　抑《そもそ》も

［接続詞］

或《あるひ》は　之《こ》れに依りて　而《しか》して　然《しか》らば　然《しか》らんには　然《しか》るに　然《しか》れども　例へば・喩へば　并《ならび》に　若《もし》くは　故《ゆゑ》に

［助動詞］

ざる・ざれ（非《あらざ》るを以て　知《しら》ざる　参聴せざれば）　しめ・しむ・しむる（聞かしめ　去らしむべからざる　与《あづか》らしむる）　たら・たり・たる・たれ（聾者たり唖者たらしめば　母たるべき）　べけむや（豈得《あにう》べけんや）

［助詞］

活用語連体形＋の（謬れるの甚だしき　耳にするの必要）

に於て（子を育つるの上に於て）

［名詞］

所以《ゆゑん》（国家を愛する所以《ゆゑん》のものは）

［二重否定］

ずんばあるべからざる（疑難せずんばある可《べか》らざるなり）　ざる可《べか》らざる（注意せざる可《べか》らざるは）

二重否定については、『訓点語辞典』には取り上げられていないが、山田孝雄『漢文の訓読によりて伝へられたる語法』では、次のように取り上げられている。

普通には又「ざるべからず」「ざるべからざる」といふ形を用ゐる。これも又漢籍の訓読の影響にして、かかる語法を用ゐるべき形式は「不可不」といふ形の漢文に存するものなりとす。それの例。

是故養㆓世子㆒不㆑可㆑不㆑慎也　（礼記、文王世子）

父母之年不㆑可㆑不㆑知也　（論語、里仁）

（二例略）

かく「不可不」といへる語法は結局「可」といふべきを強勢を与へむが為の語法なるが、これを国語によみて「ざるべからず」とせるものにして、それがそのまま国文に入り来れるものなりとす。

……………

かく「云々せずばあるべからず」といふことも普通文に多き現象なり。これ亦漢籍訓読の影響なりとす。源氏物語手習に、僧都の詞として

人の命ひさしかるまじき物なれど、のこりの命一二日も惜まずはあるべからず

などあるも当時角立ちたる詞と認めてかくはものせるものなるべし。

管見の範囲では、『正法眼蔵』に「ざるべからず」の例がある。

禿子（＝頭を剃っただけで参学眼がない僧）がいふ無理会話《むりゑわ》（＝分別判断が出来ない話）、なんぢのみ無理会なり。仏祖はしかあらず。なんぢに理会せられざればとて、仏祖の理会路を参学せざるべからず。（山水経、日本古典文学大系三〇六ぺ〈愛知県全久院蔵の真筆本が底本〉）

明治時代におけるこの二重否定表現について、斎藤文俊は近世から明治前期にかけて、「ズンバアルベカラズ」から「ザルベカラズ」に変化したことを指摘している（『漢文訓読と近代日本語の形成』）。ついでに言えば、中世の『成簣堂本論語抄』で「ズンバアルベカラズ」と訓読した例がある。

子曰父母之《ノ》（「年」脱）不《ス》レ可《アルヘカラ》レ不《スンハ》レ知《シラ》也（里仁、一27ウ）
曾子曰士《カ》不《クシハ》レ可《スヘカラ》三以《モツテ》不《スンハアル》二弘毅《コウギナラ》（泰伯、二46ウ）
言《コト》レ可《ヘカラ》レ不《スンハアルツ、シマ》レ慎也（子張、五、38オ）

自称詞として「予《よ》」「予輩《よはい》」を用いる。自称詞については、後でまとめて考察する。

「泣て愛する姉妹に告ぐ」…女性の議会傍聴禁止に対する反論

政府は、このように「集会及政社法」によって女性の政談集会への参聴及び政社への加入を禁止したが、さらに国会開設の時期が迫ると、衆議院規則案中に「女子の傍聴禁止」を定めた。これに対し、当然紫琴を主筆とする『女学雑誌』二三四号（明治二三・一〇・一一）は附録にこの問題を特集し、紫琴も「泣て愛する姉妹に告ぐ」を執筆した。

泣て愛する姉妹に告ぐ　　　女学雑誌社　清水　豊子

切に敬愛しまつる姉妹達よ、貴嬢達は這回発布せられたる、衆議院規則案第十一章、傍聴人規則中、其第六十五条に、

「婦人は傍聴を許さず」

と特筆大書しあるを見給ひし乎、曩には政社法改正の不幸あり、今復た、斯の如き規則案を発布せらるゝ儂等女性の権利は、何処まで狭めらるゝにや、斯く重ね〳〵不幸薄運の、境涯にのみ追遣らるゝお互の身は、当さに如何に処すべきか、天なり命なりとあきらめて、耳あるも聴かず、眼あるも見ず、口あるも訴へずして、徒に台所の片隅に、閑居いたし申べきか、いや〳〵さやうに致居る、場合には非るべし、夫れも儂等各自一己の事なれば素より姑くの不幸悲境は之れに甘んじ居るべきも一般姉妹の不幸たり布て我国の大不利なるを奈何。左れば儂等は飽く迄も其不都合と信ずる点を訴へ而して之れを取除くやうに致さねばならぬ事と、思ふなり。

全躰、儂が茲に、事新らしく申迄もなく、国会の議事に、婦人を与らす、与らさぬと、いふ点にこそ議論はあるべけれ、議事を傍聴さする位の事は、是れを許す、許さぬといふて、議論をする程の事にもあるまじと思ふなり、必竟するに、其特別の名称こそ婦人とはいふなれ、単純なる本元よりいふ時は、寔に皆是憲法に所謂日本帝国の臣民たるに、相違なきものなるのみ、然るに今其日本臣民たる者一半は、其婦女なるが故にとて、国会を傍聴するを得ずといふ、是毫末も、解し難きの事にはあらずや。

元来傍聴には、夫れ〳〵外に規則ありて、或は議員の紹介を得ずば、傍聴を許さぬといひ、或は傍聴券を要すといふ、左れば、今若し婦人にして、国会の傍聴をなさんとするも、亦夫れ〳〵の手続を経て、而る後、議場に入るを得る事なれば、誰も、彼も、無暗に這入り込むといふ事は、素よりあるべき筈はなし、特に議員が紹介をなし、若しくは傍聴券を与へたる婦人なれば、素より議場に於て、不都合なる事を為し出すべき様はなし、然るに斯の如き六ヶ敷規則の上に、更に又婦人は傍聴を禁すと特筆大書して、全く議場に婦人の隻影をだも止めぬ様にせられしは、洵に不可思議至極の規定ならずや。

思ふに是は、婦人の傍聴者を、気遣はれたるにはあらで、婦人は国会を傍聴するの、必要なしと認められたるものならむ乎、然れ共必要なきと、必要あるとは、何に由りて識別せられしにや、今若し、国会の議事は婦人の分限外なれば、といふことあらんに、儂はつや〳〵承服し難きなり。昔し君主専制の治の、行はれたる時分には、人民が政治の事に喙を容るゝは、定し其分限を、侵したる事と思惟せられしならむ、然れ共今日よりして之れを考ふれば、却て治者が被治者の権限を、侵し居たるものなりしは、云ふ迄もなき事と、分りしならずや、左れば今ま迄の習慣を基礎として、婦人が、国会を傍聴するは無要の事なり、其分限を超ゆるものなりと、論断するは、眼と閉ぢて黒白を分つよりも、猶且一層甚しき誤想にあらずや。加之ならず、素と〳〵国会てふものは、何の為に開かるゝものか、一部の人間が、恣に一部の人間を支配することが、道理に合はぬといふより、人々個々の権利を重んじて、一国の大事を、相談せらるゝには非ずや、然るに今若し、国会は開かれたるも女性は、自己の代表者を国会に差出し能はざるのみか、女性の頭上にも被るべき、一般の国家の利害得失に関する議事をも、傍聴することを得ずといふ、左れば矢張男子てふ一部の人間が、恣に女子てふ一部の人間を、圧制するの実あるものには非ずや、斯の如くにして、万機を衆議に決すといひ、至善至美なる立憲の政躰を布くといふも、誰か首肯するものあらんや。

今にして臆ひ起せば、去る八月中一新聞紙上風説を載せたることあり、曰く日本の議会は、婦人の傍聴を禁ぜらるべし、其は婦人若し傍聴席にある時は議員中或は弁舌の爽なるを誇らんとし、或は風采の秀美を衒はんとするものありて、其弊や遂に漫りに弁を弄し、時間を空費する等の事あるべし、故に政府は断じて婦人の傍聴を許さぬ事とするならむと。儂は其頃此記事を親見したるが、余り其言の小児らしさに、只一笑に付して止みぬ、然れ共、今日にして結果の、其風聞通りに帰したる事をおもへば、或はかゝる条件も、其一理由として存するならむ乎、と思はれ疑はしき心地す、遙かに聞く、英国の議院は、婦人傍聴席には綱を張り置き、婦人の顔を遮れりと、儂は其事の何の必要に起りつるかを知らず、然れ共、若し婦人の容貌の、議院に見ゆるが為め害ありとせば、綱を張るも猶且宜しからむ、未だ俄に日本の如く全く傍聴を禁止するには及ぶまじ、況んや日本の如きは、未だ其事の実際に於て経験なきをや、確に弊害ありて后、之れを差止むるも、敢て遅きに非るなり、特に又縁も由縁もなき婦人が、傍聴席に在りたればとて、夫れが為に容儀を繕ひ、弁を弄するが如き議員ならば、若し婦人在らずとも、真面目に大事を議し得るものには、非じかし。

去りながら、儂は信ず、如何に我立法者は、心配性の人なればとて、よもや、かゝる歯牙にもかゝらざる、幼稚なる議論を根拠として、此規則案を、編みたるものには非るを、顧ふに、必ず多年の習慣に拘泥して、婦人の分限てふものを誤りたるに外ならざらむ、儂は今や此規則案を見て、深く姉妹の為に悲めども、夫よりも猶且一層切に、我帝国議会の為に、之れを痛惜す。只幸に、此規則案は、未だ確定したるものに非れば、文明の思想に富む議員諸氏は、定めて之れに就て、異論を挟さまるゝ事ならむ、去れど、儂等婦人も亦、出来得るだけの力を尽して、此枉屈を脱する様に、致さねばならぬことなり。

如何に我愛する姉妹等よ、貴嬢達も定めて是に就ては、種々の意見を抱かれ居る事なるべし、果して然らば、何ぞ忍んで、沈々黙々たる事やある、一身の不幸不利は姑く置くも、一般姉妹と国家の為め、焉ぞ奮起せざる事やある、須らく相謀りて、一日も早く此逆境を脱するの方法を、講ぜられん事を、切に望む、切に望む。

山口玲子が紫琴の伝記の書名としたこの論説は、女性の政治参加の活動に献身してきた紫琴の考えが凝縮されていて、その熱意は今読む者にも伝わってくる。紫琴は議会の婦人傍聴禁止がいかに道理に合わないものであるかを詳説し、議会はこのような「幼稚な」理由で傍聴禁止を決めたのではなく、「多年の習慣に拘泥して、婦人の分限てふものを誤りたる」ために決めたものであると正しい指摘をしている。その上で、この規則案はまだ確定したものでないことを述べ、婦人も奮起してその廃止のために活動すべきであると訴え、切実に女性の政治に対する自覚を呼びかけている。

自称詞には、「儂」を用いている。

漢文訓読語的特徴

漢文訓読語的特徴が見られるのは、これまでの紫琴の論説文と同様である。

［動詞］

…を得

［副詞・副詞的表現］

況《いはん》や　須らく　斯《かく》の如く　極めて　幸に　加之《しかのみ》ならず　恣に

［接続詞］

而して　然らば　然るに　然れ共　若くは

［助動詞］

ざる・ざれ　たり・たる

［助詞］

活用語連体形＋の

特徴的なのは、これらに対立する和語的表現も少数ながら見られることである。

［接続詞］

左れば　去りながら　左れど

［助動詞］

ぬ（止めぬ様に〈←→止めざる様に〉）　さす（傍聴さする〈←→傍聴せしむる〉）

［二重否定］

致さねばならぬ〈↔致さざるべからざる〉

これは、論説文ではあるが、標題に「泣て愛する女性に告ぐ」とあり、「切に敬愛しまつる姉妹達よ、」と呼びかけているように、女性たちに語りかける態度で述べている文章であり、相手を意識する日常的な表現が入り込んでいるものと考えられる。

この附録には、最初に『女学雑誌』の編輯兼発行人である巌本善治が論説を載せている。冒頭部分を示す。

> 訳《わけ》もなく、条理もなく、必要もあらざるに、殊更ら人気を害《そこ》なふの法律は、賢こき政府が決して施行せざるものなり。況んや其事たゞ人気の善し悪しに関せる耳《のみ》にはあらで、人権の根本に傷つけ、一国大平和の礎《いしづえ》を震動する、至重《しちょう》至大の関係あるものに至つては、民を愛する族《やから》の決して為すまじき所ろのもの也。
>
> 衆議院に婦人の傍聴を禁ずるなど、之に類す。
>
> 今や国会見事に出来上り、人民口を開きて国事を論じ、上下之より最も愉快に相談を為さんとするの折柄、何の必要もあらざるに、女性総躰を悉《ことごと》く議院外に拒絶するは抑《そ》も何等残酷の待遇ぞや。婦人が政治上一切の集会に臨席しがたしと云ふすら、輿論は之を駁《ばく》して大方ならぬ酷待となしぬ。左れど此には尚ほ一二応の申答へもあるべし、但夫《そ》れ衆議院に其の傍聴を禁ずるに至つては、殆んど毫末の理由もなきなり。
>
> （以下略）

板垣退助訪問記

さらに紫琴はこの件について板垣退助を訪ねて意見を聞き、同じ号にその訪問記を載せている。

仝件に付板垣伯を訪ふの記　　清水　豊子

伯は無論反対　儂《わなみ》は最初伯にしか〳〵と告げまつり、儂等婦人は斯く迄情なき規則にて縛られんとは致し侍る　如何にせば宜しからむ乎　是に就ての御高見はと尋ね侍りして伯は徐《おもむろ》に口を開き給ひ、此間より余りの多忙にて未だ新聞などは委しく見ねど、夫れは一向、訳の分らぬ事なり、果して左る事あらむには、予の意見を問ふ迄もなく、無論其筋へ上書《じやうしよ》するも、宜しからむ、議員に意見書を送るも宜し、先づ兎に角に其規則案を一覧すべしとて、新聞紙を取寄せ玉ひぬ、一覧の後、言ひ玉ふやう、是は余りににべも艶もなき話なり、学生とか、教員とかいふ、際限あらむには、姑《しばら》く尤なる所もありと致し得べきも、婦人を総括したるは、全く理屈に外れたる事なり、（以下略）

このような反対の活動は、結局功を奏さなかった。

これ以後、『女学雑誌』における紫琴は、政治的テーマの論説を載せていないし、長文の論説も少ない。ここでは、二編を取り上げる。

「当今女学生の覚悟如何」

まず、「当今女学生の覚悟如何」（二三九号、明治二三・一一・一五）である。

当今女学生の覚悟如何　　清水豊子

当今我国の女学生幾万、而《しか》して其中将来の改革者を以て自《みづか》ら任じ、他日の先導者を以て、自ら期するもの幾人かある。予《われ》は必しも一般の女生に、皆悉《ことごと》く改革者たれ、先導者たれよとは強ひず。然《しか》れ共之《これ》に改革者たり、先導者たるの、覚悟ありやと問ふ所以《ゆえん》のものは、蓋《けだ》し今日の日本に於て此覚悟の、最《もつ》とも、必要なることを認むればなり。思ふに諸嬢は、其学問の上に、又其職業の上に、定めて種々《くさぐ》の希望《のぞみ》を有せらる丶ことならむ。左《さ》れど成業の後、速《すみやか》に良好なる良人《りようじん》を得て、之れと共に、快楽なる室家《しつか》を造らむといふこと、亦是諸嬢一統《いつとう》の希望《のぞみ》なるべし。諸嬢の望や洵《まこと》に宜《よろ》し、人の本性当《ま》さに然《し》かあるべきの事なり。然《さ》れ共諸嬢よ、此良好なる良人は容易に得べきのもの乎《か》、亦快楽なる室家は用意に造り得べきもの乎、多くの望みと喜びに充されて、花々敷世《はなぐしく》の中に乗出さんとする諸嬢を、真《まこと》に清き愛と実《じつ》に潔《いさぎよ》き心とを以て、歓迎し、能《よ》く諸嬢を満足せしめ得べき男子《をのこ》、今何処《いづこ》にかある、諸嬢が学校に於て学び脳裏《のうり》に於て画《ゑが》きつゝある家政の採り方育児法なんどを賞美し喜んで之れを納《い》れ之れを行はしむべき、改進主義の舅姑《きゆうこ》今何処《いづこ》にかある。思ふて茲《こゝ》に至れば、諸嬢は是非共、先導者たり、改革者たるの覚悟を有せざる可《べか》らず。又自己《みづから》の意思に適したる良人、改良の望ある家族に非《あらざ》るよりは、決して帰《とつ》がじとの決心なかる可らず。而《しか》して諸嬢が是等の目的を達せんには、実に幾多の苦難と、幾多の年月とを、要することとなるべし。（中略）

女学生が夢見る幸福な結婚は容易に得られるものではないことを、経験豊かな先輩の立場から論じ、そういう実情を理解しない女学生が、結婚してどうなるかという実情を述べ、次のように警告している。

一朝校舎を辞して、他家に嫁《とつ》ぐと仝時《どうじ》に、慣習感情全く異なれる人々と雑居同住し、一挙手一投足、悉《ことごと》く彼等の為に睥睨《へいげい》せられ、一々試みに遇ふが如き心地す。纔《わづか》に依て以て立たんとする所の良人《りようじん》は、絶《たえ》て仝情仝感の念を有し呉れず、却《かへつ》て間々其愁《そのうれへ》を重ねしむる事あり。斯くて時日を経るに随ひ、始めは姑息《こそく》の愛にもせよ、兎に角自己《おのれ》を慰め呉れたることもある良人は、漸次に花に、月に、浮れ歩行《ある》きて、家事は一切顧みず、舅姑《きゆうこ》は之を以て、嫁の取扱ひ方悪しき故として、我子を戒めず、却《かへつ》て嫁を罵《ののし》る。堪へ兼て一言以て諫むることあれば、ダカラ女学生の妻は嫌ひダといふ。何故《なにゆへ》かと問へば、理屈をいふからといふ。……而《しか》して責《せめ》ても思ひ晴らしにとて、之れを実家に訴ふれば如何《いかん》。実家の母と姉とは、自己《おのれ》の境遇と祖母の経歴とを挙げて、汝の如きは、まだしも幸福《さいはひ》なりといふならむ。あゝ何の幸福《こうふく》何の勝運ならむ、不

幸悲惨果して婦人の天命かはと、思ふも甲斐なし。（中略）
然るに只皮相上の見《けん》よりして、一に結婚の快楽なる事と信し、艱難《かんなん》にも当らず、困苦をも嘗《な》めざる身を以て、出校早々婚儀を行はんとし、甚しきは、学窓に在るの間、早く既に相約して、他家に嫁がんとするものあるに至る、そも何等の心ぞ。若し一家の事情父兄の強行より、遁《のが》るゝの途《みち》なくんば、致し方なき事なるも、其際に於る諸嬢の覚悟は、必ずや、世の中の改革者、先導者を以て自ら期すべし、決して〳〵嫁入を以て、身の落付き方と心得、無職の青年が、始めて月給にありつきたる時のごとく、ヤレ〳〵などといふがごとき、生ぬるき考を以て行くべからず。婚家は実に、楽園に非ず、安息室には非ず、一時は実に失楽園、憂苦室《ゆうくしつ》にてあるべきなり、只之れを転じて、天国とし、不満足なる良人《りようじん》をば、理想の紳士とまでなすとは、一に諸嬢の忍耐と奮励とを要するなり。近頃予《われ》の友二三輩新に結婚せんとするものあり、一《いつ》に狂の如く、痴の如く、婚儀をのみ急けり。彼等は決して学生として、充分の業を卒へたるにも非ず、又今后二三年間を学窓に送るべき余裕なきにも非ず、然《しか》るに何等の覚悟をも有せずして、漫《みだ》りに此困難なる境遇に臨まんとせり。予《われ》は其希望の誤れることを諭し、結婚の早きに過《すぐ》るを諫めたるに、彼の友は曰く、妹《まい》は病身なれば、此上蛍雪《けいせつ》の労には堪へず、故に速に身の納まり方を計るなりと。予《われ》は之れを聞きて大《おほい》に驚きぬ、学びの庭に遊び得ざる程のもの、争《いか》でか結婚後の苦艱《くげん》に堪え得らるべき、況《いは》んや自ら病身なりといふに、母妻《ぼさい》たるの責《せめ》をやと。去れ共彼れは遂に聞かず、思ふに只理想上の空頼めに依り、或ひは一二の特例眼《まなこ》を眩《くら》ますによりて、結婚を平和安逸なるものと誤想せし故ならむか。依《より》て思ふに世間幾多の女学世間《ママ》、斯の如き思想を有するの人極めて少なかるまじきを。茲《こゝ》に於てか此の一篇を記し以て世上の女学生諸嬢に告ぐ。諸嬢の前途や実に遼遠、而《しか》して日本今日の状態たる実に困難、家裡《かり》に於ても、夫婦間に於ても、改むべきもの、変ふべきもの一二にして止まらず。況んや二千万姉妹《しまい》と二千万兄弟《けいてい》との間に於《おけ》る関係をや。而《しか》して之れを改め之れを実行するの責《せめ》に当るべきもの、女学生諸嬢を措《お》きて夫《そ》れ誰《た》ぞや。予《われ》が諸嬢に、其覚悟如何を問ふものは、豈《あに》待つ所なくして然らんや。幸に重く自ら任じ深く自ら信ずる所あらんことを。

著者は、女学生にとって結婚は安楽なものではないことを説き、結婚生活を幸福なものにするには、「先導者たり、改革者たるの覚悟」をもって忍耐し努力することが大切で、そのためには学問に励み、自ら力をつける以外になく、勉学を止めて結婚する女学生の無知、無謀を強く戒めている。長い論説で、紫琴の女学生に訴える熱情が溢れている。

文体は、これまで取り上げた論説文同様、漢文訓読文体を基調とするものであるが、自称詞に「予《われ》」を用いている点はこれまでと異なる。『女学雑誌』の振り仮名に問題があることは前述した通りであるが、編集者である紫琴は当然自らの論説に目を通しているはずであり、この「予《われ》」は紫琴自身の用語である。

当時、「女学生」をめぐる論説は新聞雑誌上で行われていた。たとえば『読売新聞』明治二二年六月九日の社説は、次のように述べる。

> 男女同権教育の結果は豈畏ろしきものにあらずや　世間伝へて云へらく近来女学生の品行は実に言語道断といふべし　耶蘇教会に園遊会に男子と同行同伴し往て奇異の縁を結ぶのみならず月黒く人稀れなる処に両々相携へて徜徉《しやうやう》し或は男女二人恰好の家を借り夫婦気取りに日を暮して子を挙ぐるに至る　………余輩《わがはい》は女学校及び女生徒に関する醜聞を全く信ずる能はず………西洋は知らず我大日本帝国は道楽なる婦人を要せざるなり　………随ッて道楽なる婦人を養成し教育する女学校を要せざるなり　（以下略）

これは、保守層の当時の女学生への典型的な批判である。

巖本善治による女学生論

『女学雑誌』は、勿論女子教育についての開明的な主張を展開している雑誌である。編輯者巖本善治による「当今女学生の志は何如《いか》ん」（七五号、明治二〇・九・一〇）という社説がある。かつて女性は「女大学」の教えによって縛られていたが、明治以後その教育環境は変化したことを述べ、次のように論ずる。

維新帝政の有難さは、文明の風率土《そっと》の浜《ひん》にまで行わたりて男女同等の天理も明らかに四海の内に現はれ出でたれば今に於て右様《みぎよう》の女大学を主張する人もなし女子は男子に劣らず勉強してあつぱれ丈夫《ますらを》を巾幗《きんこく》の仲間にも養成すべしとの事普通の議論となり女学校の増加することは夏の雨よりも多く女生徒の学文に勉強さるゝことは当節の残暑よりも尚ほ熱つし　真に慶喜感服の至《いたり》と云ふべきものなり

しかし、問題は、父兄がその女子をどのような目的で女学校で学ばせるか、女子本人がどのような目的で学ぶか、であるとする。

若《も》しも、今時は古《むか》しと違ひ女なりとて学文せざれば兎《と》ても世に立ちがたく候《そろ》　第一読書に達せざれば商家の妻にも成れ申さず況《ま》して学者風の人にても嫁《めあ》はさんとには是非高等の学文を致さねば相成らず洋行がへりの士君子がたには自然西洋風を心得たる婦人ならずは親睦の程も覚束なく候
と云へる様なる目的にてもあらんか、斯《か》る志を以て父兄は其娘に学文を仕込み娘は此のやうに学文せざれば良縁の口に応ずることは出来がたしと奮発し学校の教師は此の需要を見抜いて私共は当今の女子に一《ひ》と通りの学芸を教へ卒業后直ちに嫁入すとも恥かしからぬ程に仕立申すべしと広告し……真に是れ女大学の時代貝原流の父子師弟と幾干《いくばく》の差ぞや

と述べ、このような目的で学ぶことは、女大学の時代と変わりないとし、女学生に呼びかける。

嗚呼《あゝ》当今の女学生諸君よ、諸君が日夜学文に熱心して……に至るまで悉く身に修めらるゝの志は如何ん、……女権伸びず女学達せず婦女子が慷慨《こうがい》奮起すべきの時今を置てそれ何《いづれ》の時そ、而《しか》して諸君が志す所は果して何《いづれ》の点にか存する。

女学生が学ぶ意義を重視するという点では紫琴の論と共通するのは当然ではあるが、違いは現実を注視しているか否かにある。

紫琴の論は、当時の結婚生活の冷酷な現実を直視し、その現実の中で生きるために、女学生に対して勉学して実力を養うことの大切さを説いている。その論は、明治二十年代当時のみならずその後の時代においても通用する現実的な論である。

「慈善の事業」

次に取り上げるのは、「慈善の事業」（二百四十号、明治二三・一一・二二）である。「ふみ子」は紫琴である。

慈善の事業　ふみ子

自腹を痛めず手足を労せず面白半分人の嚢中を弄し而して幾許の金銭を得て之れを人に施興するも以て慈善といふを得ば慈善は余り立派なることには非る也　殊勝なる事とはいふ可らざるなり　此頃慈善の市を開きたるものあり　盛粧炫服四辺を輝かすの婦人三々伍々相群りて其間に周旋すと雖も売る所の品は彼等婦人の情の手に成り愛の泉に湧きたるものに非ず　而して之れを冗談半分強て他へ売付けんとす　二八の処女は為に顔を赤らめて逡巡し軽薄才子は婦人に引張らるゝことを喜びて買ふべきものをも態と一応二応にては買はず　是に於てか洋服の袖にすがる令夫人もあれば羽織袴の紳士を追掛くる令嬢なきに非ず　逃ぐる人追ふ人共に其何の為なるかを忘れたるが如し　之れを或人々の熱腸より開きたる慈善の市としては

厳正を欠きたるの嫌なきに非ず　吾人は此等の会の開かるゝを喜ぶと仝時に又其躰裁万端の其神聖なる名に背かざらむ事を願ふものなり。

文体はこれまで取り上げた論説文と同様であるが、自称詞として「吾人」を用いているのは、紫琴の文章としては初めてである。内容は慈善会の偽善性を批判したものである。

紫琴には、これまで扱ってきた漢文訓読文体を基本とはするが、和語が多く使用されているもっとわかりやすい論説文もある。『女学雑誌』二四一号以下に見られる次の篇などである。先ず二篇を示す。

「女文学者何ぞ出ることの遅きや」

女文学者何ぞ出ることの遅きや　清水豊子　（二四一号、明二三・二・一二）

日本古来女《ぢよ》文学者実に尠《すく》なし、妾《わらは》が知る所を以てせば、纔《わづか》に指を紫式部、清少納言、外四五の宮姫《きうき》に屈すべきのみ、近世に至りては殊に寥《りやう》々、明治の今日に至るも、猶且《なほかつ》未だ女文学者なるものを見ず、否会々之《たま〳〵これ》有りと雖も、其声の殊に小さく、其数の甚だ尠《すくな》きを訝《いぶか》らずんばあらざるなり、妾《わらは》は思ふ日本の今日、実際には女文学者と称すべきものなき筈なし、只其女文学者として名乗出る人なきが為めに、吾人《われひと》ともに之れを認むることを得ざるならむ。

昔の日本に、女文学者なかりしは、当然の事なり、婦女は学問をなす可《べ》からずといひ、又学問を為すは、却つて身を損なうの基《もとゐ》なりと云ひ、成るべく文字を知らざらしめたり、是《こゝ》に於てか其天然の才あるものも、之れを発達するの道なかりしなり、況んや其他をや、去れど明治の今日となりては、十余年来既に女子教育の途《みち》開け、普通教育の外に多少文学上の教育を施し来《きた》りし事なれば、実際に就て京浜間の女学校を観察すれば、実《げ》にをさ〳〵大学の学生にも、劣らざる程の修業《しゆうげふ》積みたる女性頗《すこ》ぶる多きを観る、然《しか》るに此等の人は、今将《は》た何事を為し居るか、闃《げき》として音なく、寂《せき》として声なし、妾《わらは》は其姉妹の何故に、多年書籍と共に生息し、書籍と共に起臥しながら、幾多の学問を其身に貯へたる儘、社会の裏面に潜まるゝかを疑ふなり。　（以下略）

「図書館に到りての感」

図書館に到りての感　清水豊子　（二五二号、明二四・二・二一）

妾頃日《わらはこのごろ》少しく調べ度《たき》ことあり、一日《あるひ》上野の図書館《づしよかん》に至る、此日や大祭日の当日なりしかども、館内幾百の椅子は皆熱心なる兄弟を以て充たされたり、紙上を走る筆の音、書冊を開閉する響きの外には、寂《せき》としてさながら人なき境の如し、妾《わらは》は多くの兄弟達が、斯くも厳粛に、研究に余念なき形状《ありさま》を見て転《うた》た喜《よろこび》に堪へず、徐々《しづ〳〵》此処を過ぎて楼上の婦人席に到りしに、あら悲し……婦人席には曾《かつ》て一人の姉妹をも認《みとむ》ること能《あた》はざりき、妾《わらは》は是《こゝ》に於て曩《さき》の喜に引替へ、殆んど是れに倍蓰《ばいし》したるの失望を来《きた》せり、嗚呼此広き東京《トウケイ》、此全国の学生を集めたる東京に於ても、猶且斯《かく》の如きかと長嘆之れを久《ひさし》ふせり、左《さ》れど亦回想すれば、斯《かく》の如きの光景《ありさま》は啻《たゞ》に図書館内にのみ止まらず、国会議事堂は姑《しばら》く別物とし、婦人に密接の関係ある、教育会、衛生会等の会合に於てすら、参会者中、婦人の顔は実に寥々《りよう》たることにしあれば、図書館内の事強《あなが》ちに怪むには足らざれども、今試に是等の例を以て社会上に於《おけ》る日本婦人の働き場所を黙想すれば、恰《あたか》も此図書館内、其幾十分の一を割きて之に充らるゝも、猶且其需用者なきに苦しむと同様、社会の一隅だも、容易に充たし得ざる事ならむ、（中略）

如何に親愛なる姉妹達よ、卿等《けいら》は何と思ひ玉ふや、我《わが》今日の日本国は、其政治社会にこそ、女人禁制の制札をも建てたれ、文学界教育界医学技芸等の社会にありては、決して女人を容れじとはいはじ、而《しか》も其中に於《おけ》る、熱情熱愛なる兄弟は、頸を延べ目を欹《そばだ》てゝ、却《かへつ》て我姉妹達の、到ること晩《おそ》きを訝《いぶか》りつゝ、居《お》る様なるに、姉妹は此際何故進んで其各々志す所の途に進み玉はざる、文学なり教育なり、其他の学術技芸に於るも、女子に適当せるもの少なかるまじきを、而《しか》して是等の学術を研《みが》き、文学技芸を修むること、未だ必しも諸姉妹が、賢母となり良妻となるの行為を、妨ぐるものに非ざるをや、妾《わらは》は祈る今后《こんご》我姉妹の多くが、演劇落語浄瑠理《ママ》等の寄席に於て、其場所の多くを占領することを力《つと》むるを止めて、此社会てふ大《おほい》なる舞台の、清く有益なる働き場所に、多くの美《うるは》しき顔《かん》ばせを露《あら》はし玉はんやう、自他共に励み、励まされつ、進み行かむ事を願ふ。

読みやすい論説文

この二論文は、先に述べたように、これまでに引用した紫琴の論説文に較べて、明らかに読みやすい。それは、たとえば漢語動詞の数にも表れている。前に引用した「泣いて愛する姉妹に告ぐ」では、次のように、引用部分（六四行）には、三六語、延べ四七例の漢語動詞が用いられている。

愛す（2）　敬愛す　発布す（2）　特筆大書す（2）　処す　閑居す　信ず（2）　傍聴す（5）　必竟す　解す　要す　禁ず（2）　識別す　承服す　思惟す　論断す　支配す　相談す　関す　圧制す　決す　首肯す　弄す（2）　空費す　親見す　付す　帰す　存ず　禁止す　議す　拘泥す　痛惜す　確定す　脱す（2）
奮起す　講ず

これに対し、「この女文学者何ぞ出ることの遅きや」「図書館に到りての感」においての二論文（計六四行）では、次のように一一語一一例用いられているのみである。

屈す　称す　発達す　観察す　起臥す　開閉す　倍増す　回想す　黙想す　適当す　占領す

これは、もちろん扱うテーマによる差も大きいものであるが、結果としてこの二論文がわかりやすいものになっている。

この二論文では、自称詞に共通して「妾《わらは》」が用いられている。紫琴のこれ以前の論文の自称詞に「妾《わらは》」を用いたことはない。

二論文の趣旨は共通している。女性は教育の機会を与えられ、実際に様々な分野で学んでいる優れた女性は増えている。このことは喜ばしいことであるが、問題は、そのように教育を受け、力をつけた女性が、その能力を社会的に活かせていないことであるとする。現在にも通ずる指摘である。当時、新聞条例などにより女性の社会的権利に対する制約はあるが、紫琴の言う通り、文学、教育、芸術などの分野では女性が活躍することは可能だった。紫琴自身は活躍していた女性の一人であるが、社会的に活躍している女性を顕彰し、支援する気持が強かったと考えられる。その一つの表れが『女学雑誌』に掲載された社会的に活躍する女性への訪問記である。

「女子演説家と評判する青井栄嬢を訪ふ」（二一七・二一八号）
「跡見花蹊女史を訪ふ」（二一八・二一九号）
「静女塾主、平尾みつ子女史を訪ふ」（二二一—二二三号、二二八、二三〇号）
「小松崎古登女を訪ふ」（二二四—二二七号）
「女医荻野ぎん子女史を訪ふ」（二三一号）

跡見花蹊、荻野吟子は現在でもよく知られているが、青井栄、平尾みつ子、小松崎古登は、ほとんど知られていない。この訪問記によって、その事績がある程度わかる点でも貴重な訪問記である。

「誰が田」

残る一論文は、「誰が田」である。

誰《た》が田　　　ふみ子　　　（二五四号、明二四・二・二八）

火を以て火を救ひ、水を以て水を防ぐだに、其効なくして害多きものを、況《ま》してや救ふてふ目的にもあらず、防ぐてふ意思にもあらで、火を以て火に向ひ、水を以て水に抗せんには、其四辺《そのあたり》の迷惑如何ばかりぞや。国用《こくよう》節すべし民力休養せざるべからずとは、目下我国の志士達が、銘々《めい〳〵》口にせらるゝ所なれど、左《さ》りとて此人々をして、第二の内閣を造らしめなば如何あるべき。果して能《よ》く政費を大節減せらるべきか、将《はた》又《また》人民の心を慰めらるべきにや、儂《わなみ》は曾《かつ》て彼《かの》志士といへる人々が、政党の運動費として得たる金を、己《おの》が奢《おごり》に費《つひや》したるを知る、又地位の為め権勢の為めには、多年の知友も相分裂して、大合同を為し得ざるを知る、（中略）

何《いづ》れの頃にや、去る所に演説会を開きたるものあり、泣て有情《うじやう》の人に訴ふてふ題にて、弁士の名は国《クニ》野《ノ》為《タメ》二《ジ》といふ。新聞の広告げう〳〵敷《しく》、数日前より評判いと高かりければ、未だ聞き知らぬ名なれ共、傍聴無料とあれば損はあらじ。いざ試に往《ゆき》て見ん、如何なる事をかいふならむと、冷かし半分うち集ひたる人多かりければ、開会の当日は、場内立錐《りつすい》の地なきまでに、聴衆は充《みち》〳〵ぬ。（中略）国野為二は、徐々《しづ〳〵》と我国維新后《ご》の政躰より説き初め、明治七八年以后《いご》、今日に至る迄、我国の志士仁人《じんじん》が、如何に苦慮し、如何に尽力しつる乎《か》。今日立憲政躰の実行を見るに至りしも、皆我志士仁人が、風に櫛《くしけづ》り雨に沐《もく》し、妻子を捨て、珍宝を擲《なげう》ち、西に東に、奔走したる結果なれば、人民は之れに向つて充分の謝意を表せざるべからず、而《しか》して又我国現時の状況《ありさま》たる、立憲政躰の基礎は立ちたりといへ、未だ志士仁人が、枕を高ふして睡《ねむ》るべき時に非ず。愈《いよ〳〵》益《ます〳〵》奮励して、国本《こくほん》の鞏固《きやうこ》を謀《はか》らざるべからざる時なるに、多くの人民は政治に冷淡にして、毫《ごう》も志士仁人を扶《たす》けず、甚同情同感に乏しきを以て、先進の士は、気竭《つ》き力衰へて漸次《ぜんじ》に仆《たふ》れ去らんとす、若し此儘にて過ぎ行かば、夫《そ》れ我《わが》此日本国を奈何《いかん》せん。今や現に或る有名なる志士にして、運動費に窮し、天晴れ為すあるの才を抱きて、空敷《むなしく》泥土に朽ちんとするものあり、拙者は態《わざ》と其名は指さゞれども、此人は実に日本に功労あるの人なり、（中略）諸君にして若し果して我国の前途を慮《おもんばか》り、目下の状況《ありさま》を憂ふる所ろあらば、願くは此人を扶けよ、此人の為に些《いさゝ》宛《かづゝ》でも運動費を出されよ。（中略）説き去り説き来りたる弁舌、実に人の感を動かすに堪《たへ》たり。是《こゝ》に於て聴衆中の半数は、太《いた》く胸を打たれ、或は五銭、三銭、十銭と、銘々思ひ〴〵に義捐《ぎえん》をなさんとて、弁士室に至る、兼て備へ置ける箱に投じ、扨其《さて》救ひを受くべき名士の名はと問ひつるに、彼国野為二《クニノタメジ》といへる弁士は、咳一咳《がいいちがい》して答ふるやう。「其名士は即ち斯くいふ拙者なり。自家の、訴へ、何と確かなものでは御坐らぬか」と答へたりとぞ。今の志士、壮士と名《なづ》くる人の内、か丶る類ひのことをなす人、実際ありやなしや。風に問ふに答へず、水に訴ふるに音なうして流れ行く。

漢文訓読文体を基調とするが、前二編と同様、和語の使用が多く、文章として難解ではない。紫琴の論説文は、取り上げたテーマを真正面から論じるのが常であるが、この論説は創作したエピソードを対象に皮肉たっぷりに論じている。「志士といへる人々が、政党の運動費として得たる金を、己が奢に費したるを知る」という部分は、紫琴が若き日自由党の党員と活動したときの実際の経験であろう。自由党員との関係について言えば、こういう政治活動の中で、紫琴は大井憲太郎の不誠実な行為によって子どもを産むことになり、それが原因で若い頃からの親友福田英子に一方的な恨みを持たれることになったのである。

あたかも国のために尽くす志士の不遇を救うためであるかのように援助を求め、その実自分のためであったというのも、実際にあったことであろう。このような「我田引水」の行為を「誰が田」と皮肉ったのである。

この論説文の中で、紫琴は自称詞に「儂《わなみ》」を用いている。これについては、後で論じる。

紫琴は、自らの考えを読者の疑問に対する回答文という形で表現した場合もある。「問答」欄における次のような主張である。

夫婦別姓の主張…読者の質問への回答

細君たるもの丶姓氏の事　ふみ子　（二四二号、明二三・一二・六）

問　凡そ夫あるの婦人は、多く其夫の家の姓を、用ひ居《お》る様に侍るが、右如何《いかゞ》のものにや、少しく紛はしき心地致候、願《ねがわ》くは、御高説伺ひたし。

答　成程御尤《ごもつとも》のお尋《たづね》、此事に就ては、私《わたくし》も疾《と》くに、心付居たる事にて候《そろ》、私の考にては、理論上より考へ候ても、実際の上より申候ても、里方《さとかた》の姓を称《とな》ふる方《かた》、至当ならむと存候。全躰夫婦とは、婦人が男子に帰したるの謂《いひ》にはあらず、一人前の男と女が、互に相扶《たす》け、相拯《すく》ふの目的を以て、一《ひとつ》の会社を造りたる訳のものなれば、何れが主、何れが客といふ筈のものには候はず。故に随て、夫《おつと》には夫の姓氏あり、婦《ふ》には婦の姓氏あるは、素より当然《あたりまへ》の事に候。左《さ》るを、日本のみならず、何れの国にても、兎角《とかく》男子を主的物《しゆてきぶつ》と見做し又其主的物たるの実《じつ》あるとを以て、主に夫の姓氏をのみ用ひ、いつしか、婦の名にまでも、夫の氏《うぢ》を冠《かむ》らすこととなりしならむ。尤《もつとも》便宜上より申せば、一軒の家にして、二個の姓氏あるは、不都合故、其夫の姓のみを、用うるも宜しかるべけれど、其《そ》は他人より、○○夫人、或は○○御令室など、呼称する時のことにて、自《みづか》ら何々と、夫の姓氏のみ名乗るにも及ぶまじきを、一時目前の便宜の為のみにはあらで、後世へ遺す書類までにも、往々夫家《ふうか》の姓を用ひらるゝ人あるは、洵《まこと》に訝《いぶか》しき心地致し候。西洋諸国にては、如何相成居るか、夫《それ》は一々存ぜねど、日本とても、戸籍上並に又、墓誌銘、墓表などには、全く其里方の姓を用うることと、相成居れば、強ちに理屈上より、夫家の姓を用うることと、なりたるに非《あらざ》るべく、必竟は日常便宜の為とて夫家の姓を用うることとなり居るならむとこそ存候。左《さ》すれば、今日夫婦なるものゝ成立《なりたち》に就て、随分誤解するものもある折柄、かゝることは、差閊《さつかへ》なき限《かぎり》は改めて成るべく婦《ふ》を夫《ふ》の附属物の様に思はれぬ様、改まつた書附などには、其お里方の姓を用ひられ度《たい》と思ひ升。

榎本義子は「紫琴の理想とする夫婦像をより具体的に示しているものの一つ」として、この文章を引用している。（「清水紫琴と西欧思想」『フェリス女学院大学部紀要』一一八）

当時は民法施行前であり、法律的に夫婦同姓が要求されている時代ではなく、現在の夫婦別姓論とは位置づけが異なるが、紫琴の夫婦の関係についての考えを端的に示している。

明治四年の戸籍法施行により、戸籍に名字と名を記載することが定められた。しかし、夫も妻も夫の名字を名乗るようには定められていなかったため、このような質問があったと考えられる。右の文章でも、「日本とても戸籍上、墓、墓誌銘、墓表などには全く其里方の姓を用うることを相成居れば」とあり、当時の実情がわかる。紫琴は外国では結婚した夫婦は夫の姓を名乗るのが普通であることを承知した上で、「婦を夫の附属物と思はれぬ様、改まった書附などには其お里方の姓を用ひられ度と思ひ升」と述べているのである。

読者の問いに答える文章であり、内容は論説であるが、文章としては手紙の文章に近いわかりやすい候文である。自称詞「私《わたくし》」を用いている。

紫琴の『女学雑誌』「訪問記」における自称詞

なお、紫琴は先に述べたように『女学雑誌』に「訪問記」を載せているが、そこで用いられている自称詞は、次の通りである。

「女子演説家と評判する青井栄嬢を訪ふ」（二一七、二一八号）「跡見花蹊女史を訪ふ」（二一八、二一九号）では「予」使用。

「静女塾主　平尾みつ子女史を訪ふ」（二二一、二二二、二二三、二二八、二三〇号）では「妹《まい》」使用。

「小松崎古登女を訪ふ」（二二四、二二五、二二六、二二七号）では、「予」「妹《まい》」使用。

「全件に付板垣伯を訪ふの記」（二三四号　清水豊子）「氷川伯を訪ふの記」上下（二五五、二五六号　生野ふみ子）では、「儂《わなみ》」使用。

第五章　『女学雑誌』の論説文（五）——若松賤子

経歴

『小公子』の翻訳で知られる若松賤子《しずこ》（一八六四—一八九六）は、西欧的教養の豊かな女性であった。明治維新の四年前に会津の武士の家に生まれ、戊申戦争後の一家離散を経て、七歳で女性宣教師キダーの学校（後のフェリス女学院）で学び、十三歳で受洗、ただ一人の第一回卒業生となった。母校の教師を勤めた後、『女学雑誌』の編輯者で明治女学校の教頭だった巌本善治と結婚、盛んな文筆活動を行うが、持病の結核のため明治二十九年三十一歳の若さで亡くなった。樋口一葉よりやや年長だが歿年は同じで、ほぼ同時代を生きた人である。その生涯は山口玲子『とくと我を見たまえ　若松賤子の生涯』（一九八〇、新潮社）に詳しい。

唯一の漢文訓読体論説「時習会の趣意」

賤子の論説的文章としては、明治一八年十月、フェリス女学院に文学会「時習会」を設立した際の設立趣意文がある。「時習会《じしうくわい》の趣意」として『女学雑誌』一三号（明治一九・一・二五）の「寄書」欄に掲載されている。

凡そ一事一業を為さんとするや必らず趣意なくんば有るべからず　今回我らが此一小雑誌を発行するや亦その趣意なきにあらざるなり　抑《そ》も我ら社友は均しく修学の為めに本港に在る者にして亦同窓の友なり　嘗《かつ》て約して曰《いはく》我〱は此文運昌盛《しやうせい》なる世に生れ此教育を受く　これ古人の受ざる所の幸福なり　然《しか》れば

亦古人に超へたる責《せめ》をも有するものなり　宜しく互に奨励勉学して天恩に報ひざるべからず　為に時習会を設け或《ある》は筆紙に由りて意を述べ或は口演に由りて志を表はし以て平素の学課を時に温習思繹《をんしうしえき》し成業の裨《ひ》益《えき》を謀りたりき　此頃友人　某《それがし》　我らに勧めて曰く卿等《けいら》何ぞ雑誌を世に発行して論文を公《おほやけ》にせざるにや　我れ卿等の為に此時習の文章口演の一時の耳目に属するを惜むなり　若し是を世に公にせば此時習会の社友日一日より学業進歩の端《はし》を知るの益となるべしと　我らは之《これ》を発行して世の益を来《きた》す事は企望すべきにあらざれども社友学業の進歩を謀るには雑誌を発行するの益あるを知り友人の勧《すゝめ》によりて遂に本誌を発行し之に名《なつ》くるに時習の文字を以てせり　蓋《けだ》し之を魯論学而《ろゝんがくじ》の語に取れり　一論者本誌の発行をきゝ評して曰く古来名と実《じつ》とは相ひ符《かな》ひがたし　而《しか》して名や実に過《すぐ》る事あるも未だ実の名に超《こゆ》る事あるは聞かざるほどの事なり　今雑誌に名《なつ》くるに孔子の語を用ゆと　彼等は日進開明の今日に処するに千載《せんさい》の古株を守らんとするか　恐らくは人をして活溌の気象を喪《うしな》はしむる事なからん乎《か》と　嗚呼《あゝ》これ何の言ぞや　世上の事物を考察すれば優勝劣敗の理《ことはり》を免るゝ事能はず　古《いにしへ》の今に及ばざる事素《もと》より多し　然《しか》りと雖《いへ》ども万事万物悉く変遷古今同一なるものなしとおもふに至りては誤りならずや　論者も其一《そのいつ》ならんか俄に之を見れば変遷したるがごとくなれども其実《そのじつ》変らざるものあり　彼の皓々《こう〳〵》たる月輪を見よ　或人は之に対して悲哀を感じ或人は之に対して喜楽を感じ或人は之に対して神の栄光をおもふ　或《ある》は哭《こく》し或は笑ひ或は歌ひ或は酔ふ　均《ひと》しく此月輪《げつりん》人を酔吟笑哭《しやうこく》せしむるにあらず　皓々《こう〳〵》たる月輪は古今一なり　啻《たゞ》時と処によりて変ずるにあらず之に対する人に変換あるなり　孔子は人なり　然《さ》れど彼《か》の発見したる真理も彼《かれ》とゝもに陳腐なりといふは我らの取らざる所なり　我ら教育を受《うく》るものにして時習の功なくんば決して成業を期すべ可らず　我らは孔子の問学《もんがく》に時習の功を用ゆべき事をいひしを深く感じ他日の成業を期してかく名《なつ》くるなり　何ぞその文字《もんじ》の新古を論ぜん　況んや名は必らずしも其実《じつ》を奨励するの勢力なきに於てをや　愛読諸君子本誌は時習の少年より発行するものなれば決して完全無疵《むし》の雑誌にあらざる故に其文の拙《つたな》く意《こゝろ》の浅きを推恕《すいじよ》あらんことを伏して希《こいねが》ふ

内容は、古人が受けることの出来なかった教育を受けているその「天恩」に報いるために我々は時習会を設け、文章や口頭発表をしてきたところ、ある友人にこれらの勉学の成果を公に発表することを勧められ、時習会の雑誌を発行するに至ったとする。「時習」は、『論語』「学而」篇の「学而《ンデ》時《ニ》習《フ》レ之《ヲ》　不《ズヤ》二亦　説《ヨロコバシカラ》一乎《ヤ》」に依ったものである。この命名に対して「一論者」が「日進開明」の今日、古い孔子のことばを会の名を用いるのは人々の「活溌の気象」を失わせると批判した。これに対し、賤子は孔子の発見した真理は不変のものであると反論している。

文章は、男性が用いてきた漢文訓読文体の論説文の文体である。次のようにこの文体に特徴的な用語が用いられている。

二重否定	なくんばあるべからず　なきにあらざるなり
助動詞	ざる・ざれ　しむる
副詞	抑も　かつて　蓋し　恐らくは　悉く　況んや
接続的表現	然(しか)れば　而(しか)して　雖ども
動詞＋の	知るの益　発行するの意
その他	能はず　於てをや

賤子のこのような漢文訓読文体の論説文は、この一篇のみである。彼女は、このような文体の文章を書く力は持っていたが、このような文章で自分の考えを述べることはしなかった。

時習会三周年記念日の英文挨拶

この時習会はフェリス・セミナリー全校あげての事業に発展し、十月二十一日は「時習会記念日」として休日となった。その三周年記念日に賤子は会頭として挨拶したが、それは英文であり、『女学雑誌』二四二号（明治二三・一二・六）の付録に載せられている。

Our young societygly is exceedingly happy to-night in the privelege of celebrating its 3rd Anniversary.

で始まる三周年記念の講話では、女性の新しい役割について画期的な期待が述べられている。この講話の訳文を初めて一部引用した山口玲子の前掲著書によりその一部を示す。

The intelligent part of the world is haranguing us on our capabilities, and we must neither live beneath our privileges nor withhold our best for the cause of the general good.
What a powerful weapon may the pen become in the hand of a noble woman! With what influences to elevate and purify society can she wield it!

《世界の知的分野は、我々の才能を待ちのぞんでいます。私達は教育を受けた特権に安住せず、公益に最善を尽さねばなりません。
ペンは心ある女の手になる時、何と力強い武器になることか！ 社会の向上と純化に、いかに役立つことか！》

賤子は、知的分野で活動する女性が育つことを期待していた。当時の日本にあっては、非常に進んだ考えだったと言える。

山口玲子が説くように、賤子は自分の主張を文語文で表現することを選択せず、英語で表現することを選んだ。これは、賤子がフェリス・セミナリーで英語で生活する中で自然に身についたのである。

英文論文「日本における女性の地位」

明治二〇年十一月、賤子はパッサーカレッジからの依頼に応じ、The Condition of Woman in Japan という論文を送った。これは、『女学雑誌』九八号（明治二一・二・二五）に載せられている。賤子がこの論文を書くに至った事情については、同誌八八号（明治二〇・一二・一〇）に次のように説明されている。

> ○世界の女報　米国バッサル女子大学校に於ては世界各国の女子の景況を取調らべらるゝ由にて各地に在る同校の卒業生に委託し其場所の報告をもとめらるゝ由なり　我国にては大山伯爵夫人即はち同校の卒業生にて座はせど同校より此事委託ありし節は折悪しく不快にて居ませる由にて当時横浜に在留さるゝギルパトリック夫人（バッサル校卒業生）自から我国の女子の有様を記るし報告さるゝよし　依て其材料の取集め方に付て吾社へも尋問さるゝ所ありき　而して同夫人の請により横浜フエリス女学校教師島田かし子も亦た別に日本女況と云へる一篇を草し同夫人の報告と共に彼地に送られたるよしなり　何れ数ヶ月后には彼地の校に於て各国の報告を取集めて出版あるべく出版の上は吾社へも一部寄贈さるべき由に付後に至りて読者に其抄略を示すことあらん

この論文は、I Education　II Means of Independent Support から成り、英文であるため、本書の趣旨から言えば扱いにくいが、日本の女性として本格的な最初の英文論文であり、画期的な内容なので敢えて収載し、『訳文巌本嘉志子』（師岡愛子訳　龍渓書舎　一九八二）によって訳文を付す。

The Condition of Woman in Japan

Having been asked to write a brief report in answer to the two questions "What is the present condition of woman's education? " and "What are her Independent means for support?" I have written the following, relying for facts on the best available authorities and on my own observations. I regret to say that the latest statistics that I have been able to get, are those of '84, later returns not having yet been published.

I
EDCATION

While the people of Japan have, from early times, readily acknowledged the importance and, material advantage of higher education for their sons, and have withheld from them no opportunities within their means; they have, for a few years past, been considering the advisability of giving their daughters higher advantages in education than those which are afforded by common schools. However, the question may be asked, "What has wrought these changes?" In general, it may be said that the knowledge of Western culture has given impulse to the national mind and has inaugurated changes that have brought powerful influence to bear upon this subject.

First, may be mentioned the institution of society among the higher classes. A decided departure from the old state of affairs. The strict seclusion from the outside world and an indifference arising from general ignorance of all matters not included in the limited boundaries of the domestic sphere, are no longer considered a part of feminine virtue. Wives have been received in public on equal footing with their husbands. They have also begun independently to form associations both for pleasure and benevolent enterprises. Indeed, conventionalities have been so far forgotten, that ladies and gentlemen have met at the Rokumei Kwan—an aristocratic clubhouse in the capital, maintained for the purpose of social gathernngs, bazaars etc. —to dance, and strange to say, the waltz receives its share of popularity. These social innovations in the upper stratum of society, made all the more conspicuous on the back ground of rigid social conventionalities and stern restrictions of old Japan, can not fail to influence society in general. These social opportunities, made accessible in proportion to individual culture and accomplishments, have caused parents to seek higher education for their daughters.

In the second place, may be mentioned the newly awakened interest of the Japanese press in the "Woman Question." Owing to stringent press regulations, among other reasons, the public has, for the last four years, shared less in political deliberation than ever. Opportunity has thus been afforded for devotion to other than political themes, such as social, educational, moral and even religious topics. The "Woman Question" has been the latest in vogue. Article after article has been devoted to the subject of woman's education, her capacity, her relation to man and especially to the problems of her subjection and the judicial means for her emancipation. A tri-weekly paper was started in July '84 with the avowed purpose of being solely devoted to her cause. This was followed within three years by seven other periodicals of similar nature. Prominent men of learning with advanced ideas, contributed to these papers, and also published pamphlets and small books more elaborately discussing these and similar questions. These have been important and powerful factors to arouse the public to a sense of its immediate duty ; namely, the education of womanhood for the improvement of the social condition.

In the third place, underlying and largely embracing the above two sources of influence, is the advocacy of woman's cause in the interest of modern Foreign policy. The opening of the country to mixed residency, has been seriously contemplated, and it will, no doubt, be accomplished at no distant date. Perhaps, this may happen simultaneously with Japan taking her position with the European nations, in the dignity of a constitutional monarchy. This opening of the country, viewed from the point of the presennt low degree of culture together with the humiliating position of woman in her relation to man, has justly been deemed equivalent to inviting the people of the West to the exhibition of the nakedness of barbarism. Especially humiliating must be the criticism of Christian nations whose criterion of civilization is woman's position at home and in society! Such has been the ground on which some of our most far-sighted and shrewdest men have advocated liberal culture for women ; and some have even expressed their belief that *Christian* culture must be the ultimate agency in civilizing society and putting it abreast the much envied social condition of the West.

The revival of woman's education having thus originated in the upper strata of society, and being advocated by the more intelligent of the people, its influence has not yet permeated the lower classes of people. Consequently, the attendance of girls upon common schools since '84, has not material increased when it was estimated at 1,013,851. The school age begins at six years, when children enter the common schools, and are taught the common branches. But a large proportion of them are taken away from school at thirteen years of age, and being kept at home are taught domestic duties preparatory to being married; or, as in the case poorer families, are either sent out to service or placed in apprenticeship. Of those who remain until they finish the higher grade of the common school, say at fifteen or sixteen, a few attend the normal and higher schools maintained by the government in Tokyo and the chief prefectures. Others attend the various private schools either foreign or native. Women are not admitted to academies and have only lately been allowed to take special branches in the University, where there are two female students at present, one studying Medicine and the other Botany. There are a few others preparing to enter the several departments of Physics, Political Economy, and Mathematics. The government issued a notification at the time this concession was made to the effect, that for a time, females would not be admitted to take the regular University course.

There has been a general increase of girl' schools in all parts of the Empire ; it has been especially conspicuous in Tokyo where until '84, there were only eight or nine schools, there are now over thirty. All of these schools are full and flourishing, the attendance being from fifty to two hundred fifty. English is more or less taught in almost all these schools, and a great deal of interest is shown in the study. The grade of these schools corresponds to that of the public schools in America.

There is a great hindrance in the method of education Japan, which none but those who are practically connected with it can fully appreciate; namely, the monotonous system of Chinese idiographs and literature, which the students must attain to a certain degree of proficiency as a means of communication of ideas. The Romanization society of which great hopes are entertained as a revolutionizer of the educational system, though quite influential, will not be of practical use to this or the next generation. More expedient modes of instructing Chinese may sooner or later be developed, but as long as the system remains, it will be hampering to the progress of education.

The mission schools early established in the different parts of the Empire have had a great influence upon woman's education and the result has been noticed as early as in '77, when they are honourably mentioned in the government educational report.

There is an industrial school in Tokyo, consisting of 200 pupils at present of which more mention will be made under the second topic.

Women have come together and founded associations for self-improvedment and for mutual assistance. There is a reading society in Tokyo with 2000 members and various literary and conversational societies all overthe Empire, all calculated to prepare the Japanese women for independent thought and action.

II

MEANS OF INDEPENDENT SUPPORT

A woman in Japan, legally, has no share in the estate. Nothing is set apart for her, except her personal effects: the tronsseau given at her marriage is very rarely accompanied with a dowry, and that only among the Higher classes. She is religiously trained to think that marriage is her only legitimate destination and the home of her wedded sovereign, her only available refuge. It is not to be wondered at that hitherto she has not exerted herself to procure any independent support. To be sure, there has been quite a proportion of women who have obtained a tolerable living by giving lessons in such accomplishments as tea-etiquette; arrangement of flowers in vases (native accomplishments); instrumental and vocal music, dancing, etc, as also others who have gleaned a meagre pittance in the more menial occupations as obstetrics, dress-making, washing, hair-dressing, etc. Even the best occupations open to woman have been, however, considered rather short of honourable, and she has followed them mostly from necessity.

Under the new era for women in Japan, this state of things has, of sourse, been revolutionized. Her rights trampled down and kept so with the weight of moral and religious sanction, together with the social usage of 25 centuries, can be successfully indicated only with the prestige of her material as well as her intellectual and moral worth.

Among a number of professions newly thrown open to women, that of school teaching may be considered the chief, both in respect to the number of those who embrace it and the honour paid to it. A great deal of preferment is shown to the school teacher in this land, where learning has so recently revived. She is much better appreciated here than is the lands, where the governess is coupled in public opinion, with the seamstress. The number of female teachers are estimated at 5,011 while the male teachers are estimated at 97,931, according to the statistics of '84, a fair proportion, considering the dearth of female aspirants to other professions.

We are able, on good authority, to state that the present Minister of Education is desirous of placing properly qualified female teachers over all the common schools in the Empire. He is, indeed, reported to have said that, if sufficient number of female teachers can be trained and kept to their task, half of the work of his department would be accomplished. The revival of education has, of course, caused an increased demand for teachers, especially for those who are prepared to teach English. The graduates of the mission schools which have the reputation of the oldest and best institutions for the instruction of the language, are in considerable demand, and are offered positions in the best schools in Tokyo. Of course the number of female teachers has conspicuously increased since '84. However , only a few thus far have been known to take up teaching as their life work.

There is at present only one licensed female physician ; she is a specialist in female diseases and has a good practice. There are a few others waiting to be given certificates in a few months. There are schools in Tokyo and Yokohama to train women in obstetrics and many women are choosing this professions.

Two years ago the musical department of Monbusyo graduated three girls among the first class of graduates, several more have graduated since, and they are All employed as teachers of piano, violin and Japanese instrumental music.

Woman are turning their attention to fine arts also, both according to native and foreign styles. There have been a few whose productions have brought them fame especially in the water-colours. A considerable number are said to be earning their living by painting on porcelain, silk, etc.

A lace manufactory, established some years ago in Tokyo, gives employment to many girls whose natural dexterity adapts them to this kind of work.

An industrial school in Tokyo has been already mentioned. The bramches taught are foreign dress-making, foreign fancy work, mostly in worsted, painting and drawing, porcelain-painting, and Japanese fancy work. Those learning foreign dress-making exceed in number all other departments; this, no doubt, is owing to the adoption of foreign costume by the ladies of the upper classes. On the other hand, hair-dressers, so essential for the elaborates native coiffure, have been losing customers on account of the adoption of the foreign style of the hair-dressing by so many of all classes.

There are besides these, small private establishments for the instruction of foreign and native fancy work, embroidery, etc.

In the suburbs of Tokyo and Yokohama, may be seen, through the open cottages, women bending over their work of hem-stitching handkerchiefs; and the foreign demand is such, that they seem to keep up a lively business. The Government Printing Office offers occupation for scores of woman, young and old, some of the most expert hands earning quite a large salary.

Literary culture has not yet so far developed as to enable women to support themselves by means of their pen. Ladies are legally debarred from the editorial chair, and comparatively few have attempted even contributing to the papers.

Of books, written, translated and edited by women, since '78 thirty-five are on the list before me. Few of them are in pamphlet form, and the library value of the best does not begin to compare with the production of literary women of our middle ages, some of which are still esteemed the standard works of Japanese literature. There is however, a pretty wide range of subjects, in these first fruits of woman's intellect, of the new era of literature in Japan, as the following list will show ; two treaties on woman's rights, an increasing fact in one of which is that the author argues against the presumption that woman's rights are equal to man's two collections of poems;several literature miscellanies; two models on letter-writing; translations from Western biographies and stories; one Anglo-Japanese conversation; hints on dress-making and silkworm-raising; two novels; a translation of Beecher' Household Economy (not completed); one Elementary Text-book in Natural Philosophy, and a few others.

Glancing over the progressing civilization of Japan, one can hardly fail to be struck with its exotic nature. That social institutions of the west, so enthusiastically admired and eagerly adopted by us, are natural products of ages of experience; that some of these institutions have been established maintained by throes of revolutions; that there are vital agents working out these favorable results, are truths, that many here have yet to learn. May our beloved country quickly recognize and accept of these truths and may Christian culture permeate her social texture through and through is the Prayer of,

Your's sincerely

Shimada Kashi,

Isaac Ferris Seminary,

Yokohama, Nov. 1887

日本語訳「日本における女性の地位」

「女子教育の現状」と「女性の自立の方法」の二つの問題について、短い報告書を書くように依頼されて、信頼できる筋と、私自身の観察による事実によって、書き上げたのが次の報告書である。残念なことには、私が手に入れた最新の統計は一八八四年（明一七）のものであって、もっと新しい統計表はまだ発表されていない。

1　教育

日本国民は昔から、男子の高等教育には実利があると、速やかにその重要性を認めて、資力の許す限り、その機会を息子たちには与えている。この数年間には、娘たちにも、公立小学校で受けられるよりもっと高い教育の機会を与えることが、利点になると考えられてきた。だが、「このような変化をもたらしたのは何か」という疑問が生じてくる。総じて云えば、西洋文化の知識が国民の考え方を刺戟し、女子教育に関して強い影響を及ぼすような種々の変化をもたらしたのである。

まず上層階級の社会的な新しい動きが考えられる。古い慣習からの離反である。外の世界から隔絶していることや家庭という限られた範囲以外のことには概して無知なために無関心であることは、もはや女性の美徳とは見なされない。公に、妻は夫と同格であると認められ、娯楽や慈善のために、独自の集まりを持つようになった。事実、因襲的な習慣は今までのところ忘れられて、紳士淑女は鹿鳴館（東京にある立派な社交会館で、社交の集まりやザなどに使用される）に会してダンスに興じ、おかしなことにワルツが特に好まれている。古い日本の社会の厳しい封建性と容赦ない制約を背景として、ますます目立ってきた上流社会の社会的な刷新は、広く人々に影響を必ず及ぼすのである。一人一人の教養と素養に準じて、社会において活躍の場が与えられるようになり、親は娘のために、高等教育を求めることになった。

第二には、最近になって日本の新聞が「婦人問題」について目覚めたことが考えられる。他にも理由はあるが、厳しい報道の規制により、この四年間というものは、それ以前よりも一般の人々の政治に対する興味が薄くなってきた。それで、政治の話題よりも他のこと、社会的、教育的、道徳的、宗教的な問題にも注意が向けられるようになった。「婦人問題」は最近の流行となり、女子教育や女子の能力、男性との比較、特に女性の隷属と女性開放のための法的手段について、次から次へと論文が書かれた。三週間に一回発行の雑誌が、女子の発展のためにと謳って、一八八四年（明治一七）七月に創刊された。つづく三年の間に、同じ性質の雑誌が他に七種出版された。進歩的な思想の優れた学者がこれらの雑誌に寄稿し、他にも小冊子や書物を出版して、婦人問題などを見事に論じた。このことは、一般の人々に問題の急を告げる重要で強力な要因となった。即ち、社会改良を目指す女子教育の問題についてである。

第三に、前記の二点の底流となっていることは、近代外交政策の利点としての婦人問題の唱道である。雑居を日本国内に許すことが深刻に考えられ、間もなく実現されるであろう。日本が立憲君主政体の品格をもって、ヨーロッパ諸国と地位を伍するようになると、自然に雑居ということになろう。内地雑居は、男性に対する女性の屈辱的な地位に表現されているように、現在の低い教養の程度からみると、日本の野蛮な裸の姿を見せつけるために、西洋の人々を招くようなものである。特に女性の地位の低いことは、文明の規準が家庭や社会における女性の地位によると考えるキリスト教国を批判していることになる。従って、このことが、先見の明ある賢明な人が、女性のために差別のない教化を推進してきた根拠となったのである。何人かの人は、キリスト教文化は社会を教化し、西洋のうらやむべき社会状況と轡を並べて進むために究極的な力となるに違いないと、その信念を述べている。

女子教育の振興は、このように上層社会に始まり、知識階級の人々によって唱道されたので、その意図は下層階級の人々にはまだ浸透していない状態である。従って、小学校における女子の就学は一八八四年（明治一七）の百一万三千八百五十一名より増加していない。児童は六才で小学校に入学し、必要な学科目を学ぶ。大部分は十三才で学校を卒業し、家庭にあって結婚準備のための家事を習うのである。さもなければ貧しい家庭においては、女中や年季奉公に出される。高等小学校まで進む者のうち、ほんの少数が十五才か十六才で、東京府立や各県立の師範学校や女学校に進学するのである。またある者は、外国人とか日本人の経営による私立女学校に入学する。女子は大学への入学を許可されていないが、ほんの最近になって大学の専門科目を学ぶことを許されたところである。現在、二名の女子学生、一名は薬学と、もう一名は植物学を学んでいる。また、物理学、政治経済学、数学の学部への入学を準備している者も少数いる。政府は告示をして、このように容認はしているが、女子に大学教育を正規に受けさせせることは当分ないであろうと述べている。

日本の至る所に女学校が創設され、東京では、一八八四年（明治一七）までには八、九校あったにすぎなかったのが、現在では三十校以上である。各校とも生徒数は多く、五十名から二百五十名といったところである。英語は殆んどの学校で教科にとりあげられ、熱心に生徒たちは学んでいる。各学校の程度は、アメリカの公立学校に相当するものである。

実際に活用する人以外には充分に理解できない日本の教育方法には、大きな障害がある。それは、漢字の勉強法であって、生徒は思想の伝達の方法として、かなりの程度に修得しなければならない。羅馬字会《ローマ》は教育制度の改革案として期待されて効果的とも思われるが、今の生徒たちや次の世代にローマ字が実際に使用されるとも思われない。漢字を教えるもっと適切な方法が今にあみ出されるであろうが、現在の方法が使われているうちは教育の進歩を阻害することになる。

早くに日本各地に創設されたミッション・スクールは、女子教育に影響を及ぼすこと大で、その功績は一八七七年（明治一〇）には注目され、立派な業績として政府の教育白書に述べられている。

東京に二百名の生徒を擁する実技の学校があり、次の項目で詳しく述べることにする。

2　自立の方法

自己を啓発し、力を合わせるために、女性たちは寄り集まって会を組織するようになった。会員が二千名もある読書会があり、文学会、談話会など各地に出来て、日本女性の自立を助けることになった。

日本の女性は法的に財産権がなく、手回り品の他には何も所有するものはない。結婚のときの嫁入支度に持参金がつくわけでもなく、あるとすれば上層階級の場合に限っていた。結婚するのが当然従うべき運命であり、婚家先の家が唯一の安住の地であると思いこまされているのである。自立を得るのに今まで努力したことがないことも、驚くに当たらないことである。茶道を教えて自立しているかなりの女性がいることは事実である。他にも、華道や歌舞音曲などの道もある。また僅かの収入しか得られないが、産婆とか針仕事、掃除や髪結いなどといった、下にみられている仕事もある。女性に求められた最上の職業でさえも尊敬に値するものではないと考えられていて、必要のため致し方なく女性は、このような職業についている。

新しい時代となって、このような状況が変革されることは当然である。女性の権利は踏みつけられ、道徳と宗教の拘束力と、二十五世紀にもわたる社会の慣習によって抑えつけられてきたのであるが、物質的にも、また知的にも道徳的にも優れていれば、よい報いがあることが解ってきた。

最近になって女性に開かれた数多くの職業の中で、教師がその数においても、品位のある職業として群を抜いている。学問が最近になって復興してきたこの国では、教師は非常に尊敬される。家庭教師がお針子と一般的に同等に扱われる外国よりも、日本では、かなり教師という職業は評価されているのである。一八八四年（明治一七）の統計によれば、男子の教師が九万七千九百三十一名のところ、女子の教師の数は五千十一名で、他の職業を志す女性が減少していることを考慮すれば、かなりの率を示している。

確かな筋によれば、文部大臣は、有資格の女子の教師を日本国中の小学校に配置したいと望んでいる。また大臣は、教職にふさわしい必要数の女子の教師が訓練されれば、文部省の仕事の半分は、なし終えたと同じであるとも述べたそうである。教育の復興により教師がますます必要となり、特に英語の教師が求められている。語学教育には昔からよいとされているミッション・スクールの卒業生には、特に要望があって、東京の一流校に職を得ている。一八八四年以来、女子の教師の数は目立つほど増加しているが、生涯の仕事として教師になる人の数はほんの少しにすぎない。

現在、免許を持つ女性の医師はただ一人で、婦人科の専門医で、よい評判を得ている。数か月のうちには、二、三名が免許を取得することになっている。東京と横浜には産科学の訓練を受ける学校があり、多くの女性がこの職業につこうとしている。

二年前に、文部省の音楽取調所から三名の女性が第一期生として業を終え、つづいて数名が卒業しており、ピアノやヴァイオリン、邦楽器の教師として働いている。

日本画や洋画に目を向ける女性も出現して、水彩画で有名になった女性も少数あり、磁器や絹布に絵付けをして生計をたてる女性もかなりいると云われる。

東京ではレース工場が数年前に設立され、生まれつきの手先の器用さがこの種の仕事に向いて、多くの若い女性に職場を提供している。

東京にある実技を教える学校については前に紹介したが、そこで教える教科は、洋裁とか洋風の手仕事、即ち毛糸編、線描きや色付け、磁器の絵付けといったことや、古来の手芸がある。洋裁を習う者が他よりも多く、これは上流階級の婦人方が洋服を着用するようになったからである。他方、日本髪を結うのに必要な髪結いは、大勢の女性が上も下も、洋風の髪型の束髪をとり入れたために、客が少なくなってきている。また、洋裁、和裁、洋風和風の手芸、刺繍などを教える私塾もある。

東京と横浜の郊外にゆくと、ハンカチの縁とりに身を屈めて仕事をしている女性の姿が作業小屋に見られる。外国からの需要が多いので忙しく仕事をしている。大蔵省の印刷局は女性に職場を開き、若い女性も年寄りも、年期の入った人はかなりの給与を得ている。

文学の方面では、まだ女性がペンをもって自立するほどにはなっていない。女性は法的に編輯の職につけないので、新聞に寄稿するのも滅多に試みられていない。

女性が執筆し翻訳し編輯した本が、一八七八年（明治一一）以来、三十五冊、手許のリストに挙げられている。小冊子の形式をとったものは殆んどないが、といって、文学的価値のあるよい作品でも、日本文学の代表作と考えられる中世の女流作家の作品とまだ比較する段階には至っていない。しかし、次のような作品が示すように、女性の知性から生まれた初めての成果には、日本における文学の新時代を示すような題材が広範囲にわたっている。女性の権利についての論説が二つ、面白いことにその一つは、女性が男子と同等の権利を持つ案に反対する論である。歌集が二冊。文学作品の種々。手紙の書き方についての二冊。西洋の伝記や物語の翻訳。英会話読本。裁縫の要項と蚕の飼い方。小説が二冊。ビーチャーの家政学の翻訳（未完）。自然哲学の初級読本とあと数冊。

日本の発展しつつある文明の姿を見て、その西洋的な様相に驚くばかりである。西洋の公共機関は、私共には大層うらやましく、一心に取り入れたい姿ではあるが、これも長年の経験から自然に生まれたものであろう。またあるものは、改革の苦しみを経て得られたものであろう。このような好結果をもたらす活力には、まだ日本が学ばねばならない多くのことがあるのも事実である。我々の愛する国はいち早くこの事実を認識して受け入れ、キリスト教の文化が、社会機構にすっかり浸透するようにと祈る次第である。

横浜フェリス女学校

島田　かし子

一八八七年（明治二〇）十一月

大きなテーマであるが、具体的に実態を述べ、説得的にまとめている優れた論文である。アメリカの大学の依頼に応えたものなので、英語で書かれたのは当然であるが、この内容を、当時の文語文で書くのは、非常に困難であったであろう。英語を自由に駆使できた賤子であったからこそ出来たことである。

ここに書かれている内容そのものは日本近代史・女性史の研究で明らかにされていることであるが、同時代の二十四歳の若い女性によって書かれたことに重要な意味がある。なお、Ⅱの部分については訳者師岡愛子による具体的な注が付せられており、有益である。

『日本伝道新報』掲載の英文の小論

賤子は、明治二七年六月から逝去した同二九年二月まで、『日本伝道新報』に英文で一八篇の小論・随想を発表しているが、それぞれ興味深い内容である。これらは、『英文巌本嘉志子』『訳文巌本嘉志子』によって読むことが出来る。このうち二篇の題目を例示する。（題名の訳は師岡愛子による）

Some Phases of the Japanese Home and Home-Discipline「日本の家と家庭の躾」（明治二八年一〇月）

Japanese Women in Religion「日本の女性と宗教」（明治二八年一二月）

候文の論説

賤子が日本語で書いた論説的文章は、これまで述べてきたように非常に少ないが、『女学雑誌』所載の次の論は、候文で書かれている。三八六号（明治二七・六・三〇）所載の「婦人の生存競争」である。

婦人の生存競争　　賤子

中以上の婦人たりとも、職業を習ひて万一独立することあらん時の必要に対し、準備すると云ことに何か不都合有之《これあり》候はんか？もと産業を受け継ぐと定まり居りてさへ、男子は尚ほ此目的をもつて、教育致され候様《やう》なるに、婦人に至りては、あてになる様な、ならぬ様な婚姻といふ一事を頼ませらるゝ耳《のみ》にて、万一の用意とては与へられず、依《よつ》ていとも哀れなる境遇に陥り候こと屡《しば》々有之候。右に付き、父兄たる人々に少しく注意して戴き度《たき》ふし〴〵左《さ》に認《したゝ》め申上候。

婚姻

は元より婦人一般の希望の正鵠《まと》にて、本来、然る可きことなれば、其希望を達すると共に、生存競争の必要は全く止み候ことも有之《これあり》候。併《しか》し婚姻には、頼む可き庇蔭《ひいん》の必しも伴ふと申すものならず。死といふ魔物あり、破産といふ不慮も有之《これあり》候て、斯《かく》の如き場合には、婦人がかせぎ人《にん》と変じ申すべし、子供を持てる人ならば、困苦は一層深きことに候はん。斯の如き時に、独立す可き術《じゆつ》絶へ、あはれ冷やかなる世の慈善にすがり候ほど、心細き場合は有之間敷《これあるまじく》候。

財産

ある婦人は同様生存競争の外に安んずるが如くなれど、動産、不動産ともに、時には動き出《いだ》して、跡を遺さゞること有之《これあり》候。たとひ其原因は詐偽《さぎ》なるにもせよ、失敗なるにもせよ、共に不慮に来《きた》ることとなれば動産不動産に勝りて更に堅固なる遺産を授け置《おか》るに非ずば、父兄の御役目は済まぬことと被存《ぞんじられ》候。そを何かとなれば、婦人其人より取つて放つことを得ざる一の芸能の事にて、依つて身を立つ可きの武器を申訳《まをすわけ》に御座候。

熟練

といふと、今の世の中には、中〳〵の価値を有し候。ナマナカのものにては、間に合ひ不申《まおさず》何の技にまれ、熟練いたし候はゞ、成功独立は知らぬ中に伴ひ来り申候、昔しの人が（ウェブスタア）申され候通り、職業は如何ほど多くこれに従事する人ありとも、上の方にはいつもアキ有之《これある》ものゆへ、さまで高尚ならざることにてもよければ、但《た》だ一事に抜《ぬきん》ずるが肝要に御座候。候補者は何れの道にも多し、辛抱せではかなわぬことと存候。総じて需要を正鵠《まと》にとりて、熟練を加ふれば充分に候。

職業の種類

は本邦に於ても追々に多く相成、裁縫に結髪《かみゆひ》、とりあげに洗濯位より他に手内職のなかりし昔とは大なる相違有之《これあり》候。女子を教育するに先だち、其人の嗜好《しゆかう》、傾向の注意し、最も愉快に最も成功し易き方を撰び候が専一に御座候。赤子の折より其人の起居、動静をくわ敷《しく》知れる母にして、斯《こ》の見分けを誤まりては、余り不甲斐なきことに候はん。将来の母たる人、父たる人迂闊《うくわつ》にな其児を観識《くわんしき》し玉ひそ。

普通教育

はさりとて忽諸《ゆるかせ》にす可きものならず候へ共、近来教育法も追々簡便に相成候て、年月、時間の必要も段く減じ候様子なれば、普通教育を授くると同時に、独立の業をも并び教ふること容易にならんかと存候。よし茶の湯、香花の如き無益ではなくとも、さまで必要でなき技芸は略《はぶ》きても一方を先にす可しと存候、茶の席へ出て、茶碗の持様《もちよう》知らぬ当惑は知れたものに御座候。他人はつれなく、我身は意気地なく、子供には泣る丶といふ場合に立到らんよりは勝《ま》しに御座候。好き丈夫《ますらを》を撰んで令嬢を配し玉ふは結構なり、産を分けてこれに与へ玉ふも尚さら賀すべきことに候。されど令嬢が其上にこれこそと安心して、万一の時の立身事業とし玉ふ可き程のものを仕込み玉ふ親切は鬼に金棒与ふる訳にて、慈悲深き親御の第一の義務は其時始めて果し玉ひしことと申し上ぐ可く候。

女性が結婚にのみすべてを託することの危うさを説いている。内容は、先に引用した清水紫琴の「当今女学生の覚悟如何」に類似している。女性は、幸せな結婚をしたとしても、夫の死もあり、財産を失うこともあるが、「婦人其人より取つて放つことを得ざる芸能」を身につけることによって、「身を立つべきの武器」を得るとする。ここでいう「芸能」とは、現在用いられている意味とは異なり、〈学問・芸術・技能などについてのすぐれた能力。芸に長じた才能。また、芸事の技能〉（『日本国語大辞典』「芸能」の項②）を意味する。

文体は平易で、「父兄たる人々」「高尚ならざること」「身を立つべきの武者」「斯《かく》の如き」「たとひ」のような漢文訓読語も見えるが、多くはない。

賤子は、その小説、翻訳小説の言文一致体で知られる。その文体は言文一致体の衰退の時期にあって、平易自然で柔軟優雅な言文一致文として貴重な存在であったとされるが（山本正秀「若松賤子の翻訳小説言文一致文の史的意義」（『言文一致の歴史論考』続篇）、賤子はこのような自らの考えを直接述べる論説的文章でその文体を使用することはなかった。

言文一致体の論説…編集者の質問に答える

ただ、質問に答える文章では、原文一致体の文章でその考えを述べている。『女学雑誌』二〇七号（明二三・四・五）所載の次の文章である。当時の女流作家に「小説を書くようになった契機」「小説に関する理想」「平素愛読する小説」などについて質問し、その答えを掲載した「閨秀小説家答」の三番目に掲載されている。最初は小金井きみ子、二番目は木村榮子（曙）であった。

閨秀小説家答

第三　若松しづ子

近頃記者足下には深切な覚召《おぼしめし》があつて女流小説家諸姉に向け、数箇条の質問を寄《よせ》られたそうで、小妹《しようまい》までも態々《わざ〳〵》御恵送を戴き升《まし》た　是は多分先達《せんだつて》手慣しに一二度試みた反訳《ほんやく》などを雑誌へ載せて頂だいした因縁より、小妹を恐多くも女流小説家の一《いち》人とお見做しになつた事と存じ升《ます》が、是には多少恥《はづか》しく又聊《いさゝ》か不満に感じた処も有升《ありまし》たから、其まゝ打捨てゝ置ました処が此度《このたび》また兎も角答文《とうぶん》を送る様にと懇《ねんご》ろなお勧《すゝめ》を得まして、少々思直したふしも御座い升から漸《やう》く心を励まして覚束なくも平常《へいせい》信じて居《お》る処を極とり摘《つま》んで書付けて見ました、お取捨ては一々記者に任せ升。

第一　余《よ》の小説を著はす由縁《ゆえん》及経験云々《うんぬん》

著作した小説と申ものまだ一ツもなくたゞ一ッ二ッ試みた小説はノヴエルといふ程のもので御座《ござい》ませんから此《この》お質問にお答は出来ぬ筈で御座りますが、もし小話《せうわ》を試みる丈《だけ》にもなつたのはどふいふ志ざしだと仰《おほせ》あれば、小説に付ては平常《へいぜい》第二の問の下《した》に掲ぐる考へですから、女流にして苟《いやしく》も文学の嗜好《しこう》と心得あらんものは、小説文学に従事して苦《くるし》からぬ事と思ふ已《のみ》ならず、凡そ婦人たるものに教育、矯風の事業の責任ありとせば、一般小説文学の嗜好に投じて正義、高潔などの世に勝利を得る補助を為すことは、婦人等の多少為し得る処と確信して居り升、それ故聊《いさゝ》か教育の事に志ある自身も多少己の学び得たる処と悟り得たる処を理想的に小説に編んで妹とも見る若手の女子たちに幾分の利益を与へ、社会の空気の掃除に聊《いさゝ》かの手伝が出来れば何よりの幸福と考へて居り升《まし》た、併《しか》し万《よろ》づ未熟の身にとつては、心の中さへを、文に綴る事は容易《たやす》く御座いませんので、読者の御不満は自身の不満に較べる事も出来ぬ程ならんと、始終思ふて居り升《ます》、いつそそれ故人の著作《あらは》したもの丶中《うち》、手頃のを撰んで訳したほうが、はるかに心易い様にも考へて居升。

第二　小説に関する理想、希望、持論云々

小説文学に付ては先生方の御議論がさま〳〵有様で、自身は固《もと》より確乎《かくこ》とした分別は覚束ない事ですが、併し小説を一ッのミーンスとしての価値《ねうち》は、先《まつ》手近な例をとれば、子供の弄《もてあそ》ぶおもちやに似て居ると思升《おもひます》、若しおもちや屋の代物《しろもの》に一切価値《ねうち》がないと致さば、世に有ふれた数々の小説本も誠に何の効能も御座り升まい、併しそうでない、おもちやは子供の教育に大した関係のあるもの、作り様《やう》、用ゐ様によつては、書物や教師の及《およ》ばない効用をすると仰《おつし》やれば、小説もやはり矯風上、教育上に同様の関係を有《も》つて居《を》つて、間接には学校や論説や説教などのとゞかぬ処に其《その》感化力が預《あづか》つて力が有ると思ひ升。そうして二ッとも其需要のある間は、其物自身に価直《ねうち》のあるないに係わらず、是に応じながらなる丈《たけ》これを利用して、社会の進歩を補助せねばなりません、然《しか》らば近いたとへに彼の絵草紙屋に近頃風俗を乱す物なりとて警視庁より禁止された様なものが、亦小説の中にあつてはなり升まい、よしまた見憎いものを絵に書く必要の有つた時は、なる可く是を憎み嫌わざる様に書《かゝ》ねばならぬ通り、普《あま》ねく人事を写し出《いだ》す社会の絵又写真の如き小説に、悪人悪行を描き出《いだ》す時分には、これを善人善行《ぜんこう》に対して其性質品位を判別し得る已《のみ》ならず、一方を敬慕すると共に又一方を嫌悪させる様に注意して書《かく》事は、小説家の本分と存じます。苟《いやしく》も小説家にして、少くとも此心得がない時は、実に徒《いたづ》らに文学を弄ぶのであつて、道に志す人の共に語るに足らぬ族《やから》と存升《ぞんじます》、若し又小説文学が徒らに人情を描き出すに止《とゞま》る者ならば、私共《わたくしども》は自《みづか》ら許して斯くの如きことに練熟《たくみ》を得ることを一ッの目的として、追求むる事を屑《いさぎよし》とせぬはづで御座り升、併し今の世には人の命を奪ふ利器が人の命を救ふ器とに一《ひとつ》成て居る通に、少壮の志を養ひ、社会の空気を清める小説よりは、寧ろ少壮の操《みさを》を破り社会の空気を毒し、其元気を吸《すひ》とるものゝ方が、遙か多いのは、如何にも歎く可きことと存じて居り升。

第三　余の平素愛読する小説云々

小説と申ものを読始めましたは、小妹《せうまい》が十五六才の頃で、英書の独り読《よみ》がカス〲出来た時分、The wide wide world, 類の小説ものを始めとして、

Dichens, E. P. Roe, Alcott, Lytton, Scott, George Eliot, Mrs. Stowe,
Hawthonne, Miss Mulock, Victor Hugo, Charlot Bronte

其外名の多く知られぬ人の作をとりまぜて、近頃までに読升《よみまし》たのが八九十種は有つ《ママ》かと思升が、其中格別目的があつて読んだものは至つて尠《すく》なく、慰みの為に読んだのが余ほど多いので御座り升、是等は何れも大家《たいか》と知られた著者でせうがさて其著作中で一度目を通したのを再読して玩味しようと思ひましたのは、余り多くはなく、中で多く読《よん》だ Dichens, Lytton などの作の中でも再読致升たのは Dichens の "The Old Curiosity" と "Shop" と "David Copperfield" 又 Lytton の "Zanoni" と丈でした多《ママ》くは一読する折はたとへば食事の時間を忘る位に読ほれたものでも、程経た後は殆ど顧るも厭《いと》は敷《しく》なり、若年の婦人などには一切《せつ》勧めないのが多く御座り升た、併し読んで一切差支ないと申て女生徒などにも勧めるのは茲《こゝ》に掲た中で、先づ Scott, Mulock, Stowe などの作で、其外の大家の作も中には好いものもまゝ有升が、年若のお方などには有害無効のものが多いと存じて居り升。blank verse に書いた小話の中で、再三読んだのが数種御座り升が、是は重《おも》に文章に趣味のある為です。其中に Mrs. Browing の "Aurola Leigh" と Owen Merideth の "Lusile" と有升。日本文の小説類は僅かに馬琴の作三ツ四ツ、物がたり類数種、其外

新著百種の類の外、多くは読みません、中には愛読した（初恋細君《はつこひさいくん》、風流仏《ふうりうぶつ》）など云者も有升が、尚ほ立派なものがこれより多く世に出《いづ》ることと存じて楽《たのし》んで居り升。

第四　近時の小説文学云々

此お答はモツト考《かんがへ》がまとまつて、充分にお答の出来るまでは、中々わたくしども及ばぬことと存じます。

小説を書く自らの志として、「聊か教育の事に志ある自身も己の学び得たる処と悟り得たる処を理想的に小説に編んで妹とも見る若手の女子たちに幾分の利益を与へ、社会の空気の掃除に聊かの手伝いが出来れば何よりの幸福と考へて」いたと謙虚に述べる。また、「小説を一ツのミーンスとしての価値」は、子供の遊ぶ玩具に似ていて、論説や説教の及ばない所にその感化力があるとする（「ミーンス」は手段の意）。平易な文章で賤子の小説に対する基本的な考え方が述べられている。

自称詞として、テーマの部分では「余《よ》」、文章中では「小妹」「わたくしども」を用いている。質問に答える文章という点では、先掲の紫琴の「細君たるものゝ姓氏の事」と共通する。紫琴は候文で、自称詞「私《わたくし》」を用いている。

なお、この質問の第一回の回答者の小金井きみの冒頭文（二〇五号）は次の通りである。

一　おのれはいまだ小説といふ物作りしこと侍らず　されど支那西洋（大方は英吉利《イギリス》の人の作にてさらぬは英訳の物のみ）の小説をかつ〲訳せしこと侍りき

「侍り」を用いる和文で書かれている。

第二回の木村曙の冒頭文（二〇六号）は次の通りである。

さつそく御返辞差上べき筈の処何かと取まぎれつい〲延引に相成何とも申わけ御座なくあしからずおゆるしの程願上候《そろ》　さて御問合せに相成候儀私事《わたくしこと》小説を書きはじめ候《そうら》ひしもつい此頃の事にてまだ日いと浅しく候《そうろう》まゝ一々たしかに御答へ申上ぐる程の力には之なく候へ共心に思ふのみを申上候

冒頭の「御返辞差上ぐべき筈の処」で明らかな通り、手紙の形式の候文である。

これらに較べれば、賤子の文章はより率直に自らの考えを明確に述べている近代的な文章だと言うことができる。

第六章　明治前期における女性の論説的文章

漢字平仮名交じり文の使用

先ず表記面について言うと、これまで述べてきたように、ごく少数の例外を除いて漢字平仮名交じり文で書かれている。これに対して男性の論説的文章は、ほとんどすべて漢字片仮名交じり文である。例えば『明六《めいろく》雑誌』（明治六年—明治七年）全一五六編の論文中第八号所載の津田真道「本は一つにあらざる論」（巻頭標題「本は一ッに非ざる論」）のみが漢字平仮名交じり文で、他はすべて漢字片仮名交じり文である。当時においては、漢字片仮名交じり文がステイタスの高い権威のある文章様式であったことは、既述の通りである。

漢文訓読文体の使用・自称詞の問題

文体については、漢語を多く使用する男性の論説的文章と同様、基本的に漢文訓読文体によっていると言える。ただ、既述のように次第に和語の多いより平易な文体になる傾向がある。

女性の論説的文章に特有の問題として、自称詞の多様な使用が挙げられる。

本書で扱った『女学雑誌』執筆者の自称詞使用状況は、以下の通りである。

初めに、跡見花蹊、荻野吟子、中島俊子、佐々木豊寿の場合を述べる。

跡見花蹊

漢文訓読文体の論説文では、「余」、明治天皇皇后誕生日の祝文では「妾《せう》」を用い、口語文体の文章では

「私共《わたくしども》」を用いる。

荻野吟子

漢文訓読文体の論説文では、「予」を用い、口語文体では「私《わたくし》」を用いる。

中島俊子

『女学雑誌』に寄稿した多くの漢文訓読文体の論説文では「余」を用い、先に述べたように一編のみ「私《わたくし》」を用いる。いくつかの論説文では、「妹《まい》」を用い、口述筆記の口語文体では、「私《わたくし》」を用いる。

佐々木豊寿

漢文訓読的論説文で、「余《よ》」「吾人《ごじん》」「我儕《われら》」「我」「我曹」を用いる。「我曹」は振り仮名がないが「わがそう」で〈われら〉の意である。漢文で用いられる語で、女性の論説文に使用された例を見ない。です・ます体口語文では「私」を用いる。

これら四人の場合、漢文訓読文体の論説的文章では自称詞に「余」「予」を用い、口語文体の論説的文章では「私《わたくし》」を用いるという点で共通していると言える。中島俊子が用いている「妹《まい》」は自称詞として辞書類には見られない。しかし紫琴は論説文ではないが、訪問記「清女塾主　平尾みつ子女史を訪ふ」（二二一、二二二、二二三、二二八、二三〇号）では自称詞に「妹《まい》」を用いている。「小妹《しょうまい》」は自称詞として認められている語で、後述するように若松賤子も用いている。「妾《しょう》」については後述する。

紫琴の多様な自称詞

もっとも多くの種類の自称詞の使用が見られるのは、清水紫琴である。既述のように、明治前期において『女学雑誌』は女性の執筆者に多くの誌面を与え、近代における女性の論説的文章の発展に大きな貢献をした。その中でもっとも優れた活躍をしたのは清水紫琴である。

先に述べたように、彼女は『女学雑誌』入社以前、すでに論文を発表しており、入社後は主筆として編集に携わり、多くの論説文を発表してきた。その文体は基本的に男性の論説的文章と同様に漢文訓読文体によるものであるが、先に指摘したとおり、時代が下るとともに、内容とも関連してその文体も変化している。本書で引用した彼女の論説的文章における自称詞の使用状況をまとめて示すと次の通りである。

『東洋之婦女』序文　……　自称詞の使用無し
「日本男子の品行を論ず」……「儂」
「一夫一婦の建議に就ての感を述べ満天下清徳の君子淑女に望む」……「儂」
「謹んで梅先生に質す」……「儂」
「敢て同胞兄弟に望む」
　「清水紫琴全集」所収本文　……「妾《せう》」「妾等《せう》」
　「興和之友」所載本文　……「我等」「吾々」
「何故に女子は政談集会に参聴するを許されざる乎」……「予《よ》」「予輩《よはい》」
「泣いて愛する姉妹に告ぐ」……「儂」「儂等」
「当今女学生の覚悟如何」……「予《よ》」
「慈善の事業」……「吾人」
「女文学者何ぞ出ることの遅きや」……「妾《わらは》」
「図書館に到りての感」……「妾《わらは》」
「誰が田」……「儂《わなみ》」

自称詞「儂」

紫琴が、「日本男子の品行を論ず」「一夫一婦の建議に就ての感を述べ満天下清徳の君子淑女に望む」「謹んで梅先生に質す」で用いた自称詞はいずれも「儂」である。第一論文、第三論文は『東雲新聞』、第二論文は『京都日報』に掲載されたもので、いずれも、振り仮名は無い。「泣いて愛する姉妹に告ぐ」にも「儂」が用いられているが、『女学雑誌』掲載のこの文章には振り仮名は皆無である。

「儂」は、『大漢和辞典』に「われ。わし。呉の方言」とあるが、これは『集韻』の「儂、我也、呉語」によったものである。日本においては、用例は日本漢詩・俳詩に見られる。伊藤仁斎「古学先生詩集」に「六経元自儂家物」とあり、「儂」（日本古典文学大系本では「どう」と振り仮名）は自称に用いられている。また、蕪村の「春風馬堤曲」には「茶店の老婆儂《ワレ》を見て慇懃に」（日本古典文学大系本に「底本振り仮名」とある）とあり、いずれも男性の自称詞である。

注意されるのは、女性の漢詩に用いられていることである。江馬細香の詩に見られる。訓みは門《かど》玲子『江馬細香』による。

儂身更覚減芳年　（儂身《ワガミ》更に方年ノ減ズルヲ覚ユ　「冬日偶題」）

猶記投儂詩句研　（猶ほ記ス　儂《ワレ》ニ投ゼシ　詩句ノ研ヲ　「奉次韵山陽先生戯所賜詩」）

要するに、近世においては「儂」は男女ともに自称詞として用いていたと言える。

近代に入ると、男性の使用例は見られないようである。女性による使用例で管見に入ったのは、福田英子の「獄中述懐」である。これは、その自叙伝『妾《わらは》の半生涯《はんせいがい》』（明治三七年）に載せられて知られたものであるが、明治一八年朝鮮改革運動に関わって逮捕・投獄された際の文章である。『妾の半生涯』所収のものは漢字平仮名交じり文であるが、原文（官憲側資料・警察調書）は次に示すように漢字片仮名交じり文である。（『福田英子集』第六章「資料」による）

明治十八年十二月十九日　述懐　景山英女

抑モ儂ノ此ノ一挙ニ与シ、決死シテ彼国ニ渡航シ、嗚呼我間敷モ男子ノ万分ノ一助タラント欲セシヤ、其因ヲ起ル所故アリ。左ニ之ヲ陳述セン。然レトモ筆剣鈍ニシテ儂ガ真意ヲ審ニスル能ハス、稍ヤ其大略ニ過キス、願クハ拙文ヲ咎ムルナク、幸ニ推読ヲ賜ハ、幸甚。

元来儂ハ我国民権ノ拡張セス、従テ婦女カ古来ノ陋習ニ慣レ、卑々屈々男子ノ奴隷タルヲ甘ンシ、天賦自由ノ権利アルヲ知ラス、己レカ為メニ如何ナル弊制悪法アルモ恬トシテ意ニ介セス、一身ノ小楽ニ安ンシ錦衣玉食スルヲ以テ、人生最大ノ幸福名誉トナス耳、豈事体ノ何物タルヲ知ランヤ、況ンヤ我国ノ休戚ヲヤ。……

「儂」は原文では振り仮名がないが、英子が自ら著作兼発行者となっている『妾の半生涯』初版本では「儂《のう》」となっており、英子はこの漢文訓読文体の「述懐」では自称詞として「儂《のう》」を用いていることになる。英子は幼時から漢文を学んだ秀才で、「儂」を用いたのは、日本で漢詩などに用いられた伝統をふまえたものと考えられる。なお、文学作品である『妾の半生涯』の本文では、文体もいわゆる俗文体であり、全般にわたって自称詞に「妾《しょう》」を用いている。

紫琴は、前述のように最初の三論文、及び「泣いて愛する姉妹に告ぐ」において「儂」を用いているが、これも「儂《のう》」であろう。紫琴も漢文についての知識は深く、日本の漢文において女性の自称詞に「儂」が用いられることをふまえたものと考えられる。また、紫琴は若い頃福田英子と非常に親しく、その影響を受けたこともあったかも知れない。

その他の自称詞

「敢て同胞兄弟に望む」は、草稿本とされる『紫琴全集』所収本文では、「妾《せう》」「妾等《せう》」が用いられ、公表された『興和之友』所載本文では「我等」「吾々」が用いられている。

「妾《しょう》」は『大漢和辞典』に「婦人の卑下していう自称」とあり、漢文（中国語）では伝統的に女性の卑下していう自称として用いられてきた。明治時代「妾」字は「めかけ」の訓が一般的であったため自称詞として用いることに否定的な意見もあったが、漢文の知識が深い紫琴や福田英子にとって、「妾」を謙遜の意味をこめた自称詞として用いることに問題はなかったと考えられる。跡見花蹊は普通の論説文では「余」を用い、皇后誕生日の祝文では謙遜の意をこめた「妾《せう》」を用いている。先に述べたように、紫琴が論説文で「妾《せう》」を用いているのはこの草稿のみである。

また、紫琴が「我等」「吾々」を用いているのはこの『興和の友』所収本文のみであり、先に述べたようにこの本文には植木枝盛の手が加わっているとすれば、その影響と見るのも可能かも知れない。なお、佐々木豊寿も「我儕《われら》」を用いている。

「何故に女子は政談集会に参聴するを許されざる乎」「当今女学生の覚悟如何」では自称詞に「予」を用いている。これはこの時期の論説的文章においては、男女とも一般的と言えよう。跡見花蹊、荻野吟子、中島俊子、佐々木豊寿も論説文において「余」「予」を用いている。

「慈善の事業」は短い論説的文章であるが、「吾人」を用いている。これもこの時期の論説文、特に男性の論説文に普通に用いられる語である。

「女文学者何ぞ出ることの遅きや」「図書館に到りての感」では「妾《わらは》」が用いられており、「誰が田」では「儂《わなみ》」が用いられている。先に述べたとおり、この三論文は、それまでの論文に比較して漢文訓読調が薄く、和語が多く用いられている。

「妾《わらは》」は女性がへりくだっていう自称詞であり、調べた範囲では他に論説文の自称詞として用いられていた例は見られなかった。福田英子の『妾の半生涯』の題名には「わらは」と振り仮名されている。

「わなみ」は平安時代末期以来用いられている自称詞である。一般的には「吾儕」字が宛てられるもので、「儂」字を宛てた例は他に見出せていない。

若松賤子はその論説文をほとんど英文で書いているため、日本語の自称詞としては先に触れた「閨秀小説家答」の「小妹」「わたくしども」のみである。

このように見てくると、女性は論説文において様々な自称詞を用いていることがわかる。口語文体の場合は「私」であるが、それ以外の文体でどのような自称詞を用いるかについて簡単には決め難いものであった。中でも紫琴は、論説的文章において、「儂《のう》」「妾《しょう》」「我等」「吾々」「予」「予輩」「吾人」「妾《わらは》」「儂《わなみ》」という多種の自称詞を用いている。これは他の論説文作成者に較べて、異常に多い。もちろん、これには文体の違いも関係していることはこれまで論じてきた通りであるが、紫琴がいかに自称詞に腐心しているかがうかがわれる。それは、もちろん女性が論説的文章を歴史的に初めて書くという事情によるものであり、また、文学者としての紫琴の感性も関連しているであろう。

論説的文章は、一般的に言えば、不特定多数の読者に対して、広く社会的・政治的・文化的などの問題について、自らの考えを伝えるという性格のものであるが、これまで論じてきたように、女性がそういう文章を書く機会はほとんどなかった。明治の女性は、初めてそのような機会に直面し、論説的文章を書いたのである。文学作品の場合は、伝統的な文体が確立していたが、論説的文章の場合、男性が用いてきた漢文訓読文体を採用することになった。その場合、もっとも問題になるのが、どのような自称詞を用いるかということであった。

自称詞と待遇的価値

日本語の自称詞は、性差、待遇的価値などによって多数の種類がある。女性がさまざまな自称詞を用いているのは、さまざまな待遇的価値が付属しているどの自称詞を用いるかに苦心しているためである。男性が標準的に用いる「余」「予」を用いる女性が多いのはこれまで示した通りだが、それだけではなく場合の応じてさまざまな自称詞を用いているのも、これまで示した通りである。多くの種類の自称詞を用いている紫琴の場合は、特にそのことが顕著であると思われる。

男性の自称詞

男性の論説文は、当然漢文訓読文体の伝統を踏むものであるが、『明六雑誌』所収の論文中における自称詞を見てみる。『明六雑誌』第一号—第四三号中一論文（第八号の津田真道「本は一つにあらざる論」）を除くすべての論文が漢字片仮名交じり文であり、ほとんどすべて伝統的な漢文訓読文体である。これらの論文では通常自称詞として「余」（極く少数「予」）が用いられている。他に「吾（我）輩」「余輩」「某《それがし》」「拙者」「小子」があり、〈われら〉の意味の「吾人」「吾儕」「余儕」も用いられるが、いずれも例外的であると言える。

男性の場合は、長い間の論説的文章の伝統があり、書く立場は安定しており、その中で「余」が標準的自称詞として安定した状態にあったと言える。

付章　明治前期における女性の手紙の文章

近代以前の例…毛利元就関連の手紙

近代以前における男女の手紙の文章の違いについてはすでに論じられているところであり、男性の手紙は漢文体、漢字仮名交じり文であり、漢語を多用し、女性は漢字平仮名交じり文で、和語を多用するとされている。近代以前の例として、多くの書状が残存している毛利元就（一四九七—一五七一）関連の手紙を示す。まず、元就の有名な三子教訓状を挙げる。大河ドラマ「毛利元就」の放映を記念して開催された「毛利元就その時代と至宝展」の図録により、翻刻文を示す。

毛利元就自筆書状　一通　弘治三年（一五五七）十一月二十五日

尚々、忘候事候者、重而可申候、又此状字なと落候て、てにはちかひ候事もあるへく候、御推量ニめさるへく候〳〵、

三人心持之事、今度弥可然被申談候、誠千秋万歳、大慶此事候〳〵、

一幾度申候而、毛利と申名字之儀、涯分末代まてもすたり候はぬやうに、御心かけ、御心遣肝心までにて候〳〵

一元春隆景之事、他名之家を被続事候、雖然、是者誠のとうさの物ニてこそ候へ、毛利之二字、あたおろかにも思食、御忘却候てハ、一円無曲事候、中〳〵申もおろかにて候〳〵

（中略）

一連々申度、今度之次ニ申にて候〳〵、是より外ニ，我々腹中、何ニても候へ候ハす候、たゝ是まて候〳〵、次なから申候て、本望只此事候〳〵、目出度々々、恐々謹言、

霜月廿五日　　元就（花押）

隆元
隆景　　進之候
元春

次に女性の手紙として、元就の長男隆元夫人の吉川元春（元就の次男）に宛てた手紙を示す。隆元の死後まもない時期に、長男輝元を補佐してくれるよう依頼した手紙である。

毛利隆元夫人消息　　一通　　元亀二年（一五七一）

くたされ候へく候、うちたのミ申候〳〵、申まては候ハねとも、申事ニて候、御悦かさね〳〵申候へく候

さても〳〵ちいさまの事、御としよりとハ申なから、かやうにふとの事とハおもひまいらせ候ハぬニ、ふしきに御かくれ候て、中〳〵ちからおとし、申もおろかニて候、をなし御事に、さそ〳〵と、御しん中おしはかりまいらせ候、てるもとの御事、ひとへに〳〵それさまと、たか景さまとたのミ申候、おやに御なり候て、御ちからにも御なり候て、かしく、

元就の手紙には、「今度弥可然被申談義候」のような漢文的表記、漢語・漢字表記の語が多い。これに対して、隆元の妻の手紙は、ほとんど仮名表記の和語が用いられ、用いられている二つの漢語も「ふしき」「しん中」

のように仮名表記・仮名交じり表記である。
手紙の最後の「書止《かきどめ》」も、元就は男性専用の「恐々謹言」を用い、隆元妻は、女性が用いる「かしく」を用いている。
興味深いのは、元就が隆元夫人に宛てた手紙が、息子に宛てた手紙と異なり、仮名を多用する女性的な文章であることである。

毛利元就自筆書状　一通（年月日不詳）

ひとひのころ、此事さしたて申上まいらせ候ハんとそんち候つるを、少うちすき候ところに、むしけおこり候まヽ、申さす候、むしけすなハちよくなりまいらせ候事、何より〳〵大けい此事候間、申まいらせ候、てるもと事、一日ころよりさけをちと〳〵のミ候て見え候、するのかさなとに一ッ二ッほとなとハくるしからす候、中わんに二つはかりものミ候へハ、人もしひ候物にて候間、何としてもあかりまいらせ候事にて候、

（中略）

我々おや、おうし、あに、みな〳〵さけにてはて候、おうし三十三、おや三十九、あに廿四、こと〳〵くさけはかりにてはて候〳〵、けこにて我々かやうになかいきつかまつり候、さけのミ候ハすハ、七十八十まてけんこに候て、めてたかるへく候〳〵、御よろこひかさね〳〵申上まいらせ候、めてたく又々かしく

孫の輝元が酒におぼれるのを心配した手紙である。「書止」にも女性と同様に「かしく」を用いてある。なお、「かしく」は男性が男性宛ての手紙に用いた例もある。漢語の「存じ」「大慶」「椀」などの漢語も仮名表記である。身内の親しい目下の女性に対しては、このような手紙が書かれたのである。

樋口一葉『通俗書簡文』

明治前期においても、このような手紙の文章における男女の違いは基本的には変わらない。特に女性の手紙の書き方は重視され、多くのマニュアル書が出版された。現在でも数は少ないが女性の手紙の書き方の本が書店で見られる。

この時期のこの種類の本としてまず挙げるべきは、樋口一葉の『通俗書簡文』（明治二九・五、博文館）であろう。一葉の生前唯一刊行された著書である。

この本の中でどのような手紙を実例として書いているであろうか。一例として「汐干狩に誘ふ文」を挙げる。国会図書館デジタル資料『通俗書簡文』明治二九年五月刊本により引用する（ルビは適宜省略。文末は一字分あけた）。

◎汐干狩に誘ふ文

打つゞきいとよき日和《しより》に御座候　花見の御催しなどもいらせられしや　扨この頃新聞にて品川あたり汐干狩のもやう見およびさもやと思ひやられて心うごき居《をり》候ひしに明日は大じほのよしなれば定めしお台場ちかくまでも干候はんといよ〳〵思ひたち申候幸ひ日曜ゆゑあるじこと留守居いたしくれ候筈にて子供こと〴〵く伴ひ宰領《さいれう》にはご存じの佐助翁《ぢい》めしつるゝつもりに候　同じうは貴方様にも御入願ひ一日ゆる〳〵遊び申度御都合うかゝひ奉り候　御さしつかへいらせられずは早朝手前かたまで御車よせ下され度《たく》舟のようい其他すべてとゝのへ置かせ申べく御めし物は成るべくおよろしからいもおぬをと申添へ候　御うかゞひまで　かしこ

友人を家族連れの汐干狩に誘う手紙である。『通俗書簡文』には、各手紙に対する返信例も掲げられている。

◎同じ返事

汐干狩御もよほしの由にて手前かたまで御誘ひ下され御文よみ聞かせ候ひしに弟《おとゝ》ども大よろこびにて何事をおきてもお供いたし度《たき》と申さはぎ候　御遠慮なしに候へど御言葉《おんことば》に甘へ大勢《たいぜい》めしつれ参上いたすべく宜しきやう御取はからひ願上候　よろづは明日御目もじにて　何もお返事ばかりを　かしこ

『樋口一葉全集』（筑摩書房）第四巻下所収本はルビの「日和《しより》」を「ひより」、「およろしかしぬ」を「およろしからぬ」と訂正している。共に「御」「申」を多用する丁寧な候文である。「およろしからぬ」「御目もじ」という女性特有語も見られる。

樋口一葉自身の手紙

それでは、樋口一葉は自身どのような手紙を書いているであろうか。平田禿木《とくぼく》宛ての手紙を示してみる（『樋口一葉全集　第四巻下』により、番号は同書による）。平田禿木は一葉より一歳年下で、当時「文学界」同人であり、一高を卒業不能で、東京高等師範に進学した。

平田禿木に宛ての手紙（明治二八年四月一七日）

ひさしく御目にかゝらぬやうに御坐候　御かはりもいらせられすや　花のさかりは誰様にも御うかれ心ひまなくことなる事なき門には御あしむくましきなからやう〳〵それも末つ方に相成候まゝ御覧しつる花の色をも少しは分て聞かせ給へ　例のことなからこゝもとには何のをかしきもなくうき世の春をよそにきくやうにて花も見す月にもさまよはす植物園に姫様方の御供を申たると墨田川の朝あらしに塵をかふりたるか落にてことなしの春を過し申候　月日はほとなし　やかて鶯の声も老て庭の若かへて紅ゐの色さめんも今と存し候へはをしみてもをしき今日この頃御おもかけいよ〳〵拝し度候　をかしとは思すな　たゝ御物

かたりのうかゝひたさ故に御坐候　御あしをはこはせ給ふこと物うしとならは御墨つゐでの一筆はかき也ともかたしけなかり申へく候　何もあら〳〵拝姿を得られ候事もやと

かしこ

なつ

平田様

御前

男性の一葉宛ての手紙

では、男性は一葉宛てにどのような手紙を書いていているであろうか。この手紙に対する平田禿木（一八七三―一九四三）の返事が次の手紙である。『一葉に与へた手紙』（今日の問題社）百十六による。この間の事情については『樋口一葉全集　第四巻下』八九〇ぺ参照。）

いつもながら麗《う》るはしき御言の葉余りになぶり給ふやうに覚え候　学校通ひのわか者などにはちと御謹みなされ度候　與野といふ浦和に近きさる片田舎にて花下に村酒くみて一日を暮らせしのみにて都は上野も墨田も見ず社中の催しにて小金井の花見といふ事ありしも運あしく朝ねしてそれも仲間に入る事かなはず

花にそむく我や円位の夢をいたむ

とは友人酒竹庵がこの頃の口吟《くちずさ》みなるよし家人づてにきゝ候も左程の恨みも因より無之事もなくてすぎしとは誠にこゝもとの春に御座候　たれこめてその行衛知らぬといふにあらねど野にいでゝ岸に咲く山吹の黄なるを見たらばさぞかし眼さむるやうならむ　静なる宿に路の遠きを聴かば如何に暮春のけしきは一入おもしろきやう思はれ候　扨たけくらべはいよ〳〵おもしろく拝見致し候　あれでは女西鶴の名とてもの

がれ給ふまじく此次には太陽へも御いでのよし毎日の軒もる月はお蘭様と同じ趣きのものと拝し候　美登利正太のさきの事必ず見せ給へ　忙しけれど私例の評判を今月も少し致すべし　遠き路とて足もあり伺ひたきは固よりなれど菊坂は更なり竜泉寺の折などより何やらお人のあるくなりし様におもはれ孤蝶子に野暮天の名与へらるゝ御相手になるまじく候　先は御返しのみ例の乱筆御ゆるし下され度候　かしこ

四月十八日夕　　　　　　　　　　　　　　　　雪丸

一葉様　御もとへ

「雪丸」は、平田禿木が「文学界」で用いていた匿名である。ほぼ同年代の文学上の男女の友人同士の手紙のやりとりであるが、一見して目立った違いは認められない。両方ともていねいな候文で、書止もともに「かしこ」である。ただ、「無之」という漢文的表記は男性の手紙文の一特徴と言える。

一葉の手紙と男性の手紙とで明確な違いがある場合もある。次は、大橋又太郎（一八六九―一九〇一）からの手紙（『一葉に与へた手紙』百四十六）、およびそれに対する一葉の返信（全集巻四下、55）である。大橋又太郎は当時二七才で旧姓渡部、硯友社同人だったが、博文館主大橋新太郎の妹婿になった。

拝啓御多忙の御中早速御寄稿被下難有奉存候　右御礼申上候　原稿は本日直に印刷に附可申候　又例によりて略伝やうのものを載せ申度候間端書の末へなりとも御記被下御一報願上候　尤も明日は休み候て野外散策のつもりに候まゝ小石川へ向け郵便物御出被下度候

右御願まで　いづれ其内参上御謝儀可仕候　敬具

二十八年四月十三日　　　　　　　　　　　　大橋又太郎

樋　口　様

明治二十八年四月十四日　　大橋又太郎宛

鍋嶋侯へのこと早速中嶌の師またたのみ候に此ほと中より直大君御病気成りしに容体ちと軽からぬよし奥方にもいろ〳〵心配の御中に候なれは今少しの間は哥も出来申ましく急々に御入用とありてはその辺いかゝかとかたふかれ候　しかしおいそきさへ遊ばさすは御二方様ともに御引うけはたしかに候へとも御手都合も御坐候はんをお気の毒さまにてくれ〳〵もお詫申度いつれそのうちにハと御ゆるし下さるへく候

お手紙にて仰せ下され候こと何分にも申上る事なくてお恥かしく候　生れしは明治五年三月幸橋内にて御坐候　小供の時私立の小学校へ少し斗かよひたると御存じの中嶌へ参りしほかはなくよろしきやうに願上候　何も御返事までを

かしこ

一葉の手紙に較べると、大橋の手紙は漢字表記が多いのが一見して判る。「多忙」「早速」「寄稿」「略伝」「一報」「野外」「散策」など、一葉の手紙には現れないような漢語を初め、「被下」「難有」「奉存」「可申」「可仕」などの漢文的表記も多い。

一葉の漢文的表記の多い手紙

もっとも、一葉も漢語や漢文的表記の見える手紙も書いている。例えば次兄の虎之助（一八六六―一九二六）宛ての次のような手紙である（全集四下2）。

明治二十二年八月二十六日　樋口虎之助宛

御転宅一条如何被遊候や　昨日御引移り之よしに承り居候へともいまた御通報無之まゝ御案じ申上候　寂

早御転居相成候は丶即刻番地等之義御申越願度此段申上候也

淡路町
樋口夏

芝区田町五丁目　壱番地
樋口虎之助様

「転宅」「通報」「即刻」などの漢語や、「被遊」「無之」という漢文的表記も見える。ただ、このような手紙は少ない。

なお、大橋の手紙の頭語に「拝啓」が用いられているが、一葉の手紙には皆無であり、一葉の『通俗書簡文』でも全く見られない。しかし、たとえば福田英子は自身の手紙で「拝啓」も「謹啓」も用いており、男性専用語というわけではない。

一葉と大橋の手紙に見られるような男女の文章の違いは、この後もかなりの間見られる現象であった。

与謝野寛・晶子の手紙

植田安也子・逸見久美編『与謝野寛　晶子書簡集』（八木書店）は、与謝野夫妻が後援者小林政治（編者植田の父）およびその家族に宛てた手紙をすべて収めた書で、その数は寛八八通、晶子三〇五通にのぼる。内容的には、かなりの手紙が経済面での援助の要請とそのお礼である。二人の手紙は、小林家の子どもたちに宛てたもの以外は大部分が候文で、時に口語文の手紙が混じる。寛の手紙が漢字漢語を多用しているのに対し、晶子の手紙が仮名表記が多く和語を用いる傾向があることは、これまで述べてきたとおりである。

一例として、同じ日に（大正二年一月二十四日）同封して送られた二人の手紙の書き出しの部分をあげてみる。

小生到着の際早天より御出迎被下細大何くれと御配慮被成下候御芳志御礼の言葉も断え《ママ》申候。（寛）

このほどよりの御配慮のかたじけなき御礼の申し上げやうもなく存じ参候。寛はもとより光にまでさま〴〵御心づくしの御もてなし給はり候ことなど忘るまじく候。（晶子）

この書簡集を読んでいると、一見して寛の手紙か晶子の手紙か判るのであって、おやっと思うものにはそれなりの理由がある。大正二年十月十四日の晶子名の手紙は、

唐突に候へども薄田泣菫氏より私の書きし拙画（白樺の木立）を詩集の挿画として拝借の事に願ひおき候処同氏より御送り被下候こと遅延致し居り困り候……

という文章で、「唐突」「遅延」のような漢語、「被下候」という漢文的表記、「…候処」という表現など、晶子らしくない。これは実は寛が代筆したもので、男性的な文体になっているのも道理である。しかし、一か所晶子の手紙の特徴と一致するものがある。それは自称詞の「私」である。晶子は自称詞に「私」を用いるが、寛は自分の手紙では「私」を全く使わずもっぱら「小生」を用いる。

谷川徹三・多喜子の手紙

もう少し時代が下り、若い世代になると、口語文で書かれた場合、ことばの上での男女の差はなくなっていく。谷川俊太郎編『母の恋文』（新潮社）は、父母（徹三・多喜子夫妻）の恋人時代の手紙を集めた書である。編者は「あとがき」で『父母の恋文』でなく『母の恋文』としたことについて、「父の一生はその著書や公的な活動を通してある程度たどることが出来るが、母の一生はこれらの手紙を通してしか人には窺えぬだろう。」と、母への思いを綴っている。作家や著名人を読むことは可能だが、その妻（この場合は恋人・婚約者だが）の手紙に接する機会はなかなか得られないのであり、このような書簡集は貴重である。

大正十年六月から十二年七月（九月に結婚）までに交わされた手紙の総数は五三七通であり、この書にはその四分の一が収められているという。最初に見える大正十年八月十二日・十三日付の二人の手紙の冒頭は、それぞれ次のようである。

A

昨日は突然お邪魔に上つて失礼いたしました。御留守でも、御病気でもなくてようございました。またいつか参るかも知れませんからその時もどうかなるべく御留守や御病気でない様にお願ひします。しかし昨日はほんたうに愉快な半日でした。はじめての御家で、あんなにくつろげたのは、私にとつて稀有なことです。私はちっとも窮屈な気がしませんでした。……しかしあなたのお家の方はみなさんいゝ方ですね。……

B

一昨日お出で下すつて有りがたう存じました。あなた方にはつまらないとお思ひになる事でも、私には案外うれしかったり面白かったりするのです。草むらを歩かしたりして却って、御迷惑だったでせう。ずっと海へお這入りですか、私は、今日父の用事で浜寺へ参りました。一寸海を見ましたが、あゝざらに人間がゐては、いやになります。……私が浜寺にあいそをつかした様にあなたも淀には少しがっかりなすったでせう。……

一見男女差が見えにくい。たとえば、両方とも自称詞に「私」、対称詞に「あなた」を用いる。ほとんどの人はAを男性の手紙とするだろうが、男性としては丁寧な言葉遣いである。

性差がみられるのは、Aの「愉快」「稀有」というような漢語の使用である。Bでは「愉快」でなく、「うれしかつたりおもしろかつたり」という言い方をしている。

本書全体を通読して改めて見直して考えると、他にも違いが指摘できる。Bの「有りがたう存じました」という表現は多喜子しか用いない。徹三の言い方は「ありがたうございました」である。徹三は「しかし」という接続詞を多用するが、多喜子はほとんど用いない（使用二例）。代わりに「でも」「けれど」「けど」を多用する。「しかし」はやや堅苦しい理屈っぽい印象の語なので、現在でも女性は手紙に用いにくいと言えよう。

このような男女差はあるが、全体としてみれば口語文体の手紙では男女差は少なくなっていると認められる。

明治の女学生…高橋貞の手紙

作家や著名人に関係のない一般人の手紙は残りにくいものであるが、珍しい明治の女学生の手紙が公刊されている。高橋和子編『高橋貞書簡　１３６通の手紙が語る明治女子学生の生活記録』（インパクト出版会、一九九七）である。高橋貞（一八八一―一九六二）は、編者高橋和子氏の夫君の祖母にあたる人で、その手紙は、高橋家に保存されていた。

高橋貞は、明治一四年大阪府泉南郡に生まれ、明治二九年四月大阪府尋常師範学校女子部に入学、同三二年三月同校卒業、同年四月東京女子高等師範学校（お茶の水女子大学の前身）に入学、同三六年三月に同校を卒業した。その後、奈良県師範学校女子部教諭を初めとして、師範学校、高等女学校の教諭を歴任し、昭和三七年郷里泉南郡樽井村で死去した。この間結婚し、二児を育てた。

本書は、貞が大阪府尋常師範学校女子部（三年間）、東京女子高等師範学校（四年間）に在学していた計七年間に、全寮制だった両校の寄宿舎から両親宛てに書き送った一三六通の手紙を集録した書である。彼女は、実にまめに両親宛てに手紙を書いて、自身の生活ぶりを報告している。これらは、当時の女子教育についての学生の立場からの貴重な資料とされるが、同時に女子学生の手紙の文章の貴重な資料でもある。すべて巻紙に毛筆で書かれているという。編者は、翻刻するにあたり、読みやすさのために句読点を加え、その他変更を加えた点もあるとされている。以下、すべて翻刻された文章によって考察したものである。

彼女が大阪府尋常師範学校女子部に入学した明治二九年は、樋口一葉のなくなった年である。同年に出版された一葉著『通俗書簡文』は、先に触れたように女性向けの手紙の書き方の実用書であるが、そこにみられる当時の女性の規範となる手紙は、すべて候文である。

ここに取り上げる高橋貞の七年間の手紙を年を追って比較すると、候文から口語文への変化が見てとれる点が興味深い。

三年間の大阪時代の五十通余りの手紙のうち、完全な口語文は二通（いずれも三年目）、候文と口語文が混合しているものが四通で、それ以外はすべて候文である。入学後最初の手紙は次の通りである。

師範学校入学後最初の手紙…候文

明治二九年四月五日

其後は母様の御気分如何に御座候哉。私も無事に有之候間御安心被下度候。扨、早速に候へ共、私の衣服皆はでに候へ共、致し方御座なく候故、其まま着し居り候が、次の日曜日には必ず外出成さざる可からざる事有之候故、羽二重織か叉は一昨年の暮に織りたる着物か、何れにても一枚と黒しゆ子の帯添へて送り被下度、叉、ねまきはてぼそにては具合悪しく候故、ボー縞の洗ひ晒しの単衣送り被下候はば、てぼその上に着る可く候故、右の品々、もも色の帯上げも、急に御送り被下度御頼み申上候。

学校内の規則は別にむつかしき事御座なくわけて、私室内の御方は至て御親切に有之候故、私の幸に御座候。食物は三度共内に居し時より余ほど御馳走に御座候。又、其外細き事は後便にゆるゆるくはしく申可候。

先は要用の事のみ。

あらあらかしこ

四月五日午後　ていより

御母上様

「有之候」「被下度」「(御座候) 哉」「成さざる可からざる」などの漢文的表記・表現が目立ち、内容を別にすれば一見男性の手紙のようである。教員になるために高度の教育を受けようとする十五歳の少女の気負いが窺われる。一葉の『通俗書簡文』所収の手紙とは大分異なる。

最初の口語文の手紙

最初の全文口語文の手紙の例を挙げる。大阪府尋常師範学校三年目の五月の両親宛ての手紙である。

明治三一年五月一一日

御手紙只今拝見いたしました。わざわざ御越し被下ましてありがたう御座りました。時計誠に誠にうれしうぞんじます。此間はお父さん、別に止まつているを見た事がありません。そして学校の時計は、小使の模様で勝手に直しますから、試して見る事が出来ませんまあまあ別条がないだらふとおもひます。

単衣は紺がすりも、余りあつくるしうあるし、夫れかといふて、安物のかたびらは汗の為にすぐびちゃびちゃになる。私しはきびらがよからふとおもひます。きびらは二円ほどであるといふ事です。夏帯はことしは、もーよろしうござります。其代り一つ御願ひがあります。それは来年の正月まで織物の帯の片はら、御求め被下たし。

此手紙につつみをき候切れは、支那の織物にて、貴婦人の被布等になすもの由にて、通常三丈ものの価十八円あまりなるが、之れは御覧の如く両方の品々とも、糸の色少しく異なる為買ふ人なく、それが為呉服屋にては、見限りて半値、則ち九円にて売るとの事にて之は木村しげえさんの知て居る呉服屋にて、木村さんが、其事を学校で話して学校に持ち来られ、三丈あるを山上さん清水さんの三人で御買ひなされて、帯になされました。片腹がてふど三円につきます。あまり安うて品がよいから外の人達も皆ほしひとおいひなされて、木村さんに頼みなされました。それで木村さんが呉服屋に頼んでをくとおいひでしたどうぞ。私にあの帯の片腹に御もとめ下されませぬか。帯地で此位のもの買ふとおもへば中々五円や六円で買はれませぬ。どうぞどうぞどうぞ御頼み申します。帯を買ふて下されましたら、もー単衣物は常着一枚織て下されましたら買ふて下さらでもよろしうござります。此間の村雨内田さんと名村さんとにあげました。両人からよろしくとの事です。又、高谷さん石原さんからもよろしくと申されました。
堺へは行きませんでした。吹田のおばさん御病気の事少しも知らずに居りました。此次の日曜には週番で行かれませぬから手紙出して見まうてをきます。此縞切れは内田さんの縞で、あまりよろしひから御送り申しました。筆末ながら随分御機嫌よろしく。さやうなら　今日はまう之でしまひます。

五月十日午後五時　さやうなら

ちちはは上様御まへに　てい拝

をびの事幾重にも幾重にも願ふておきます。

最初から最後まで口語文で統一されている。帯の無心がほほえましい。結びも候文における「かしこ」ではなく「さやうなら」になっているのが興味深い。

東京女子高等師範学校での四年間の手紙の文体についてみると、次のようである。

	候文	口語文交じる	口語文
一年目	一一通	三通	
二年目	八通	一三通	
三年目	六通	一四通	四通
四年目	三通	一七通	四通

候文が減り、二年目以後は口語文が交じる手紙、口語文のみの手紙が増えているのは明らかである。

候文中口語文が交じる手紙

口語文が交じる手紙を挙げる。一年目、上京二ヶ月後の手紙である。

明治三二年六月六日

御手紙ありがたく拝見いたし候。早速御返事さし上ぐべきはづ、御承知の試験とて心ならずも失礼いたし候。仰せの如く追々暑さに相むかひ候処、御両親様おそろひ遊ばし御きげんよろしく御暮しの由、何よりもうれしくぞんじ候。さぞ御いそがしき中を毎々の日誌百数十里離れたる遠国に物学びする身とも思はず、まるで父君母ぎみと共に暮し居り候やうにおぼえ候。

（中略　候文）

私共は大阪のやうなせまき学校に居りしをもて、当校は少しもせましとは感ぜざれども上級の人はじめ先生皆々、せまいせまいと口ぐせのやうに仰せらる。お隣の高等師範学校我校よりも尚せまくて、教員室もなく寄宿舎なども校外に設けらる由なれば、今に他所に転校して、我校は其あとをもらふなりと先生なども仰せられ居れり。

付属校の生徒は皆エビ茶のはかまはきて愛らしき事限りなし。我校生徒も行く行くエビ茶のはかまにななるなりと風説しきりなり。其事にて先生たびたび会せらるとかやききし、其他図ニツキテ説明するはづに候へども、いそがはしく候ゆえやめをき候。名前のなき室あるは今は何の教室ともつかざる所に候。三十五室のとなりは元の舎監寝室、私のもとの自習室は今の博物第三室、平野さんは今の化学第二室、上総さんも今の化学第二室、木村さんは今の化学第三室でありました。寝室は私ハ第十三室、上総さんは第五室、平野さんは第十一室、木村さんは第二四室、奥山さんは第十五室、岡田さんは第二八室、江川さんは第二一室であります。
私の講堂ハ東京市でも有名なる建築にて、広大なる室に一の柱もなし。故に屋根は瓦でなくとたんなりし。今日計算してみましたら講堂から我便所まで六十七間であります。けふは之にて余ハ後便にゆづり申候。

六月六日　　　　てい

御父上母上様

ほとんど候文であるが、寄宿舎・校舎の部屋の説明の部分が口語文である。このように候文の中に口語文が交じる形式の場合、この例のように実際の事柄の説明の部分が口語文になっているのが一つの類型である。口語文が多くなっていくといっても、全文口語文というのは先に示した通り多くはない。それは、書き始めを候文にする場合が多いのも一因である。例を示す。

明治三四年一一月一七日

御手紙ありがたく拝見いたし候。追々寒さ相加はり申候へども、母上様にも別に御さわりもなき御様子、まことにまことに此上なくうれしく存じ上候。私事も此頃はまことにふしぎな位達者に相成候間、決して決して御心配下さらぬやうに願上候。風のみは毎朝のやうに引き申候へども、これとても私のくせゆえ致し方なく候。併し毎朝引くかわりに又毎昼になれば直ちになおり、他の人のやうに風の為に薬をのんだり、又熱が出たり苦しんだりするやうの事なく候へば、自分でも何も思はず少しも心配な事御座なく候間何卒左様御思召下され度候。
私事芝野の奥様の死になされたのは何病か知りませんでしたが肺病でしたのか。又芝野の御舎弟といへば南詳太郎先生ですか。ほんとに此頃は田舎でもやはり肺病など出るやうになりました。お母さんこそ御養生下さい。私の事は何をいふてもまだ若いから心配する程の事はありません。

きものに入れる真綿一枚分一円五十銭と思ふて居りました所、二枚分で一円五十銭だそうです。私聞まちがへて居りました。吹田の借金は私からわざわざ大阪へ送るのも大そうゆえどうぞ私へ送て下さる中から、それ丈さしひきして御返しして下され。

貯金は一厘も引き出しません。利子は此十一月迄で初めから一円あまりつきました。卒業する迄出さぬつもりです。長じばんは雨ガツパをこしらへるかわりにこさえたのです。決して決してふ意な金子はつかひません。併し唯今手元には金子沢山ありません。出来るならばはやく御送り下さい。十一月分と十二月分を其中から吹田へかへすのをさし引いて下さい。

（中略　口語文）

卯一様はもはや全快今月四日に帰校して、只今はぶじべんきやうして居なされますから、御安神なされませ。其内にゆるゆるこちらの様子を御知らせ致します。父上は此廿三日に御帰りでしやうか。一寸伺ひたう御座います。

拾一月十五日　　貞子

母上様御もとに

こまかい報告などは、口語文で書くのが普通になっていく。しかし、最後まで候文だけの手紙も書かれている。

貞の父は、東京生活三年目に単身赴任となったため、貞は父と母に別々の手紙を出すようになった。興味深いのは、父宛と母宛とで文体が異なる場合があることである。次に示す二通は、同じ日（明治三四年一一月六日）に父と母に出した手紙である。

父宛の手紙…候文

其後はまことに申わけなき御無沙汰何卒御許し下され度候。父上様には先頃より脚気にて御なやみの由近頃は如何に候や。母上よりは漸く御よろしき由承り候へども心配いたし居り候。

私事はまことに達者御安神下され度候。先達の御手紙によれば此度のお寺は大変御よろしき御様子、これのみは大に大に安神いたし候。承れば芝野禎次郎様には奥様御死去の由夏やすみにはお子さんの事のみ心配いたし居り候ひしに、いつの間にやら反対と相成、大に驚き入り候。お子さんの方はもはやすっかり御よろしきにや伺度候。

久米先生の御老母様にも御死去の由なれど此方はもはや御老人にもあり御順当の事なれば致し方なき事と存じ居り候。当地下津卯一様は殆ど全快の由に御座候。

先月廿日高等師範の運動会が小石川の新敷地にて催され、先生に連れられて見物に参り湯本ゆき子に会ひました。其後去る廿七日、平沼みか子氏の友達のやはり小石川師範学校に入学せる人と打連れて、当校に面会に参られ二時間ばかり、共にかたり、又は学校を見などして帰り候。三吉様は始終投機家のいふやうなほらのみ吹き居り候へども、湯本の姉妹はやさしいまことによい人達のやうに見受けられ申候。

熊沢には休暇後三度参り候へども、いつもいつも暇らしく、何商業ともわからず自分ながらふしぎに思ひ居り候。そして割合には、ぜい沢な暮し致し居り候。

父上の方は如何なりしかは存じ申さねど、私の方は一日二日と両日招魂祭の為臨時休日ありて。天長節とも三日御やすみに候ひき。一日は雨降り候為、終日学校にて暮し、二日には木村氏とともに多先生の許を音づれ、序に卯一様御見まひ申して帰校。三日には朝の内神田の景況見にゆき、午後よりは同級生九名、ともに野口先生につれられて団子坂の菊人形見物し、午後四時帰校、五時半より祝賀会開会九時半床に入り候。けふよりは例のごとく課業これあり、皆々いそしみ居り候。

末筆ながら寒さの折から御身御大切に願上候　　　　　あらあらかしこ

拾一月四日　　　　　　　　　　　　　　　　　貞子

御父上様御まへ

二伸

御尋ねの尾崎の川端の娘さんはまだ御上京なく候。私の上京後早速いろいろきき合し手紙さしあげ候へども、何ともいまに御返事なく候。多分大阪にて御受けなさる御つもりならんと存じ候。帰京の折大阪高等女学校にて在学中の成績きき合し候所、あまりよろしからざりし由に候。今年大阪師範学校ばかりで受験者在学生卒業生とも合して廿名程ある由に候。　　　　　まづはかしこ

母宛の手紙…口語文

父上様にも只今御手紙あげました。

此間此手紙認め出さうとおもひましたのに切手がありません。切したものですから、あすあさってと延す内、天長節になりましたのでイツソの事天長節後にと、けふまで延引何卒御許し下されませ。

其後はまことに御無さたいたしましたが、母上様には御かわりもありませんか。だんだん寒うなりますから例の腸はどうかしらんとおもふて心配いたして居ります。父上様の所は遠いし、私は勿論の事遠いし致しますから随分御養生なされて御達者に御なり下され、何よりの此願ひです。私は時々風邪はひきますが達者はまことに達者ですから御安神下されませ。

山上さんから母君御上京中に御伺ひも致さず失礼したと大変あやまつてきなされました気の毒におもひます。

当地は招魂祭ありし為、此月の一日二日と臨時におやすみがありまして、天長節とも三日お休がつゞきました。一日は雨降りでしたから一日学校にて暮し、二日には木村さんと一所に大阪に居た折の音楽の先

生、多先生の御宅に遊びにいゆき帰りに熊沢に寄て、卯一様御病気を御みまひいたしました。思ふたよりも大変よくなつて、ひげもそつて床もあげて椅子に腰かけてなされました。伯母様にも安神でしやう。三日には朝の内は市内を見物し、午後から団子坂の菊人形見に先生に連れて行てもらひました。同級生九人で、そして帰りに上野の公園で遊びました。ほんとに愉快でした。

時分柄御養生専一に

まづはあらあらかしこ

拾一月四日　貞

なつかしき母上様　御まへに

母宛の手紙は全文口語文であるのに対し、父宛の手紙は「先月廿日高等師範の運動会が小石川の新敷地にて催され、先生に連れられて見物に参り湯本ゆき子に会ひました。」の一文を除けばすべて候文である。

父宛の手紙は、候文五通、口語文二通、候文・口語文混在八通であるのに対し、母宛の手紙は、候文一通、口語文六通、候文・口語文混在一三通である。父宛の手紙に候文が多く、母宛の手紙に口語文が多いのは明らかに認められる。父に対してはやや改まった態度で、母に対しては親しく語りかける調子で手紙を書いていると言えよう。ただ、三五年一〇月一五日の手紙は、父宛は全文口語文であるのに対し、母宛は候文・口語文混在である。

文章・表記の平易化

年代的に見ると、候文も初期の大阪時代と較べると東京時代は漢文的表記が減っている。例えば、「被下度」ではなく「下され度」、「候哉」でなく「候や」を用いるようになる。全体的に漢字の使用も少なくなり、柔らかい文章になっている。口語文になると、さらに筆者の気持ちや経験の報告などがそのまま伝わるような平易な文章になる。言い換えれば、候文で自分の気持や出来事の報告などを思うように書くことは次第に難しくなっていく様子が窺える。

さらに最後の学年の口語文の手紙には、東京の女性の話しことばの特徴もみられるようになるのが興味深い。たとえば、終助詞「の」「わ」「ね」などの使用である。

併しあまり費用が沢山いりましたのであとで行かなくてよかつたとおもひましたの（三五・五・一八、母宛）

先達郵便配達に海苔とられたのですてね。郵便局に届けなされたか。ほんとににくらしいのね。それをきましたから城野さんに言伝たのです。もし城野さん届けて下さらないならまた送りますよ。……鈴木為子さんも山本閑子様も遊びにくるといふてなさつたから、其つもりでね。どうぞたのみますよ。其かわり母上様のいふ言もよく聞きますわ。（三五・六・三、母宛）

毎日御手紙をさしあげやうとばかり思ふて居りますが、此ごろのそのいそがしさと申しましたらほんとに今迄に例がないほどで御座いますの。（三五・七・一、父宛）

東京へ出てすぐの頃は、「此頃は私達も大分東京弁を覚えて、人の前ばかり小さな声で申しますが、大阪のものばかり五人よると大阪弁でぺちゃぺちゃ話しますから、東北地方の人には非常に笑われ、又去年の大阪の人からはひやひやするといはれて困て居ります。それでもお互ひ同士はどうしてもきまりがわるくて東京弁なんか、つかはれません。」（三二・五・八、両親宛）という状態だったが、しだいに東京ことばが身について、手紙でも使うようになったのであろう。

現代では、メールなど通信手段の著しい多様化に伴い、手紙を書く機会は減ってきている。また、手紙の文章そのものも変化していると考えられる。しかし、普通の手紙における男女差は、ある程度は認められるように思われる。

現代においても、女性向けの手紙の書き方の本は出版されている。手もとにあるものを挙げてみる。

大橋春男『女性から送る手紙の書き方』（一九九四、婦人生活社）

宮川志津子『模範女性手紙文の書き方』（一九九五、梧桐書院）

高祖常子『女性のための素敵な手紙の書き方』（一九九六、日本法令）

興味深いのは、これらの書の主な内容が、場合に応じた具体的な手紙の例を示していることである。たとえば大橋の本では、「年賀と年始の挨拶の手紙」「慶賀の手紙とその返事」「見舞いの手紙とその返事」のように手紙を出す目的によって例文を掲げ、いくつかのものについてはその返事の手紙も載せている。これらは樋口一葉の『通俗書簡文』以来の手紙の書き方の本の伝統と言えよう。他の二書も返事の例は載せていないが、分類そのものは同様である。

これらの本では具体的なことばの使い方についても触れられているが、大橋の本では「「拝啓」「敬具」はもっとも一般的な用い方です。以前はこれを男性用に、「一筆申し上げます」「かしこ」を女性用と使い分けていましたが、現在はこの区別はあまりやかましくいわれていません。」とあるように、女性用語を特定して示すことはされていない。ただ、全体としては女性の手紙はていねいに書くべきだという意識は明らかである。

参考文献目録

概観 ―― 第三部

築島裕『平安時代の漢文訓読語につきての研究』（一九六三、東京大学出版会）
築島裕『平安時代語新論』（一九六九、東京大学出版会）
築島裕『平安時代の漢文訓読語につきての研究』（一九六三、東京大学出版会）
築島裕『日本語の世界5　仮名』（一九八一、中央公論社）
築島裕『平安時代の国語』（一九八七、東京堂出版）
山田孝雄著『漢文訓読によりて伝へられたる語法』（一九二五、宝文館）
吉田金彦・築島裕・石塚晴道・月本雅幸編『訓点語辞典』（二〇〇一、東京堂出版）

第一部

第一章

小松登美『和泉式部の研究　日記・家集を中心に』（一九九五、笠間書院）

第二章

竹内理三編『平安遺文』（東京堂出版）
『CD―ROM版　平安遺文』（東京堂出版）
竹内理三編『鎌倉遺文』（東京堂出版）
『CD―ROM版　鎌倉遺文』（東京堂出版）
『国史大辞典』（吉川弘文館）

第三章
井上通女全集修訂委員会編『井上通女全集　修訂版』（一九七三、香川県立丸亀高等学校同窓会）

第四章
ベティーナ・グラムリヒ・オカ著。上野未央訳『只野真葛論―男のように考える女』（二〇一三、岩田書院）
門玲子『わが真葛物語』（二〇〇六、藤原書店）
柴桂子『江戸時代の女たち』（一九六九、評論新社）
杉浦明平・別所興一『江戸期の開明思想』（一九九〇、社会評論社）
鈴木よね子『只野真葛集』（一九九四、国書刊行会「叢書江戸文庫」30）
関民子「幕藩制社会の総体的批判者の登場―只野真葛とその思想」（「歴史学研究」四二三号、一九七五、後『江戸後期の女性たち』所収）
関民子『只野真葛』（二〇〇八、吉川弘文館）
中山栄子『只野真葛』（一九三六、丸善）
中山栄子校注『むかしばなし　天明前後の江戸の思い出』（東洋文庫、一九八四、平凡社）
飛田良文・李漢燮編『ヘボン　和英語林集成　初版・再版・三版対照総索引』（二〇〇一、港の人）
本多利明『経世秘策』（国会図書館蔵江戸後期刊本、国会図書館デジタルコレクションによる）
『本多利明　海保青陵』（日本思想大系、一九七〇、岩波書店）
『国語学大事典』（一九八〇、東京堂出版）
『時代別国語大辞典室町時代編』（二〇〇〇、三省堂）
『中日辞典』（二〇〇二、講談社）
『日本国語大辞典　第二版』（二〇〇一、小学館）
『日本古典文学大辞典』（一九八四、岩波書店）

第二部

『明治の読売新聞　CD―ROM』（読売新聞社）
平田由美『女性表現の明治史』（一九九九、岩波書店）

第三部

青山なを『明治女学校の研究』（一九七〇、慶應通信）
奥田暁子編『女と男の時空―日本女性史再考v』（一九九五、藤原書店）
相馬黒光『明治初期の三女性―中島湘煙　若松賤子　清水紫琴』（一九八五、不二出版）
野辺地清江『女性解放思想の源流―巌本善治と『女学雑誌』』（一九八四、校倉書房）
村上信彦『明治女性史』（一九七三、理論社）
脇田晴子／S・B・ハンレー編『ジェンダーの日本史　下』（一九九五、東京大学出版会）
『女学雑誌』復刻版（一九六六、臨川書店）
青山なを・野辺地清江・松原智美編『女学雑誌諸索引』（一九七〇、慶応通信）
早野喜久江監修『女学雑誌総目録』（一九八三、緑陰書房）
『女学雑誌・文学界集』（明治文学全集32　筑摩書房）
『女性作家集』（新日本古典文学大系　明治編）（二〇〇二、岩波書店）

第一章

『明治の読売新聞　CD-ROM』（読売新聞社）

第二章

跡見花蹊著『をりをり草』（一九一五、実業之日本社）
跡見花蹊『跡見花蹊日記』（四巻、別巻一）（二〇一七、跡見学園）
高橋勝介著『跡見花蹊女史伝』昭和七年（一九三二）東京出版社（大空社「伝記叢書」五八の複刻版（一九八九）に

よる。
藤井瑞枝編『跡見花蹊先生実伝　花の下みち』（一九一九、実業之日本社）跡見学園による復刻版（一九九〇）による。

第三章

宇津恭子「佐々城豊寿再考」（『清泉女学院短期大学紀要』3号、一九八五）
今野真二『振り仮名の歴史』（二〇〇九、集英社新書）
鈴木裕子編『湘煙選集』全四巻（一九八五、不二出版）
羽仁もと子『半生を語る』（一九二八、婦人之友社）

第四章

植木枝盛集『東洋之婦女』（一九八九）『植木枝盛集』第二巻所収
江種満子「清水豊子・紫琴（一）──「女権」の時代──（文教大学『文学部紀要』一七─一　二〇〇三）
江種満子「清水豊子・紫琴（二）──「女権」と愛」（文教大学『文学部紀要』一七─二　二〇〇四）
榎本義子「清水紫琴と西欧思想」（『フェリス女学院大学文学部紀要　28』、一九七三）
古在由重編『紫琴全集　全一巻』（一九八三、草土文化）
古在由重「明治の女─清水紫琴のこと」（『紫琴全集』所収、初出岩波書店『図書』一九六八・九）
駒尺喜美「紫琴小論─女性学的アプローチ」（一九八三、『紫琴全集』収載）
斎藤文俊『漢文訓読と近代日本語の形成』（二〇一一、勉誠出版）
中山和子「清水紫琴研究」（『明治大学人文学研究科紀要』別冊10集、一九九〇）
山口玲子『泣いて愛する姉妹に告ぐ　古在紫琴の生涯』（一九八三、草土文化）
山本正秀『言文一致の歴史論考　続篇』（一九八一、桜楓社）
『京都日報』（明治二二年─明治二五年）東京大学明治新聞雑誌文庫所蔵マイクロフィルムによる。
奈良県近代史史料（1）『大和の自由民権運動』（一九八一、奈良県近代史研究会）

『復刻東雲新聞』（一九七五、部落解放研究所）

第五章
尾崎るみ『若松賤子　黎明期を駆け抜けた女性』（二〇〇七、港の人）
山口玲子『とくと我を見たまえ　若松賤子の生涯』（一九八〇、新潮社）
若松賤子・刊行委員会編『若松賤子　不滅の生涯』（一九七七、共栄社出版）
巌本善治編『英文巌本嘉志子』（巌本善治編『英文巌本嘉志子』〈明治二九〉の復刻版、一九八一、龍渓書舎）
師岡愛子訳『訳文巌本嘉志子』（一九八二、龍渓書舎）

第六章
門玲子『江馬細香―化政期の女流詩人』（二〇一〇、藤原書店）
福田英子『妾の半生涯』（民友社、初版本、国会図書館デジタルコレクションによる）
福田英子『妾の半生涯』（一九五八、岩波文庫）
村田静子・大木基子編『福田英子集』（一九九八、不二出版）
村田静子『福田英子――婦人解放運動の先駆者』（一九五九、岩波新書）
山室信一・中野目徹校注『明六雑誌』（一九九九、岩波文庫）
復刻版『明六雑誌』（一九七六、立体社）

付章
植田安也子・逸見久美編『与謝野寛　晶子書簡集』（一九八三、八木書店）
小松茂美『手紙の歴史』（一九七六、岩波新書）
谷川俊太郎編『母の恋文』（一九九四、新潮社）
高橋和子編『高橋貞書簡　１３６通の手紙が語る明治女子学生の生活記録』（一九九七、インパクト出版会）

樋口一葉『通俗書簡文』（国立国会図書館デジタル資料）
樋口一葉『通俗書簡文』（筑摩書房『樋口一葉全集 第四巻下』）
樋口悦編『一葉に与へた手紙』（一九四三、今日の問題社）
森まゆみ『かしこ一葉』（一九九六、筑摩書房）
『毛利元就 その時代と至宝 展』図録（一九九七、ＮＨＫ）

著者の本書関連論文他

「女性の文章と近代」（『日本語学』二〇〇四年六月号）
「『女学雑誌』にみる女性の論説的文章」（『青山学院女子短期大学総合文化研究所年報』第七号、一九九九）
「女性語由来抄」（『歌壇』（本阿弥書店）一九九七年六月号─一九九八年十二月号）
「英語と女性語」
「昭和十年代の女性が見た女ことば─柳八重「婦人の言葉」より─」
「戦後の社会と女性語」
「手紙のことば一─七」
「明治と女性のことば一─四」
「翻訳文学と女性語一─三」
「聖書の中の女性のことば」
「女性語の規範」
「明治期における女学生のことば」（『青山学院女子短期大学紀要』五七、二〇〇三）
「只野真葛の文章」（東海大学日本文学会『湘南文学』第五十号、二〇一五）

あとがき

定年退職までの十数年間、勤務先の青山学院女子短期大学において、選択科目として日本の女性語をテーマに講義・演習を担当し、興味を持ってくれた学生とともに楽しい時間を過ごすことができた。

またその間、雑誌『歌壇』（本阿弥書店）の一九九七年六月号から一九九八年十二月号まで「女性語由来抄」というコラムを連載する機会を与えられ、女性語についてさまざまな視点から自由に考えることが出来た。

その後、『日本語学』（明治書院）二〇〇四年六月号（特集「ジェンダーから見た日本語」）に執筆の機会を得て、本書と同テーマの「女性の文章と近代」をまとめることが出来た。ただ紙数の制限もあり、思うように論じることが出来ず、もっときちんと書きたいという気持が強かった。二〇〇四年三月の退職後、時間の余裕も出来、何とか書き続けたのが本書である。

本書で取り上げた女性のうち、もっとも強く心に残ったのは清水紫琴である。紫琴については、山口玲子氏の熱意あふれる伝記『泣いて愛する姉妹に告ぐ』（一九七七、草土文化）がある。紫琴は無責任な自由党員大井憲太郎のために福田英子の理由のない恨みを受け、その自叙伝『妾の半生涯』において事実に基づかない一方的な中傷をされることになった。村田静子・大木基子編集『福田英子集』（不二出版）所収の「解題」において、編者の大木氏は『妾の半生涯』に関して、「やはり大井との間に子供を産んだかつての親友清水豊子（「泉富子」の変名で出ている）への口汚い侮蔑は、豊子もまた後悔し苦悩し被害者であることが全く理解出来ていない点においてこの自叙伝の汚点となっている。」と述べている。

紫琴は、明治二五年古在由直（後の東大総長）と結婚後、十年ほどして筆を絶つ。『紫琴全集』は二男古在由重氏の編まれたものであるが、由重氏は同書の「明治の女―清水紫琴のこと―」（初出岩波書店『図書』一九六八年九月）において、父母の関係について次のように述べている。

父は、その結婚にあたって母に「文筆活動の禁止」をちかわせたといわれる。事実ちかわせたのかどうか、わたしは知らない。ただ、けっしてそれをこのみはしなかった。これだけはたしかにいえる。そうだとわたしもおもう。父にしてみれば、そのような仕事の再開は結婚まえの、母にまつわるさまざまな記憶を、あらためて心によみがえらせることになるのは必然だった。……わたしとしては、わが家における両親や兄弟のあいだのまったくデモクラチックな雰囲気にもかかわらず、ただこの点についてだけは父母のあいだのふかい溝はついにうずまることなくおわったとおもっている。もはや個人だけの矛盾ではなかった。

と述べている。

由直は、離婚歴がありかつ未婚の母でもあった紫琴に熱烈に求婚した人であり、紫琴の人格・能力を充分認め、評価していたと考えられ、その断筆の原因は由重氏の述べられるとおりだったと考えられる。『妾の半生涯』の影響はここまで深いものだったのである。

紫琴の作品はほとんどすべて『紫琴全集』に収められているが、本文で述べたように初期の重要な三論文、および「敢て同胞兄弟に望む」の『興和の友』発表文は収載されていない。また、全体として必ずしも読みやすくはない。より完璧な全集の刊行が期待される。

紫琴と共に明治二十年代の『女学雑誌』を支えた若松賤子も、英文によって新鮮な自分の考えを表現した人として心に残る。賤子は『女学雑誌』発行人の夫巌本善治と共に古在夫妻の仲人をつとめた。賤子の全集も刊行されることを期待したい。

言うまでもないことであるが、紫琴も賤子も近代文学の世界ではそれぞれ高く評価されている。紫琴は口語文体の小説「お向ふの離れ」はじめ藤村より早く部落問題を取り上げた「移民学園」など、賤子は「小公子」の名訳など多くの翻訳、また児童文学の分野でも活躍した。

女性の文章の問題とは離れるが、明治二十年代までに活躍した女性について調べると、単身（旅行中の付き添いはあったにしても）地方から上京して東京で自ら勉学し、また職業の道を拓いた人が少なくないのに驚かされる。本書で取り上げた中では、男装して上京したとされる佐々木豊寿、清水紫琴、福田英子もそうである。紫琴が『女学雑誌』に掲載した「女子演説家として評判する青井栄嬢を訪ふ」（二二七・二二八号）、「静女塾主、平尾みつ子女史を訪ふ」（二二二―二二三、二二八、二三〇号）で取り上げられた青井栄、平尾みつ子も単身上京して自らの道を拓いた人である。この二人については全く研究がなく、今のところ紫琴の訪問記によるしかない。青井栄は岡山県津山出身で、漢学を学び、明治二十二年頃岡山県津山から上京し漢学教師を目指したが、女子の団体を設ける事を決心し、「女子青年倶楽部」を創設し、上野広小路上広亭において演説したという。平尾みつ子は、茨城から上京し、貧しい中四十八人の篤志の師について学び、女性むけの実技中心家事教育をする「静女塾」を創設した。

今年は明治維新以来百五十年である。明治前期に活躍したこれらの女性についても研究がすすむことを期待したい。

本書をまとめるにあたって、花鳥社の橋本孝氏に多くの貴重なアドバイスをいただいた。お忙しい時期に、行き届いた心配りをして下さったことに心から感謝申し上げる。

二〇一九年三月

出雲朝子

索　引

書名・人名・事項を対象とした。
「女学雑誌」は頻出するので、索引から省略した。
太数字（ボールド）は章項目に立てた人物で、その章全体を対象とする。

さ　行

た　行

な　行

は　行

ま　行

や　行

ら　行

わ　行

【著者略歴】

出雲 朝子（いずも あさこ）IZUMO Asako

1936年３月29日生まれ

1968年　東京教育大学大学院博士課程（日本文学専攻）単位取得退学

青山学院女子短期大学名誉教授

専攻　日本語史（中世）　女性語

著書

『玉塵抄を中心とした室町時代語の研究』（桜楓社）

『中世後期語論考』（翰林書房）

『国語学史』（共著、笠間書院）

女性の文章と近代
書きことばから見たジェンダー

二〇一九年九月三〇日　初版第一刷発行

著者……………出雲朝子

装釘……………宗利淳一

発行者…………橋本 孝

発行所…………株式会社花鳥社

〒一五三-〇〇六四

東京都目黒区下目黒四-十一-十八-四一〇

電話　〇三-六三〇三-二五〇五

ファクス　〇三-三七九二-二三二三

ISBN978-4-909832-05-4　C1081

組版／印刷・製本……富士リプロ㈱